Symboles électriques normalisés

Générateur	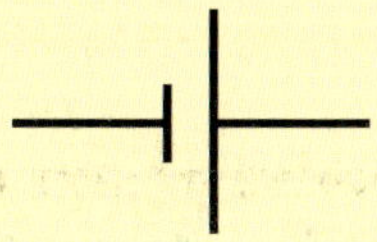 Générateur continu (Le grand trait représente la borne +)  Générateur alternatif sinusoïdal
Récepteurs	 Lampe  « Résistance » 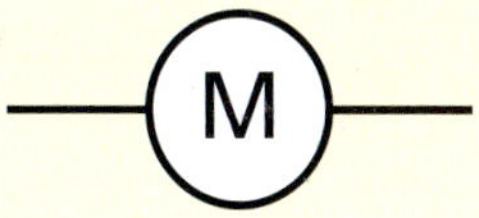 Moteur 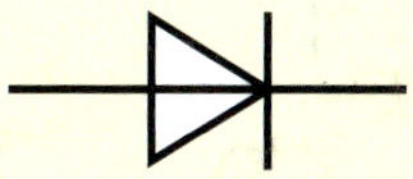 Diode 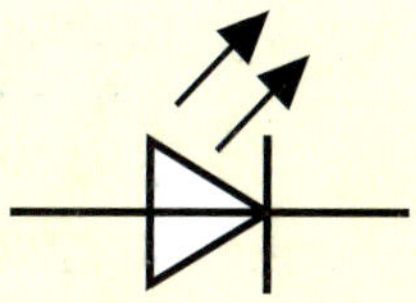 DEL
Fil de connexion et interrupteur	 Fil de connexion  Interrupteur fermé  Interrupteur ouvert
Appareils de mesure	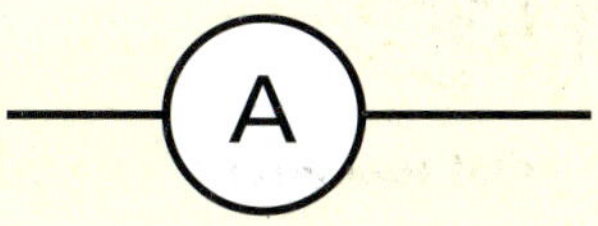 Ampèremètre 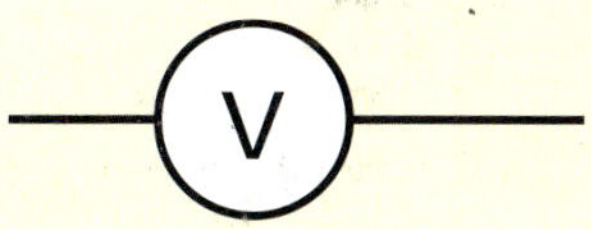 Voltmètre

Découvrez le manuel papier augmenté !

mode d'emploi

- **Intégrez facilement le numérique dans vos pratiques**
- **Proposez des contenus plus complets à vos élèves**
- **Guidez, animez, approfondissez des points clés**

Des bilans animés, des vidéos, des documents complémentaires
sont accessibles depuis une tablette ou un smartphone.

1 Téléchargez l'application flashbelin.

2 Repérez et flashez les pages disposant du picto ci-contre.

3 Sélectionnez le contenu souhaité dans le menu.

4 **Visionnez !**

Facile, fiable et instantané : flasher l'image et découvrir immédiatement le contenu associé !

L'enrichissement complet du manuel est disponible dès la rentrée 2017.

Testez l'expérience dès maintenant pages 114-115.

- Application flashbelin gratuite sur : Google play / App Store

Physique Chimie

5e
CYCLE 4

Nouveau programme

Directeurs d'ouvrage

Laurent Arer, Éric Donadéi, Thierry Lévêque

Auteurs

Sylvaine Arnould Drouilly
Pascal Borruto
Marc Camaioni
Gwenaëlle Cuny
Sophie Descomps
Éric Donadéi
Fabienne Donadéi
Renaud François
Antoine Viault

Belin:
ÉDUCATION

Sommaire

Thème A

Organisation et transformations de la matière 12

Thème B

Mouvement et interactions 90

ISBN : 978-2-410-00468-7

Thème C

L'énergie et ses conversions

Thème D

Des signaux pour observer et communiquer

Des exercices guidés d'accompagnement personnalisés

Découvrez votre manuel

Les activités du chapitre

Des **documents** à étudier

Des **expériences** à concevoir ou à réaliser

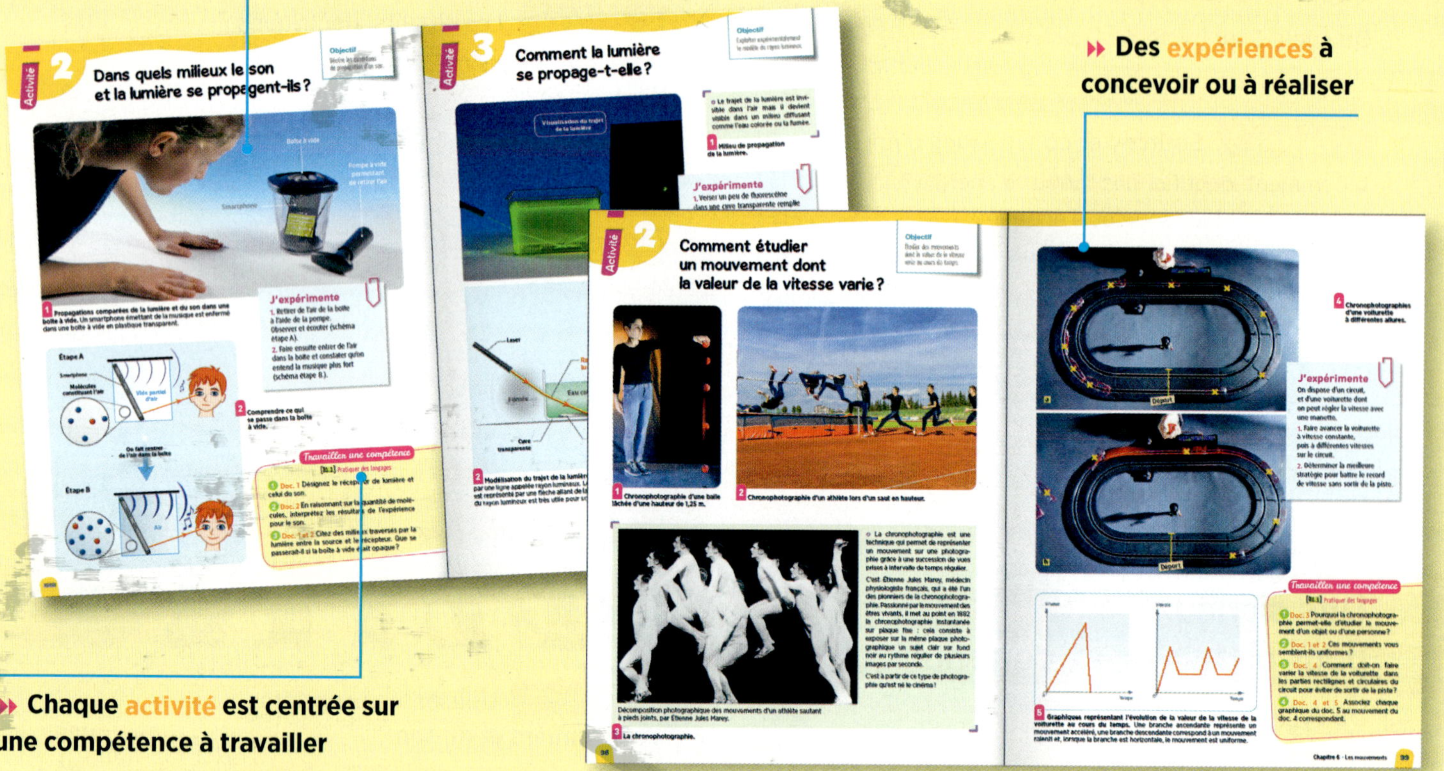

Chaque **activité** est centrée sur une compétence à travailler

Les tâches complexes

Une **tâche complexe** pour mobiliser ses compétences pour résoudre une situation-problème

Des **documents** pour répondre

Une **mission** à remplir

Le bilan

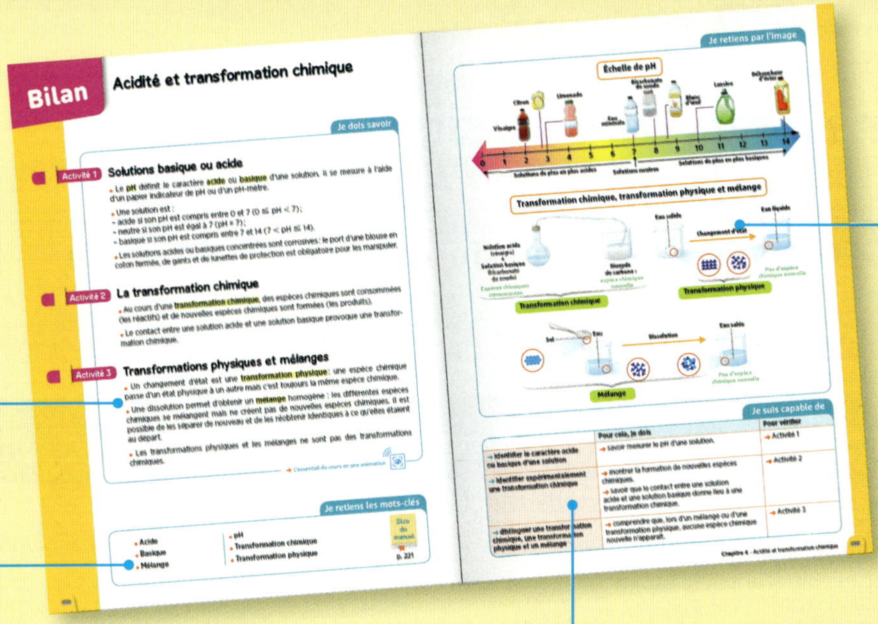

▸▸ Le **résumé** des connaissances

▸▸ Les **mots clés**

▸▸ Les **savoir-faire**

▸▸ Un **grand schéma** pour retenir l'essentiel

Les exercices

▸▸ Des **exercices** pour vérifier vos connaissances

▸▸ Un **exercice** d'accompagnement personnalisé pour travailler autrement

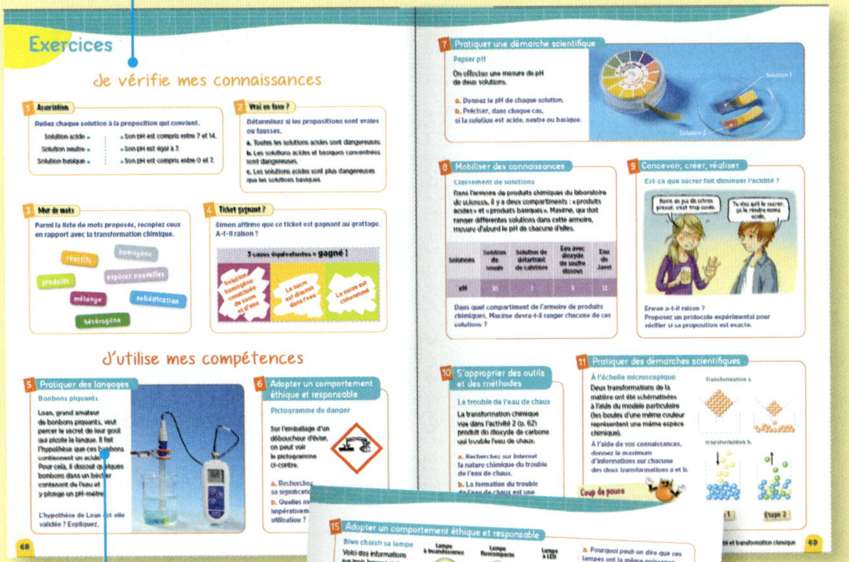

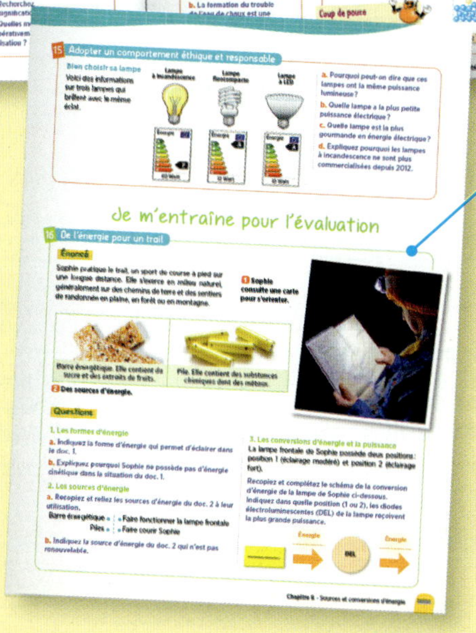

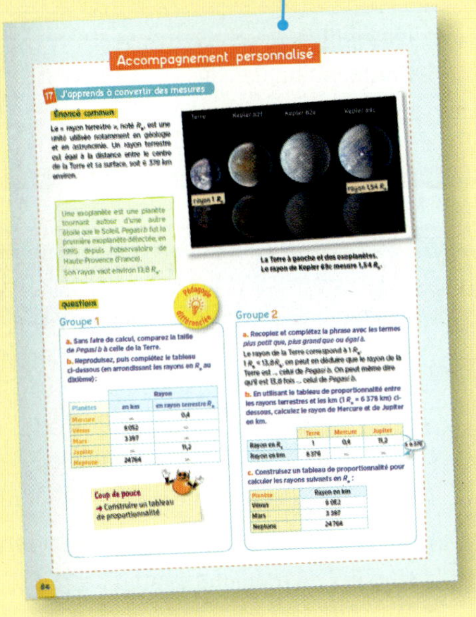

▸▸ Des **exercices** pour utiliser vos compétences

▸▸ Un **exercice** pour faire le bilan du chapitre

Et aussi...

Un dictionnaire, des fiches méthode, un tableau de suivi des compétences.

Programme de Physique-Chimie

Thème A Organisation et transformations de la matière

Décrire la constitution et les états de la matière

Connaissances et compétences associées	Chapitres		
	5e	4e	3e
Caractériser les différents états de la matière (solide, liquide et gaz).	Ch.1	Ch. 1	
Proposer et mettre en œuvre un protocole expérimental pour étudier les propriétés des changements d'état.	Ch.1		
Caractériser les différents changements d'état d'un corps pur.	Ch. 1 Ch. 2	Ch. 1	
Interpréter les changements d'état au niveau microscopique.	Ch. 1		
Proposer et mettre en œuvre un protocole expérimental pour déterminer une masse volumique d'un liquide ou d'un solide.	Ch. 2	Ch. 2	Ch. 1
Exploiter des mesures de masse volumique pour différencier des espèces chimiques.			Ch. 1
– Espèce chimique et mélange. – Notion de corps pur. – Changements d'états de la matière. – Conservation de la masse, variation du volume, température de changement d'état. – Masse volumique : Relation $m = \rho.V$.	Ch. 1 Ch. 2	Ch. 1 Ch. 2	Ch. 1
Concevoir et réaliser des expériences pour caractériser des mélanges.	Ch. 3	Ch. 3	Ch. 1
Estimer expérimentalement une valeur de solubilité dans l'eau.	Ch. 3	Ch. 3	
– Solubilité.	Ch. 3	Ch. 3	
– Miscibilité.	Ch. 3		
– Composition de l'air.		Ch. 3	

Décrire et expliquer des transformations chimiques

Connaissances et compétences associées	Chapitres		
	5e	4e	3e
Mettre en œuvre des tests caractéristiques d'espèces chimiques à partir d'une banque fournie.	Ch. 4	Ch. 3 Ch. 4	Ch. 3
Identifier expérimentalement une transformation chimique.	Ch. 4	Ch. 4	Ch. 3
Distinguer transformation chimique et mélange, transformation chimique et transformation physique.	Ch. 4		
Interpréter une transformation chimique comme une redistribution des atomes.		Ch. 4	
Utiliser une équation de réaction chimique fournie pour décrire une transformation chimique observée.		Ch. 4	Ch. 3
– Notions de molécules, atomes, ions.	Ch. 2	Ch. 4	Ch. 2 Ch. 3 Ch. 4
– Conservation de la masse lors d'une transformation chimique.		Ch. 4	
Associer leurs symboles aux éléments à l'aide de la classification périodique.		Ch. 4	Ch. 2 Ch. 3 Ch. 4
Interpréter une formule chimique en termes atomiques.		Ch. 4	Ch. 2

	5e	4e	3e
– Dioxygène, dihydrogène, diazote, eau, dioxyde de carbone.		Ch. 3 Ch. 4	
Propriétés acido-basiques			
Identifier le caractère acide ou basique d'une solution par mesure de pH.	Ch. 4		Ch. 3
Associer le caractère acide ou basique à la présence d'ions H^+ et OH^-.			Ch. 3
– Ions H^+ et OH^-.			Ch. 3
– Mesure du pH.	Ch. 4		Ch. 3
– Réactions entre solutions acides et basiques.	Ch. 4		Ch. 3
– Réactions entre solutions acides et métaux.			Ch. 3

Décrire l'organisation de la matière dans l'Univers

Connaissances et compétences associées	Chapitres		
	5e	4e	3e
Décrire la structure de l'Univers et du système solaire.	Ch. 5	Ch. 5	Ch. 4
Aborder les différentes unités de distance et savoir les convertir : du kilomètre à l'année-lumière.	Ch. 5	Ch. 5 Ch. 10	Ch. 4
– Galaxies, évolution de l'Univers, formation du système solaire, âges géologiques.		Ch. 5	Ch. 4
– Ordres de grandeur des distances astronomiques.	Ch. 5	Ch. 5 Ch. 10	Ch. 4
Connaître et comprendre l'origine de la matière.			Ch. 4
Comprendre que la matière observable est partout de même nature et obéit aux mêmes lois.			Ch. 4
– La matière constituant la Terre et les étoiles.		Ch. 5	Ch. 4
– Les éléments sur Terre et dans l'Univers (hydrogène, hélium, éléments lourds : oxygène, carbone, fer, silicium...)			Ch. 4
– Constituants de l'atome, structure interne d'un noyau atomique (nucléons : protons, neutrons), électrons.			Ch. 2 Ch. 4

Thème B Mouvement et interactions

Caractériser un mouvement

Connaissances et compétences associées	Chapitres		
	5e	4e	3e
Caractériser le mouvement d'un objet.	Ch. 6	Ch. 6	Ch. 5
Utiliser la relation liant vitesse, distance et durée dans le cas d'un mouvement uniforme.	Ch. 6	Ch. 6	Ch. 5
– Vitesse : direction, sens et valeur.	Ch. 6	Ch. 6	Ch. 5
– Mouvements rectilignes et circulaires.	Ch. 6	Ch. 6	Ch. 5
– Mouvements uniformes et mouvements dont la vitesse varie au cours du temps en direction ou en valeur.	Ch. 6	Ch. 6	Ch. 5
– Relativité du mouvement dans des cas simples.			Ch. 5

Modéliser une interaction par une force caractérisée par un point d'application, une direction, un sens et une valeur

Connaissances et compétences associées	Chapitres		
	5e	4e	3e
Identifier les interactions mises en jeu (de contact ou à distance) et les modéliser par des forces.	Ch. 7	Ch. 7	Ch. 6
Associer la notion d'interaction à la notion de force.		Ch. 7	Ch. 6
Exploiter l'expression littérale scalaire de la loi de gravitation universelle, la loi étant fournie.			Ch. 6
– Action de contact et action à distance.	Ch. 7	Ch. 7	Ch. 6
– Force : point d'application, direction, sens et valeur.		Ch. 7	Ch. 6
– Force de pesanteur et son expression $P = mg$.		Ch. 7	Ch. 6

Thème C L'énergie et ses conversions

Identifier les sources, les transferts, les conversions et les formes d'énergie Utiliser la conservation de l'énergie

Connaissances et compétences associées	Chapitres		
	5e	4e	3e
Identifier les différentes formes d'énergie.	Ch. 8	Ch. 8	Ch. 7
– Cinétique (relation $E_c = \frac{1}{2} mv^2$), potentielle (dépendant de la position), thermique, électrique, chimique, nucléaire, lumineuse.	Ch. 8	Ch. 8	Ch. 7
Identifier les sources, les transferts et les conversions d'énergie.	Ch. 8	Ch. 8	Ch. 7
Établir un bilan énergétique pour un système simple.		Ch. 8	Ch. 7
– Sources.	Ch. 8	Ch. 8	Ch. 7
– Transferts.	Ch. 8	Ch. 8	Ch. 7
– Conversion d'un type d'énergie en un autre.	Ch. 8	Ch. 8	Ch. 7
– Conservation de l'énergie.			Ch. 7
– Unités d'énergie.	Ch. 8	Ch. 8	Ch. 7
Utiliser la relation liant puissance, énergie et durée.		Ch. 8	Ch. 7
– Notion de puissance.	Ch. 8	Ch. 8	Ch. 7

Réaliser des circuits électriques simples et exploiter les lois de l'électricité

Connaissances et compétences associées	Chapitres		
	5e	4e	3e
Élaborer et mettre en œuvre un protocole expérimental simple visant à réaliser un circuit électrique répondant à un cahier des charges simple ou à vérifier une loi de l'électricité.	Ch. 9	Ch. 9	Ch. 8
Exploiter les lois de l'électricité.		Ch. 9	Ch. 8
– Dipôles en série, dipôles en dérivation.	Ch. 9	Ch. 9	Ch. 8

	5e	4e	3e
– L'intensité du courant électrique est la même en tout point d'un circuit qui ne compte que des dipôles en série.	Ch. 9	Ch. 9	Ch. 8
– Loi d'additivité des tensions (circuit à une seule maille).		Ch. 9	Ch. 8
– Loi d'additivité des intensités (circuit à deux mailles).		Ch. 9	Ch. 8
– Relation tension-courant: loi d'Ohm.		Ch. 9	Ch. 8
– Loi d'unicité des tensions.		Ch. 9	Ch. 8
Mettre en relation les lois de l'électricité et les règles de sécurité dans ce domaine.		Ch. 9	Ch. 8
Conduire un calcul de consommation d'énergie électrique relatif à une situation de la vie courante.			Ch. 8
– Puissance électrique P = U.I.			Ch. 8
– Relation liant l'énergie, la puissance électrique et la durée.			Ch. 8

Thème D Des signaux pour observer et communiquer

Caractériser différents types de signaux (lumineux, sonores, radio…)
Utiliser les propriétés de ces signaux

Connaissances et compétences associées	Chapitres		
	5e	4e	3e
Signaux lumineux			
Distinguer une source primaire (objet lumineux) d'un objet diffusant.	Ch. 10		
Exploiter expérimentalement la propagation rectiligne de la lumière dans le vide et le modèle du rayon lumineux.	Ch. 10 Ch. 11		
Utiliser l'unité « année-lumière » comme unité de distance.		Ch. 5 Ch. 10	Ch. 4
– Lumière : sources, propagation, vitesse de propagation, année-lumière.	Ch. 10 Ch. 11	Ch. 5 Ch. 10 Ch. 11	Ch. 4 Ch. 9 Ch. 10
– Modèle du rayon lumineux.	Ch. 10 Ch. 11	Ch. 10 Ch. 11	Ch. 10
Signaux sonores			
Décrire les conditions de propagation d'un son.	Ch. 10	Ch. 10	
Relier la distance parcourue par un son à la durée de propagation.		Ch. 11	Ch. 10
– Vitesse de propagation.		Ch. 10 Ch. 11	Ch. 10
– Notion de fréquence : sons audibles, infrasons et ultrasons.			Ch. 9 Ch. 10
Signal et information			
Comprendre que l'utilisation du son et de la lumière permet d'émettre, de transporter un signal donc une information.	Ch. 11	Ch. 11	Ch. 10

Compétences travaillées

● Dans les activités et tâches complexes ○ Dans les exercices

Chapitres	1	2	3	4	5	6	7	8	9	10	11
Mobiliser des connaissances	**Domaine du socle : 4**										
• Décrire la constitution et les états de la matière	●○	●○	○								
• Décrire et expliquer des transformations chimiques				○							
• Décrire l'organisation de la matière dans l'Univers					●○						
• Caractériser un mouvement.						●○					
• Modéliser une interaction par une force											
• Identifier les sources, les transferts, les conversions et les formes d'énergie	●○							○			
• Réaliser des circuits électriques simples et exploiter les lois de l'électricité									○		
• Caractériser différents types de signaux (lumineux, sonores, radio...)										○	○
• Utiliser les propriétés de ces signaux					●○						○
Pratiquer des démarches scientifiques	**Domaine du socle : 4**										
• Identifier des questions de nature scientifique.	○	●○	●	●				●	●	●	●
• Proposer une ou des hypothèses pour répondre à une question scientifique. Concevoir une expérience pour la ou les tester.	○	●		●○	●				○	○	○
• Mesurer des grandeurs physiques de manière directe ou indirecte.	●○	●○	●○			●	●		●		
• Interpréter des résultats expérimentaux, en tirer des conclusions et les communiquer en argumentant.	●○	●○	●○	●○	●	●○	●○	●○	●○	●○	○
• Développer des modèles simples pour expliquer des faits d'observations et mettre en œuvre des démarches propres aux sciences.	●○	●○			●○	●○	●○		○	●○	
Concevoir, créer, réaliser	**Domaine du socle : 5**										
• Concevoir et réaliser un dispositif de mesure ou d'observation.	○	●				●○	●○	●○		○	○
S'approprier des outils et des méthodes	**Domaine du socle : 2**										
• Effectuer des recherches bibliographiques	○				○						
• Utiliser des outils numériques pour mutualiser des informations sur un sujet scientifique.	○			○							○
• Planifier une tâche expérimentale, organiser son espace de travail, garder des traces des étapes suivies et des résultats obtenus.	○		●		●	●	●				

Chapitres	1	2	3	4	5	6	7	8	9	10	11
Pratiquer des langages	**Domaine du socle : 1**										
• Lire et comprendre des documents scientifiques. [D.1.1]	●●	●●	●	●	●●	●●	●●	●●	●	●●	●●
• Utiliser la langue française en cultivant précision, richesse de vocabulaire et syntaxe pour rendre compte des observations, expériences, hypothèses et conclusions. [D.1.1]	●●	●●	●●		●●	●●	●●	●	●		
• S'exprimer à l'oral lors d'un débat scientifique. [D.1.1]		●									
• Passer d'une forme de langage scientifique à une autre. [D.1.3]	●●	●●	●	●●	●●	●●	●●	●●	●	●	●●
Mobiliser des outils numériques	**Domaine du socle : 2**										
• Utiliser des outils d'acquisition et de traitement de données, de simulations et de modèles numériques.	●								●		
• Produire des documents scientifiques grâce à des outils numériques, en utilisant l'argumentation et le vocabulaire spécifique à la physique et à la chimie.		●						●			
Adopter un comportement éthique et responsable	**Domaine du socle : 3**										
• Expliquer les fondements des règles de sécurité en chimie, électricité et acoustique. Réinvestir ces connaissances ainsi que celles sur les ressources et sur l'énergie, pour agir de façon responsable.	●	●	●	●				●●	●	●	
• S'impliquer dans un projet ayant une dimension citoyenne.								●●			
Se situer dans l'espace et dans le temps	**Domaine du socle : 5**										
• Expliquer, par l'histoire des sciences et des techniques, comment les sciences évoluent et influencent la société.	●										●
• Identifier les différentes échelles de structuration de l'Univers.					●●	●●		●			
Pratiquer des langues étrangères et régionales	**Domaine du socle : 1**										
• Analyser des documents scientifiques authentiques en langue étrangère. [D1.2]					●						

Thème A

Organisation et transformations de la matière

▲ Manchots d'Adélie, en Antarctique.

Attendus de fin de cycle*

*_Bulletin officiel spécial_, n° 11, 26 novembre 2015.

Du cycle 3 au cycle 4

Pour chaque question, choisissez la bonne réponse à l'aide de vos connaissances

1 Décrire la constitution de la matière

1 On dit que la matière qui nous entoure est très diverse car :

a. elle est toujours de différentes couleurs.
b. elle est constituée de métaux, minéraux, verres, plastiques, matière organique.
c. elle change d'aspect en fonction des saisons.

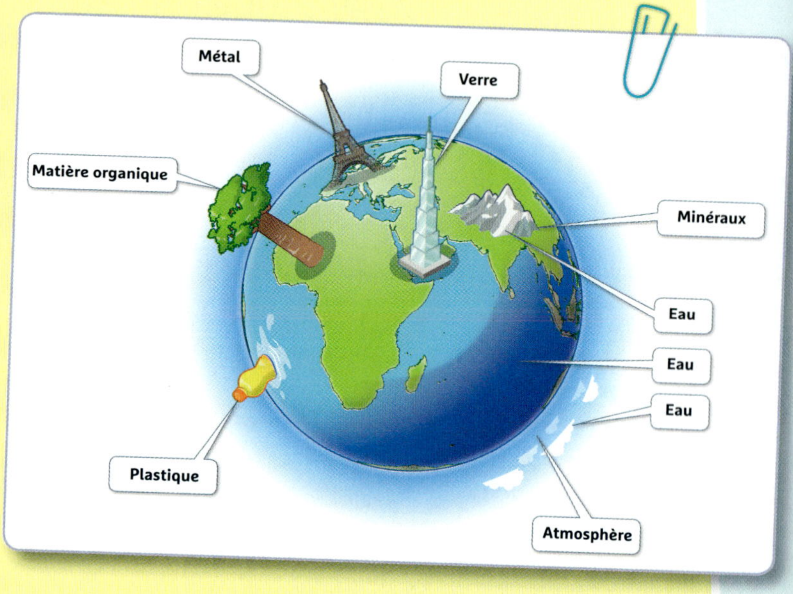

2 La matière est un mélange si :

a. elle contient plusieurs constituants.
b. elle ne contient qu'un seul constituant.
c. elle ne contient qu'un seul corps pur.

3 La masse caractérise une quantité de matière. Elle se mesure avec :

a. un thermomètre.
b. un mètre.
c. une balance.

2 Décrire les états de la matière

4 Dans les nuages, en général, il y a :

a. de l'eau à l'état solide uniquement.
b. de l'eau à l'état liquide uniquement.
c. de l'eau à l'état solide, liquide et gazeux.

5 Sur Terre, l'eau existe :

a. à l'état liquide uniquement.
b. à l'état solide et à l'état liquide.
c. à l'état solide, à l'état liquide et à l'état gazeux.

6 L'état physique d'un échantillon de matière dépend de :

a. sa masse.
b. son volume.
c. sa température.

3 Décrire et expliquer des transformations chimiques

7 Lors du mélange d'eau de Javel et de détartrant, une transformation chimique a lieu car :

a. une nouvelle substance chimique se forme.
b. c'est ce qui se passe pour tous les mélanges.
c. on réalise le mélange de deux liquides.

8 Une transformation chimique est :

a. toujours dangereuse.
b. parfois dangereuse.
c. toujours sans danger.

Si on mélange de l'eau de Javel à un détartrant, alors il se forme un gaz toxique, le chlore.

4 Décrire et expliquer les mouvements de la Terre

9 Le Soleil est :

a. un satellite de la Terre.
b. l'étoile située au centre du système solaire.
c. une planète du système solaire.

10 L'alternance du jour et de la nuit s'explique par :

a. la rotation de la Terre sur elle-même.
b. le mouvement du Soleil autour de la Terre.
c. le mouvement de la Terre autour du Soleil.

Compétences travaillées

● Dans les activités et tâches complexes ○ Dans les exercices

Chapitres	1	2	3	4	5
Mobiliser des connaissances [D4]					
• Décrire la constitution et les états de la matière	●○	●○	○		
• Décrire et expliquer des transformations chimiques				○	
• Décrire l'organisation de la matière dans l'Univers					●○
• Identifier les sources, les transferts, les conversions et les formes d'énergie	●○				
Pratiquer des démarches scientifiques [D4]					
• Identifier des questions de nature scientifique.	○	●○	●	●	
• Proposer une ou des hypothèses pour répondre à une question scientifique. Concevoir une expérience pour la ou les tester.	○	●		●○	●
• Mesurer des grandeurs physiques de manière directe ou indirecte.	●○	●○	●○		
• Interpréter des résultats expérimentaux, en tirer des conclusions et les communiquer en argumentant.	●○	●○	●○	●○	●
• Développer des modèles simples pour expliquer des faits d'observations et mettre en œuvre des démarches propres aux sciences.	●○	●○			●○
Concevoir, créer, réaliser [D5]					
• Concevoir et réaliser un dispositif de mesure ou d'observation.	○	●			
S'approprier des outils et des méthodes [D2]					
• Effectuer des recherches bibliographiques	○				○
• Utiliser des outils numériques pour mutualiser des informations sur un sujet scientifique.	○			○	
• Planifier une tâche expérimentale, organiser son espace de travail, garder des traces des étapes suivies et des résultats obtenus.	○		●		●
Pratiquer des langages [D1]					
• Lire et comprendre des documents scientifiques. [D1.1]	●○	●○	●	○	●○
• Utiliser la langue française en cultivant précision, richesse de vocabulaire et syntaxe pour rendre compte des observations, expériences, hypothèses et conclusions. [D1.1]	●○	●○	●○		●○
• S'exprimer à l'oral lors d'un débat scientifique. [D1.1]		●			
• Passer d'une forme de langage scientifique à une autre. [D1.3]	●○	●○		●○	●○
Mobiliser des outils numériques [D2]					
• Utiliser des outils d'acquisition et de traitement de données, de simulations et de modèles numériques.	○				
• Produire des documents scientifiques grâce à des outils numériques, en utilisant l'argumentation et le vocabulaire spécifique à la physique et à la chimie.		●			
Adopter un comportement éthique et responsable [D3]					
• Expliquer les fondements des règles de sécurité en chimie, électricité et acoustique. Réinvestir ces connaissances ainsi que celles sur les ressources et sur l'énergie, pour agir de façon responsable.	○	●○	○	○	
Se situer dans l'espace et dans le temps [D5]					
• Expliquer, par l'histoire des sciences et des techniques, comment les sciences évoluent et influencent la société.	○				
• Identifier les différentes échelles de structuration de l'Univers.					●○
Pratiquer des langues étrangères et régionales [D1]					
• Analyser des documents scientifiques authentiques en langue étrangère [D1.2]					○

Chapitre 1

Les états de la matière

▲ Mer de nuages

Qu'est-ce qui distingue la vapeur, l'eau liquide et la glace ?

Activité 1

Quelles sont les propriétés des trois états de la matière ?

Objectif
Caractériser les différents états de la matière (solide, liquide et gaz).

1 **La forme propre.** C'est une des caractéristiques qui permet de distinguer les trois états de la matière. Un solide a une forme propre : il ne s'adapte pas à la forme du récipient qui le contient.

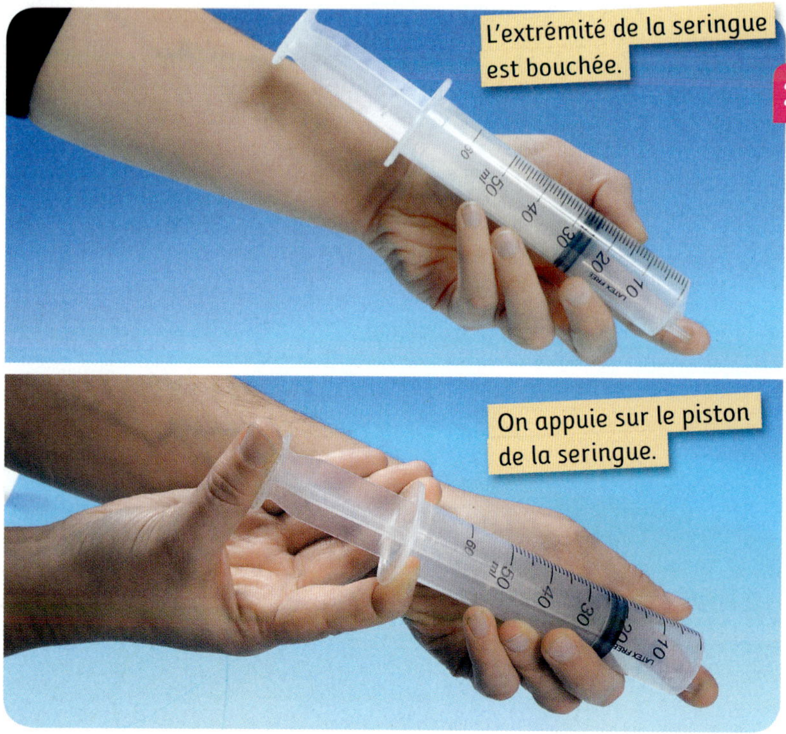

2 **La compressibilité.**
C'est une autre caractéristique qui permet de distinguer les trois états de la matière.

On ne peut pas réduire le volume d'un solide car il n'est pas **compressible**. Les solides possèdent un volume propre et une forme propre.

3 **Les propriétés de l'état solide.**

Vocabulaire

Compressible : se dit d'un corps dont le volume diminue sous l'effet d'une pression.

Surface libre : surface qui est en contact avec l'air.

Travailler une compétence

[D1.1] Pratiquer des langages

1. Doc. 1 La forme d'un liquide s'adapte-t-elle au récipient qui le contient ? Le liquide a-t-il une forme propre ? Qu'en est-il d'un gaz ?
2. Doc. 1 Quelle est la direction de la surface libre d'un liquide au repos ?
3. Doc. 1, 2 et 3 Regroupez dans un tableau les propriétés (forme et compressibilité) des trois états de la matière.

Activité 2

Comment évolue la température lors du changement d'état de l'eau ?

Objectif
Proposer et mettre en œuvre un protocole expérimental pour étudier les propriétés des changements d'état.

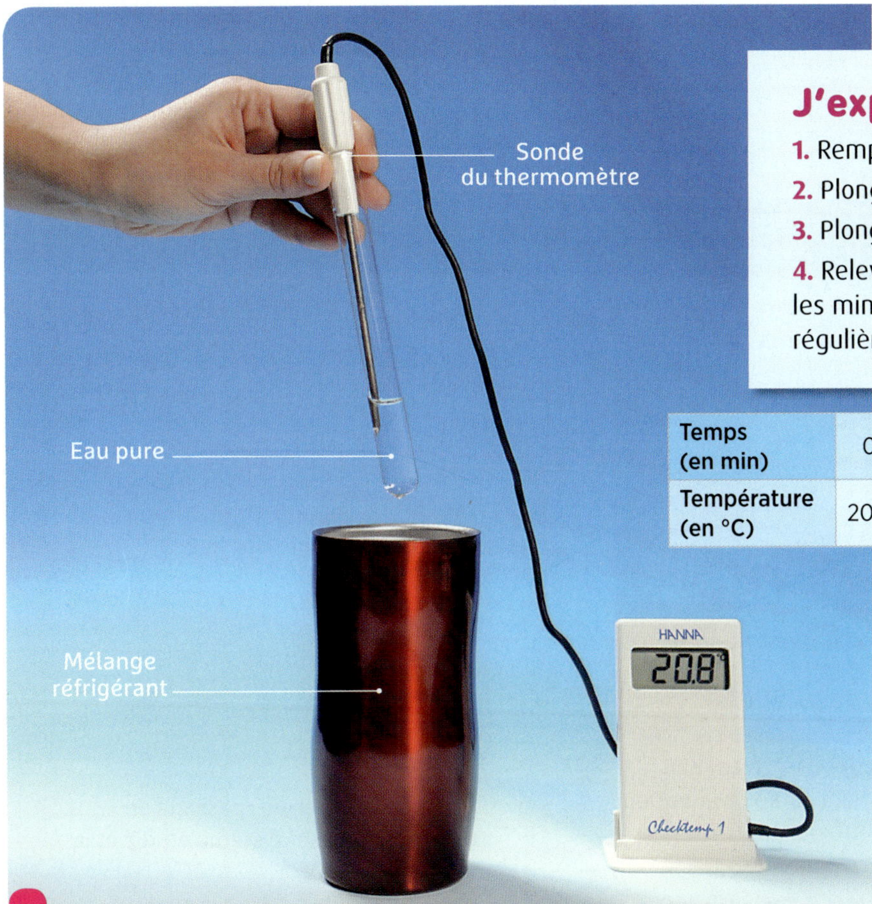

J'expérimente

1. Remplir un tube à essai avec de l'eau pure.
2. Plonger la sonde du thermomètre dans l'eau.
3. Plonger le tube dans le mélange réfrigérant.
4. Relever la température de l'eau toutes les minutes dans un tableau tout en agitant régulièrement.

Temps (en min)	0	1	2	3	4	5	6	7	8	9
Température (en °C)	20,8	17,0	7,2	3,1	0,8	0,0	0,0	0,0	-1,1	-1,4

Températures obtenues au cours de l'expérience.

1 **Mesure de la température de l'eau lors de son refroidissement.** L'eau passe de l'état liquide à l'état solide : ce changement d'état s'appelle la solidification.

BESOIN D'AIDE ?
→ Pour construire une courbe, voir la fiche 16, p. 217.

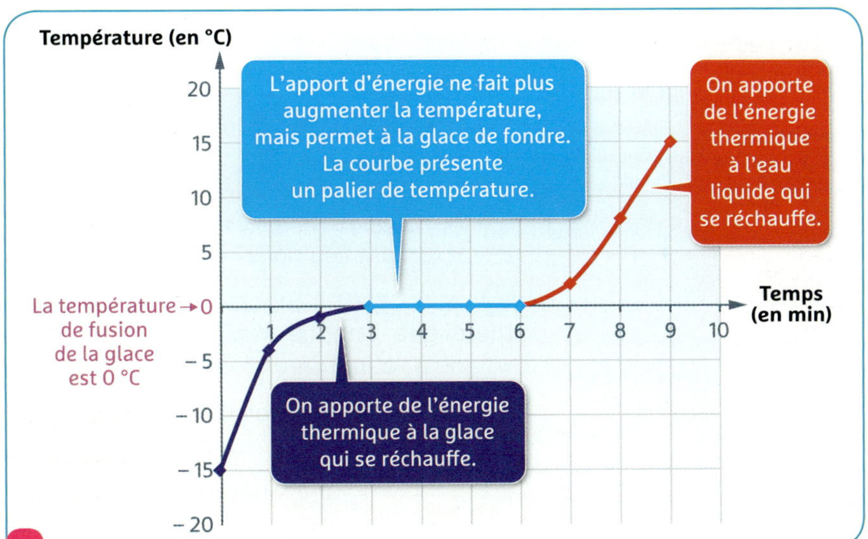

2 **Évolution de la température de l'eau en fonction du temps lors de son chauffage à partir de la glace.** La fusion est le nom du changement d'état de l'état solide à l'état liquide.

Travailler une compétence

[D4] Pratiquer des démarches scientifiques

1. **Doc. 1 et 2** Pour chaque expérience, précisez l'état de l'eau au cours du temps.
2. **Doc. 2** Proposez un protocole expérimental permettant d'obtenir les résultats du doc. 2.
3. **Doc. 1** Tracez le graphique représentant la température de l'eau en fonction du temps lorsqu'on la refroidit.
4. **Doc. 1 et 2** Quel est le point commun entre les deux graphiques ? Que pouvez-vous dire de la température de changement d'état de l'eau ?

Activité 3

Quels transferts d'énergie ont lieu au cours d'un changement d'état ?

Objectif
Identifier les transferts d'énergie.

1 **L'eau bout dans la casserole.** Des bulles de vapeur d'eau éclatent à la surface de l'eau. Des gouttes d'eau se forment lorsque la vapeur d'eau entre en contact avec le couvercle.

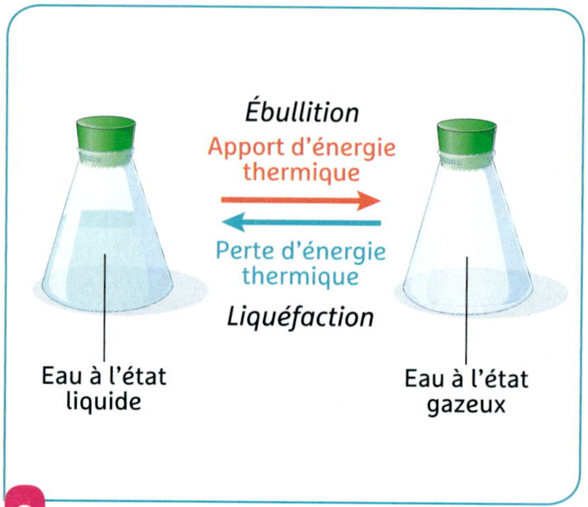

2 **Au cours des changements d'état, des transferts d'énergie ont lieu.** Lorsqu'on chauffe l'eau, on lui apporte de l'énergie thermique.

Vocabulaire

Transfert d'énergie : passage de l'énergie entre le système étudié et le milieu extérieur.

Liquéfaction : changement d'état correspondant au passage de l'état gazeux à l'état liquide.

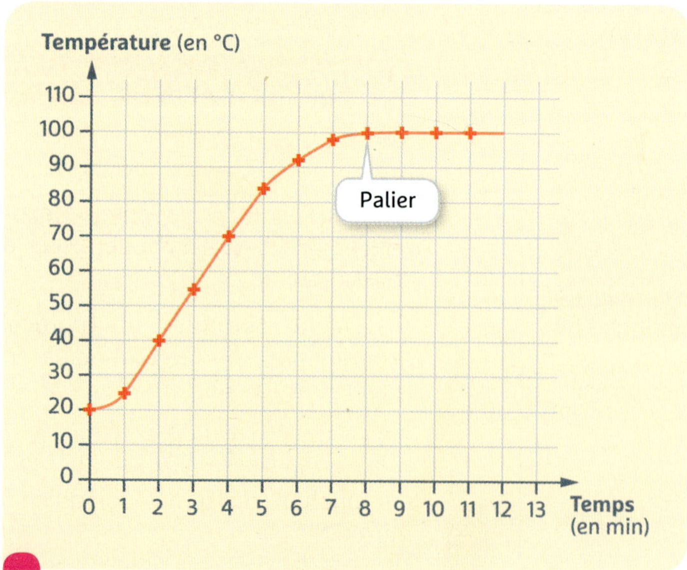

3 **Évolution de la température de l'eau au cours de son ébullition.**

Travailler une compétence

[D1.1] Pratiquer des langages

1. **Doc. 1** Quels sont les deux changements d'état qui ont lieu dans cette cuisine ?
2. **Doc. 2** Y a-t-il apport ou perte d'énergie thermique lorsque l'eau passe de l'état liquide à l'état gazeux ?
3. **Doc. 3** Que peut-on dire de la température de l'eau quand elle bout ?
4. **Doc. 2** Faut-il apporter ou retirer de l'énergie à la vapeur d'eau pour obtenir sa liquéfaction ?

Activité 4

Comment interpréter les différents changements d'état ?

Objectif

Interpréter les changements d'état au niveau microscopique.

1 Histoire des sciences. Au 5e siècle avant J.-C., Leucippe et son disciple Démocrite, deux philosophes grecs, s'interrogeaient déjà sur la constitution de la matière. Leur hypothèse est confirmée aujourd'hui.

2 Un modèle particulaire pour chaque état d'un corps pur. Dans un corps pur, toutes les particules sont identiques. On peut les modéliser par un dessin tel qu'un triangle, un rond, un carré…

Glace

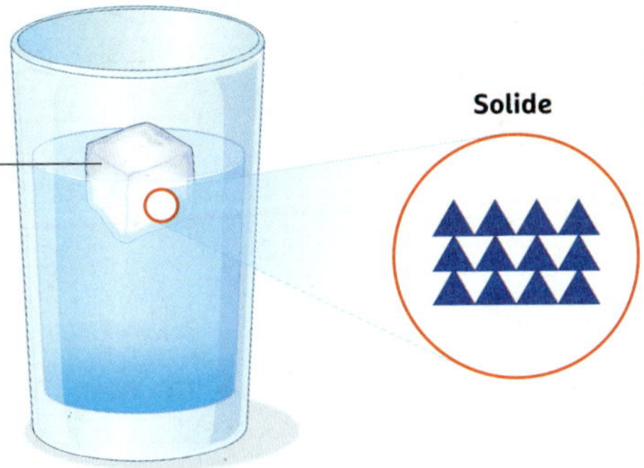

Dans un solide, les particules sont proches et ne se déplacent pas les unes par rapport aux autres.

Eau

Dans un liquide, les particules sont proches et peuvent se déplacer les unes par rapport aux autres.

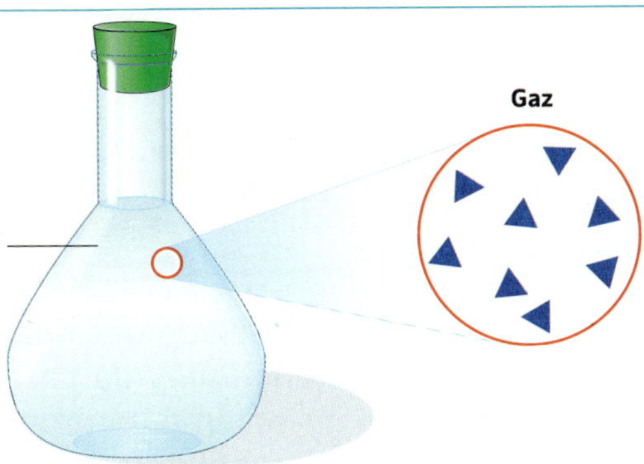

Vapeur d'eau

Dans un gaz, les particules sont éloignées les unes des autres et se déplacent très rapidement dans tous les sens.

Vocabulaire

Corps pur : substance constituée de particules toutes identiques.

Particule : la plus petite partie d'un corps pur.

Travailler une compétence

[D4] Pratiquer des démarches scientifiques

1. **Doc. 1** De quoi est constituée la matière à l'échelle microscopique ?
2. **Doc. 2** Expliquez ce qui se passe à l'échelle microscopique lors de la fusion de la glace. Complétez la réponse par un schéma.
3. **Doc. 2** L'hélium est un corps pur gazeux. Représentez un flacon fermé contenant dix particules d'hélium, puis représentez le même échantillon dans les états solide et liquide.

Tâche complexe

Une matière liquide et solide

Pour commencer

Le mélange eau-fécule de maïs est un fluide qui peut être liquide et solide à la fois !
La fécule de maïs est utilisée régulièrement en cuisine, pour épaissir des sauces par exemple.
On peut aussi en faire un tout autre usage : en la mélangeant à de l'eau, on peut courir dessus !

Mission

Expliquer pourquoi il est possible de courir sur le mélange eau-fécule de maïs.

Consigne : À l'aide des documents, rassemblez les caractéristiques de ce fluide et montrez, à l'aide d'un schéma, pourquoi il est possible de courir sur un mélange eau-fécule de maïs.

Certains types de fluides sont dits rhéoépaississants. En y plongeant doucement un objet, celui-ci s'enfonce. Mais si cette opération est renouvelée rapidement, l'objet y pénètre difficilement. Certains miels sont des fluides rhéoépaississants par exemple.

1 Les fluides rhéoépaississants.

J'expérimente

Mélanger 110 g de fécule de maïs et 60 mL d'eau.

Expérience 1 : Placer la bille à la surface du mélange et la lâcher.

Expérience 2 : Lâcher la bille d'une hauteur de 1 m environ au-dessus du mélange.

2 Modélisation de la course sur fécule de maïs.

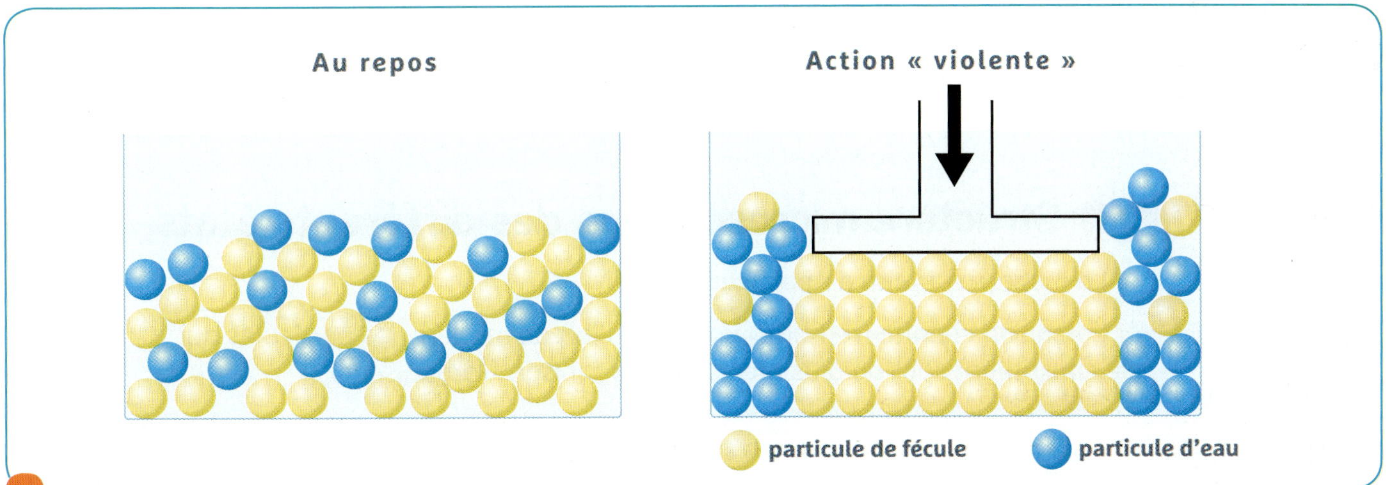

3 Le modèle particulaire correspondant à l'expérience du doc. 2.

BESOIN D'UN COUP DE POUCE ?

→ Revoir l'activité 4, p. 21.

J'ai réussi si...

- ☐ J'ai su réaliser l'expérience.
- ☐ J'ai exploité les propriétés d'un liquide et d'un solide.
- ☐ J'ai compris le phénomène particulaire de ce fluide.

Bilan Les états de la matière

Je dois savoir

Activité 1 Les trois états de la matière

- À l'état **solide**, **liquide** ou **gazeux**, la matière a les propriétés suivantes :

État	Forme propre	Compressibilité
Solide	Sa forme ne dépend pas du récipient qui le contient : il a une forme propre.	Incompressible.
Liquide	Il s'écoule et prend la forme du récipient qui le contient : il n'a pas de forme propre. Sa **surface libre** au repos est plane et horizontale.	Incompressible.
Gazeux	Il occupe tout l'espace du récipient qui le contient : il n'a pas de forme propre.	Compressible.

Activités 2 et 3 Température de changement d'état d'un corps pur

- Lorsqu'on chauffe (refroidit) un **corps pur**, on lui apporte (retire) de l'énergie thermique. Ce transfert d'énergie se traduit par une augmentation (diminution) de température jusqu'à un palier de température : c'est la **température de changement d'état**.
- Les changements d'état des corps purs s'effectuent à température constante.
- La **fusion** et la **solidification** de l'eau ont lieu à 0 °C.
À 100 °C, l'eau bout : elle passe de l'état liquide à l'état gazeux. C'est l'ébullition.

Activité 4 Structure microscopique des différents états

- La matière est faite de **particules**.
- Lorsqu'on chauffe (refroidit) un échantillon de matière, les particules qui le constituent sont de plus en plus désorganisées (organisées).

→ L'essentiel du cours en une animation

Je retiens les mots-clés

- Corps pur
- Gazeux
- Liquide
- Particule
- Solide
- Température de changement d'état

Dico du manuel p. 221

Je retiens par l'image

Les changements d'état et leur interprétation particulaire

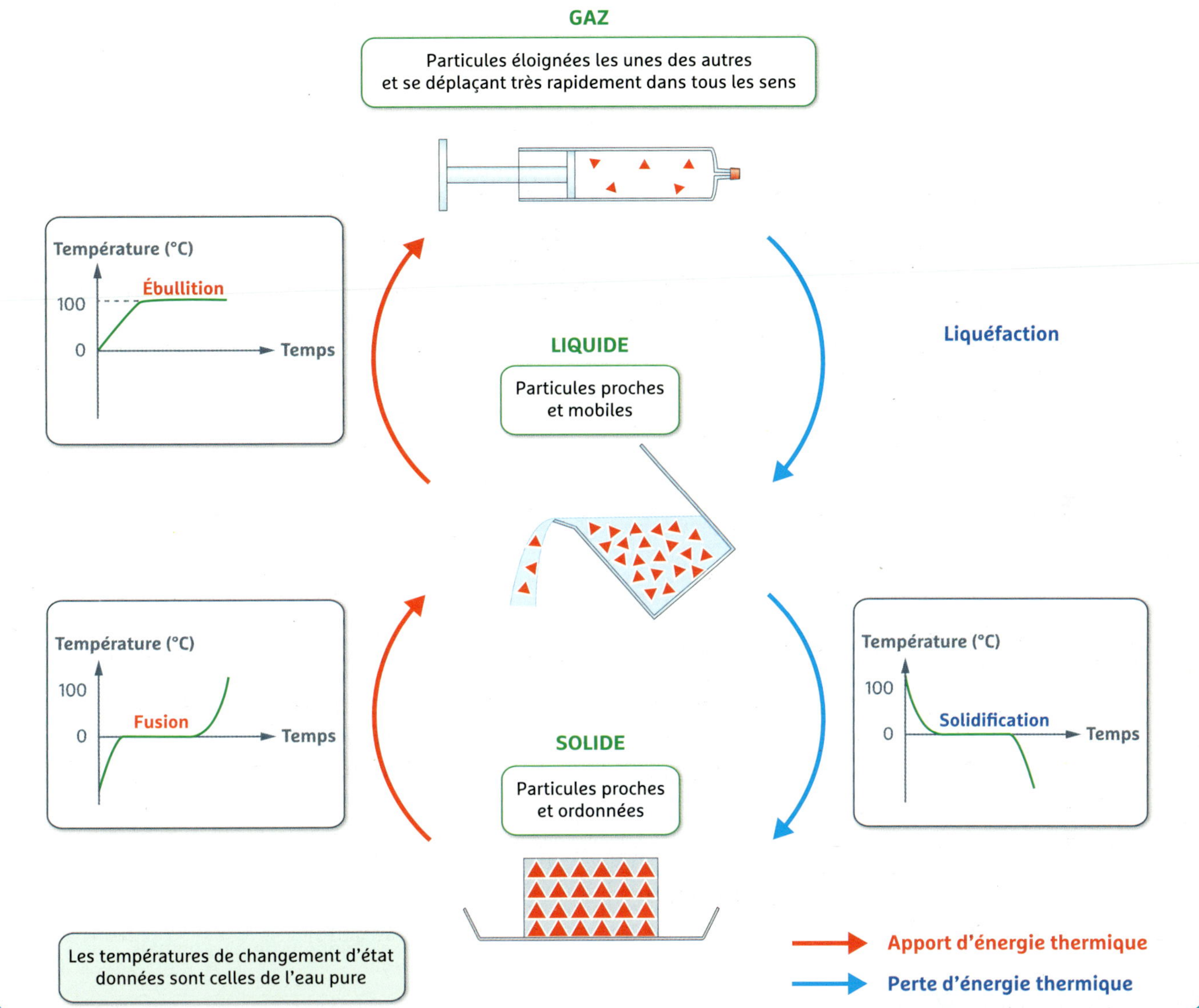

Je suis capable de

	Pour cela, je dois	Pour vérifier
→ **caractériser les différents états de la matière**	→ connaître les propriétés des solides, des liquides et des gaz. → savoir les interpréter à l'échelle microscopique.	→ Activité 1 → Activité 4
→ **étudier expérimentalement les propriétés des changements d'état**	→ chauffer ou refroidir l'échantillon de matière et relever sa température au cours du temps.	→ Activités 1 et 3
→ **caractériser les différents changements d'état d'un corps pur**	→ savoir que, lors du changement d'état d'un corps pur, la température présente un palier. → connaître le nom des changements d'état.	→ Activité 2
→ **interpréter les changements d'état de la matière au niveau microscopique**	→ savoir modéliser les trois états de la matière à l'aide de particules. → connaître l'influence d'un apport et d'une perte d'énergie sur l'ordre des particules.	→ Activité 4

Exercices

Je vérifie mes connaissances

1 Association

Associez chaque état à une propriété.

1. Sa forme ne dépend pas du récipient qui le contient •	• a. Gaz
2. Il prend la forme du récipient et s'écoule •	• b. Solide
3. Il est compressible •	• c. Liquide

2 Correction

Anaïs a représenté trois flacons contenant de l'eau liquide au repos. Recopiez les schémas de ces flacons en les corrigeant si nécessaire.

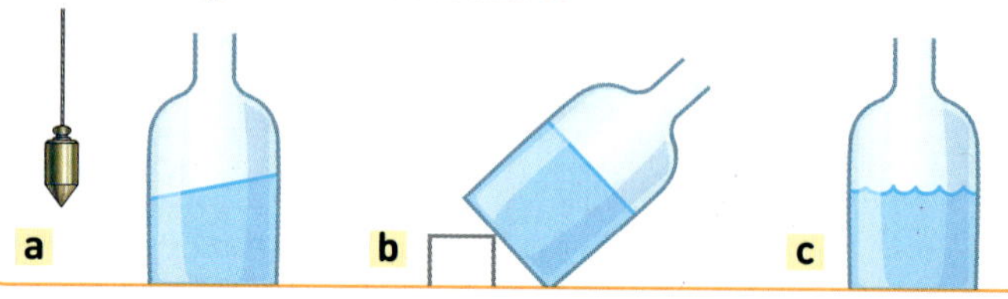

3 Mots croisés

Recopiez la grille et complétez-la à l'aide des définitions ci-dessous.

1. Passage du solide au liquide.
2. Se dit d'un corps constitué de particules toutes identiques.

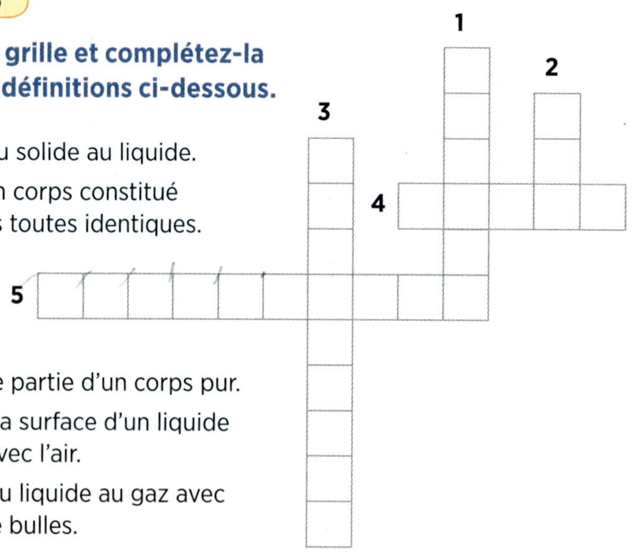

3. Plus petite partie d'un corps pur.
4. Se dit de la surface d'un liquide en contact avec l'air.
5. Passage du liquide au gaz avec formation de bulles.

4 Vrai ou faux ?

Corrigez les propositions qui sont fausses.

a. La température d'un corps pur varie au cours de son changement d'état.

b. Les particules qui constituent un gaz sont proches et se déplacent les unes par rapport aux autres, c'est pour cela que le gaz est compressible.

c. Lors de l'ébullition, les particules qui constituent la matière s'éloignent de plus en plus.

J'utilise mes compétences

5 Pratiquer des démarches scientifiques

Instruments de mesure

Il existe de nombreux instruments permettant de mesurer différentes grandeurs physiques.

a. Donnez les noms des trois instruments de mesure schématisés ci-contre.

b. Indiquez pour chacun d'eux la grandeur et la valeur mesurées.

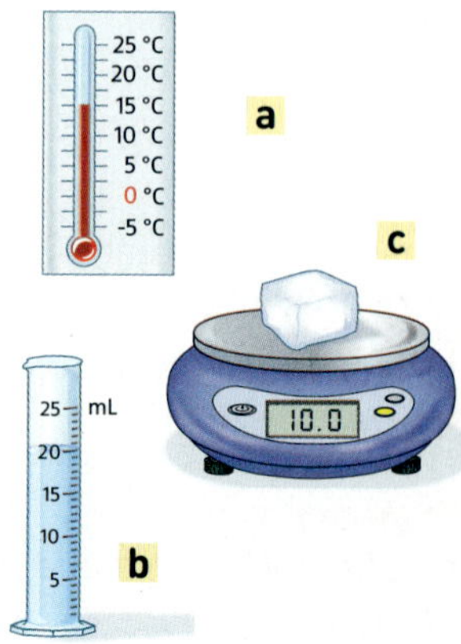

6 Pratiquer des langages

Le graphique ci-dessous représente l'évolution de la température de l'éthanol (un corps pur) au cours de son chauffage. L'éthanol était liquide au début de l'expérience.

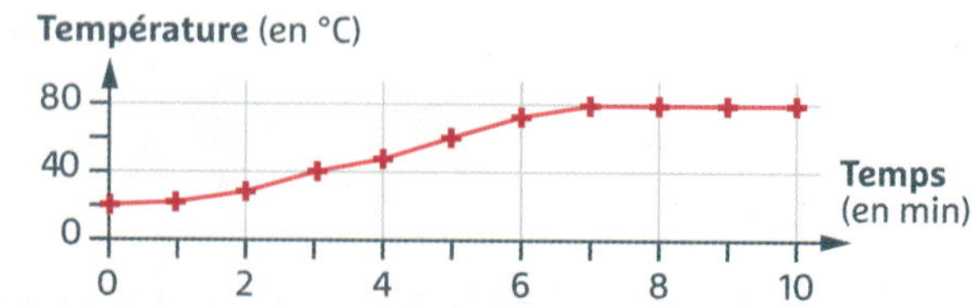

La température d'ébullition de l'éthanol est :

a. 20 °C **b.** 79 °C **c.** 100 °C

7 Pratiquer des langages

Solidification

Léna refroidit du cyclohexane liquide et note sa température chaque minute. Elle obtient la courbe ci-contre.

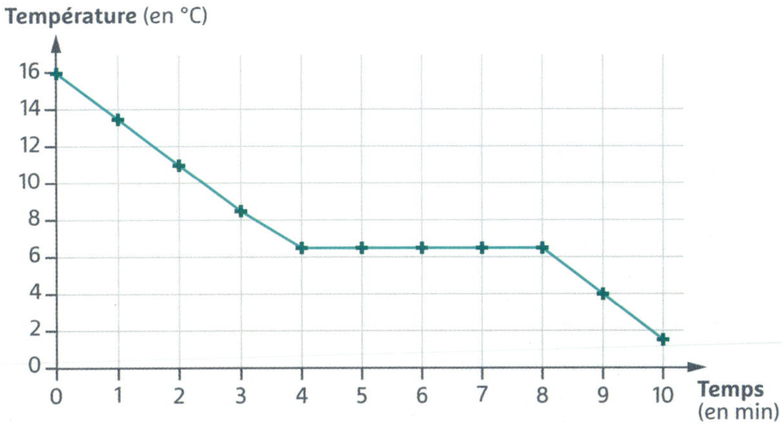

a. Dans quel état se trouve le cyclohexane au début de l'expérience ?

b. Au bout de combien de temps commence la solidification ?

c. Quelle est la température de solidification du cyclohexane ?

8 Pratiquer des démarches scientifiques

Fumée ou brouillard ?

Fumée et brouillard sont constitués de matière finement divisée en suspension dans l'air : pour la fumée, cette matière est solide alors que pour le brouillard, il s'agit de fines gouttelettes d'eau liquide.
Timothé souhaite savoir si le flacon ci-contre contient de la fumée ou du brouillard.

a. Expliquez pourquoi le faisceau laser est visible dans le flacon.

b. Rappelez ce qui se passe lorsqu'on apporte de l'énergie thermique à l'eau liquide.

c. Rédigez le protocole d'une expérience qui permettrait à Timothé de résoudre son problème et expliquez les résultats attendus.

Coup de pouce

Le trajet de la lumière est visible dans un milieu diffusant, mais pas dans un gaz.

→ Revoir le chapitre 10 p. 171.

9 Se situer dans l'espace et dans le temps

Le mouvement brownien

En 1827, le botaniste britannique Robert Brown observe au microscope le mouvement incessant et désordonné de minuscules grains de pollen dans une goutte d'eau. Il croit d'abord que le pollen est vivant ! Quand il observe un mouvement similaire pour des poussières minérales dans l'eau, il ne peut plus valider cette hypothèse.

Ce n'est qu'au début du 20e siècle que le physicien Albert Einstein explique ce phénomène : les particules qui constituent l'eau liquide ne cessent de bouger et heurtent sans cesse les grains de pollen qui se mettent à leur tour en mouvement. Ce mouvement dit « brownien » est également effectué par les particules qui constituent un gaz.

a. Qu'a permis de mettre en évidence l'observation de Robert Brown ?

b. Indiquez pourquoi le gaz est compressible alors que le liquide ne l'est pas, bien que les particules qui les constituent suivent le même mouvement.

Exercices

10 Concevoir, créer, réaliser

Une expérience à faire à la maison

Matériel :
- un bocal et son couvercle métallique
- un spray
- des glaçons
- de l'eau chaude

J'expérimente

1. Verser de l'eau chaude dans le fond d'un bocal, le fermer avec son couvercle et l'agiter.
2. Dévisser puis retourner le couvercle sur le bocal et y placer un glaçon.
3. Soulever doucement le couvercle et y projeter de fines gouttelettes à l'aide d'un spray.
4. Repositionner le couvercle et observer attentivement la partie haute du bocal.

a. Indiquez le nom des deux changements d'état subis par l'eau liquide versée dans le bocal jusqu'à l'apparition du nuage.

b. Le deuxième changement d'état est-il dû à un apport ou à une perte d'énergie thermique ?

c. Si on enlève le couvercle et qu'on laisse échapper le nuage, ce dernier disparaît. Expliquez ce qui s'est passé.

d. Dessinez l'eau à l'échelle des particules telle qu'elle est dans une goutte du nuage et telle qu'elle est lorsque le nuage a disparu.

11 Mobiliser des outils numériques

La cryothérapie

Certains sportifs se font prescrire des séances de cryothérapie afin d'accélérer leur récupération musculaire. Elles consistent à créer un choc thermique en soumettant le corps à une température de – 110 °C.

Gauthier aimerait comprendre pourquoi l'exposition ne peut durer qu'en moyenne trois minutes. Il sait que le corps humain est composé en majorité d'eau. Il mesure alors régulièrement la température de l'eau liquide tout en la refroidissant. Voici ses résultats :

Temps (en min)	0	1	2	3	4	5	6	7	8	9
Température (en °C)	15	10	4	0	0	0	0	-2	-5	-8

Un sportif sortant de la chambre froide d'une séance de cryothérapie.

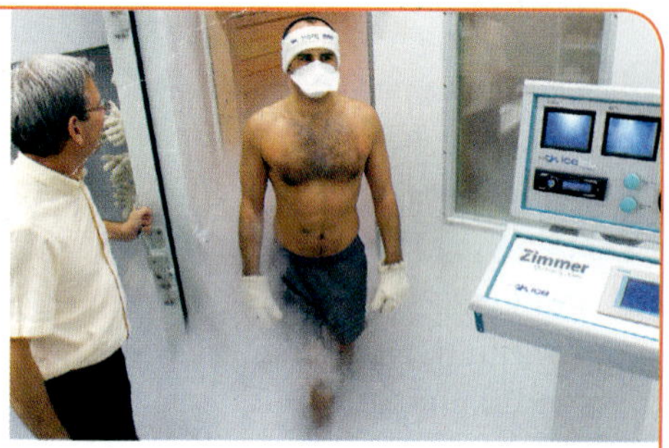

a. À l'aide d'un tableur, construisez le graphique représentant la température de l'eau en fonction du temps lors de son refroidissement.

b. Lisez sur ce graphique la valeur de la température de solidification de l'eau.

c. Proposez une réponse à la question de Gauthier.

12 Pratiquer des langages

Comment est-ce possible ?

Pour mettre au point un nouveau tour de magie, Olivier a réalisé la photo ci-contre.

a. Décrivez précisément ce que l'on observe sur cette photo.

b. Expliquez pourquoi ces situations paraissent impossibles.

c. Comment Olivier a-t-il réussi à faire cette photo ?

Je m'entraîne pour l'évaluation

13 Le recyclage de l'aluminium

Énoncé

L'aluminium est 100 % recyclable, presque à l'infini ! Son recyclage permet d'économiser 95 % de l'énergie que l'on utiliserait pour l'extraire à partir du minerai. À chaque recyclage, le métal est intégralement récupéré pour être refondu et engendre ainsi une nouvelle matière première possédant les mêmes qualités d'origine.

Malheureusement, c'est un des emballages les moins bien recyclés en France : seul 32 % de l'aluminium des déchets ménagers est recyclé.

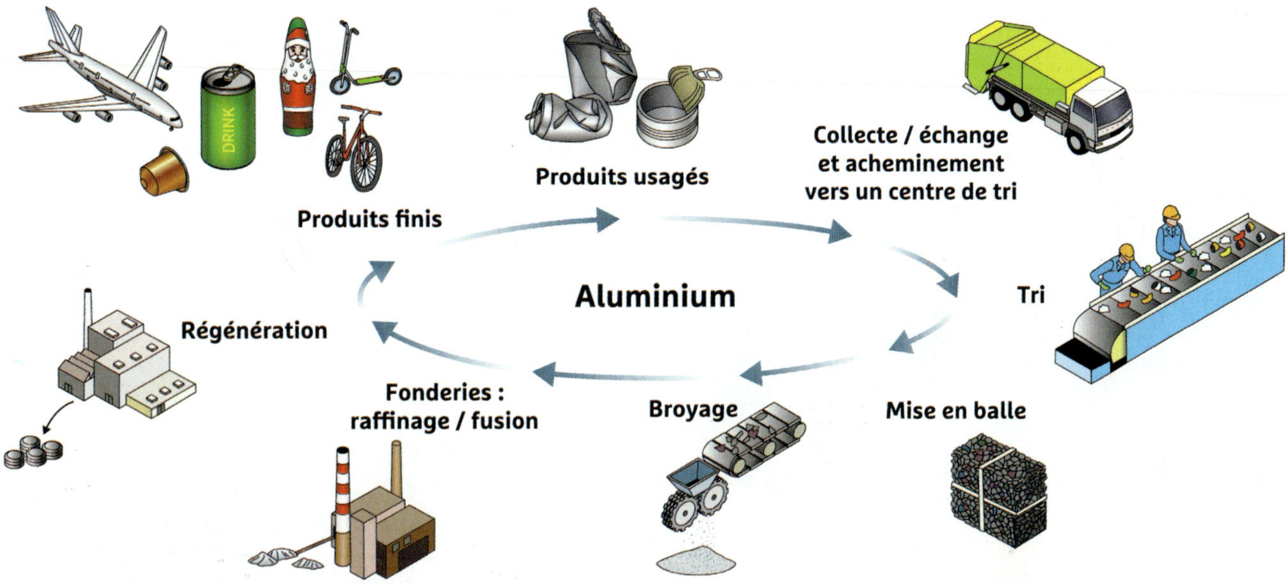

1 Les différentes étapes du recyclage de l'aluminium.

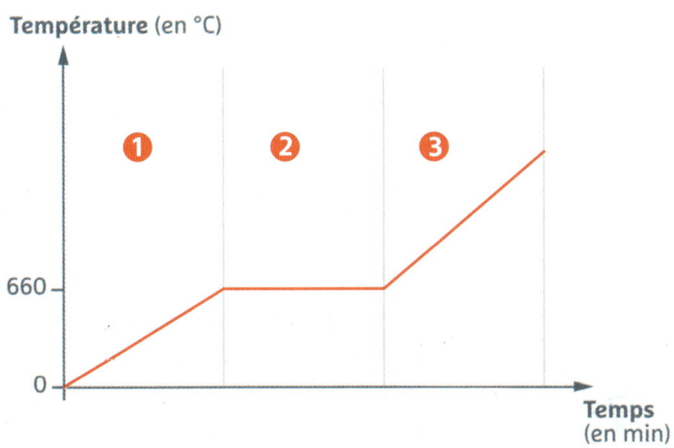

2 Évolution de la température de l'aluminium lors de sa fusion.

Questions

1. Les différents états de la matière

a. Rappelez les propriétés des solides.

b. L'aluminium étant un corps pur, représentez-le à l'échelle des particules quand il est à l'état solide, et expliquez pourquoi il n'est pas compressible à cet état.

c. Expliquez en quoi le recyclage de l'aluminium participe au développement durable.

2. Les différents changements d'état d'un corps pur

a. Donnez le nom des deux changements d'état subis par l'aluminium durant son recyclage et indiquez s'ils nécessitent un apport ou une perte d'énergie thermique.

b. Indiquez dans quel état se trouve l'aluminium dans l'intervalle 1 du graphique du doc. 2, puis précisez dans quel intervalle et à quelle température a lieu le changement d'état.

c. Selon vous, pourquoi l'aluminium est-il si peu recyclé en France ?

Accompagnement personnalisé

14 J'utilise Internet pour travailler de manière collaborative

Niveau à bulle, niveau laser et niveau à eau

Énoncé

Pour s'assurer que des cadres ou des étagères sont à l'horizontale, un bon bricoleur utilise un niveau à bulle. Sur les chantiers, avant d'avoir des niveaux laser, les ouvriers utilisaient des niveaux à eau.

Question

Rédigez un document expliquant les principes de fonctionnement de chaque instrument et comparez leurs origines, leurs coûts, les utilisations possibles…

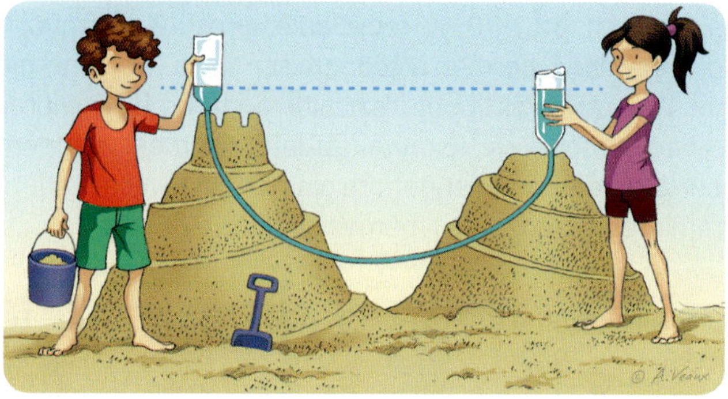

1 **Des enfants utilisant le niveau à eau.**

2 **Un artisan utilisant un niveau à bulle.**

3 **Un technicien utilisant un niveau laser.**

Aide à la résolution

Pour travailler en groupe et mutualiser les résultats des recherches de chacun, on peut utiliser un support numérique : https://framapad.org ou https://padlet.com

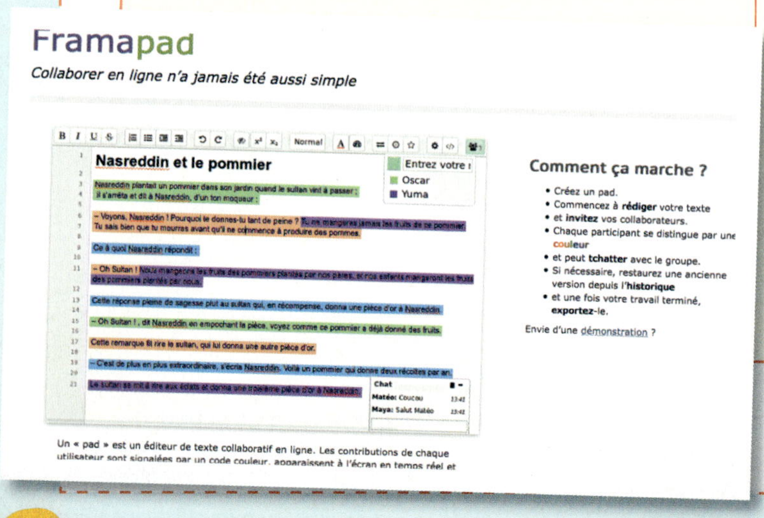

- **Chaque membre du groupe doit avoir une recherche précise à effectuer. Par exemple : les noms des inventeurs de chaque appareil, des photos ou des schémas, les principes de fonctionnement, les utilisations possibles de ces niveaux…**
- **Les informations rassemblées sont ensuite relues par tous les membres du groupe.**

Attention : sur Internet, il faut vérifier ses sources et s'assurer que plusieurs sites différents donnent les mêmes informations !

Chapitre 2

Masse et volume

Les chutes d'eau de Godafoss, en Islande.

La fonte des glaces est-elle responsable de l'élévation du niveau des mers et des océans ?

Comment évoluent le volume et la masse lors d'un changement d'état ?

Objectif
Masse et volume lors d'un changement d'état.

1 Exemples de changements d'état de l'eau.

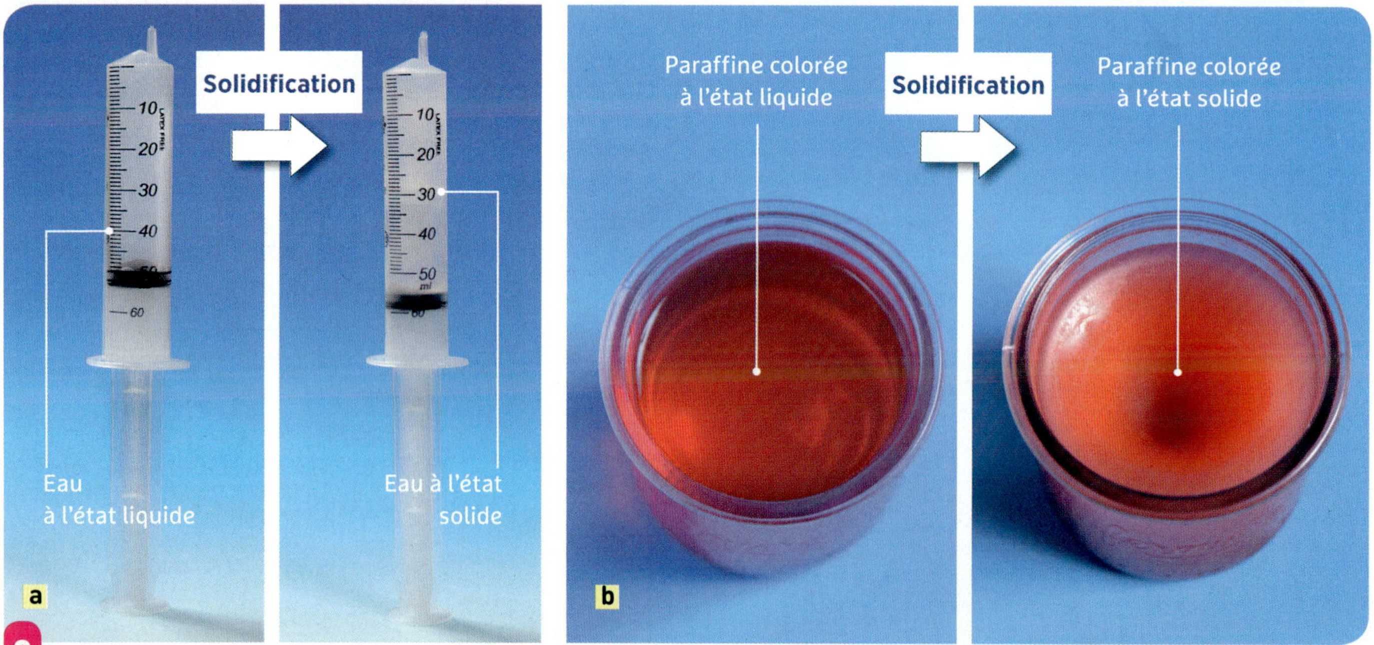

2 **Variation du volume au cours de la solidification.** La seringue d'eau liquide a été placée au congélateur pendant plusieurs heures, la paraffine liquide a été laissée à l'air ambiant.

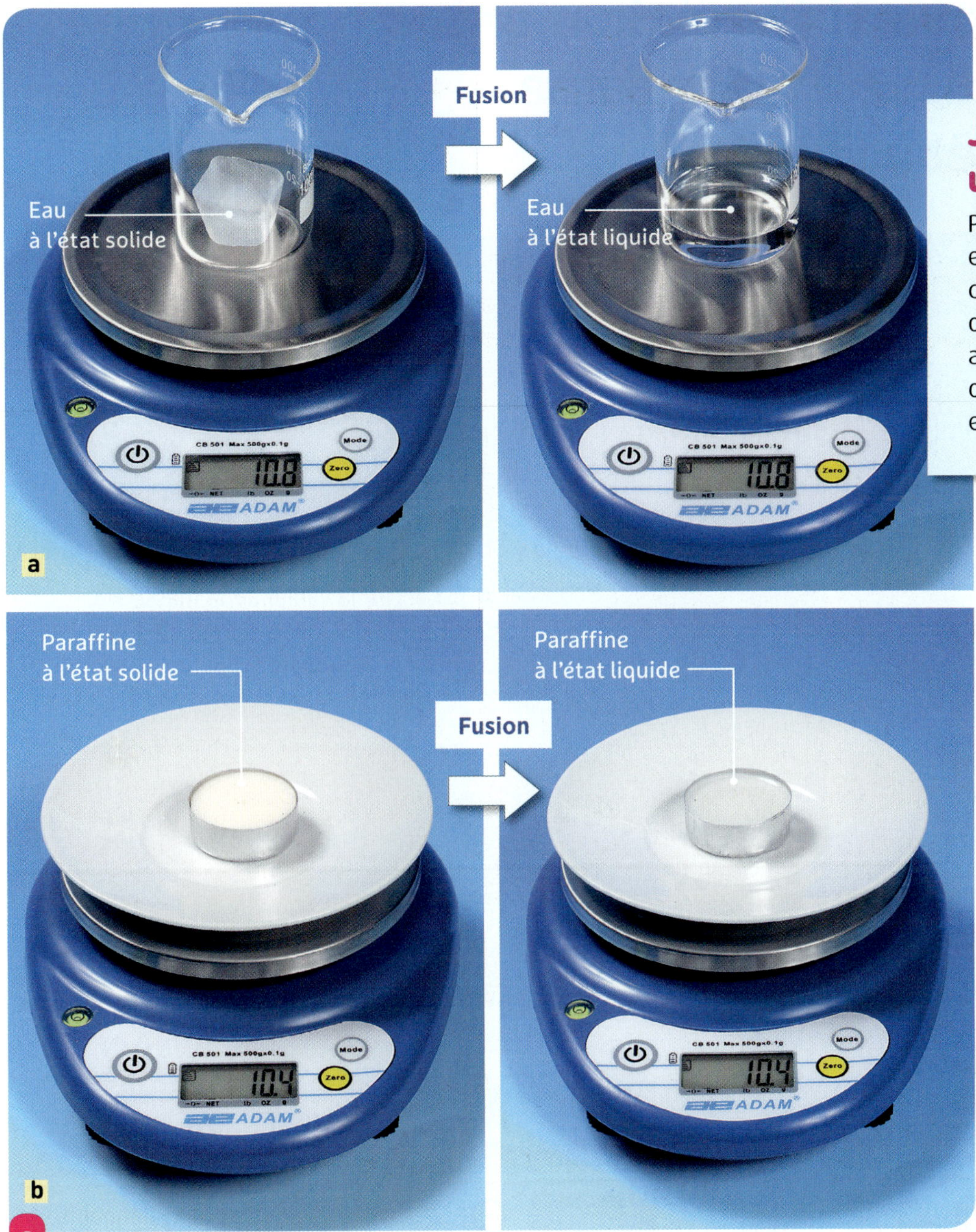

3 Mesures de la masse au cours de la fusion.

Je conçois une expérience

Proposer un protocole expérimental permettant de savoir si le volume ou la masse varient au cours de la solidification ou de la fusion de l'eau et de la paraffine.

Vocabulaire

Volume : espace occupé par un corps.

Molécule d'eau : plus petite particule d'eau que l'on peut isoler.

BESOIN D'AIDE ?

→ Pour mesurer un volume et une masse, voir les fiches 4 et 5, pp. 205 et 206.

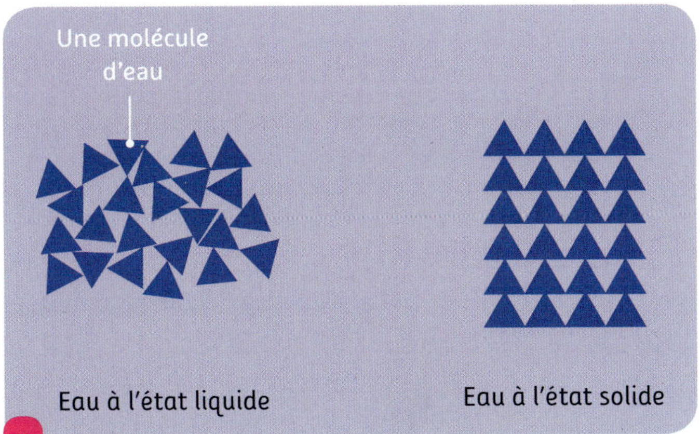

4 **Interprétation moléculaire de l'eau dans deux états.** Les particules d'eau sont appelées des **molécules d'eau**.

Travailler une compétence

[D4] Pratiquer des démarches scientifiques

1. Doc. 1 et 2 Qu'observe-t-on lorsque l'eau se solidifie ?
2. Doc. 2 Comment évolue le volume de chacun des échantillons de matière lors de la solidification ?
3. Doc. 3 Comment évolue la masse d'un échantillon de matière lors d'un changement d'état ?
4. Doc. 4 Formulez une hypothèse utilisant le modèle moléculaire pour expliquer la conservation de la masse lors du changement d'état d'un échantillon de matière.

Activité 2

Quelle est la relation entre la masse et le volume de l'eau liquide ?

Objectif
Proposer et mettre en œuvre un protocole expérimental pour déterminer une masse volumique.

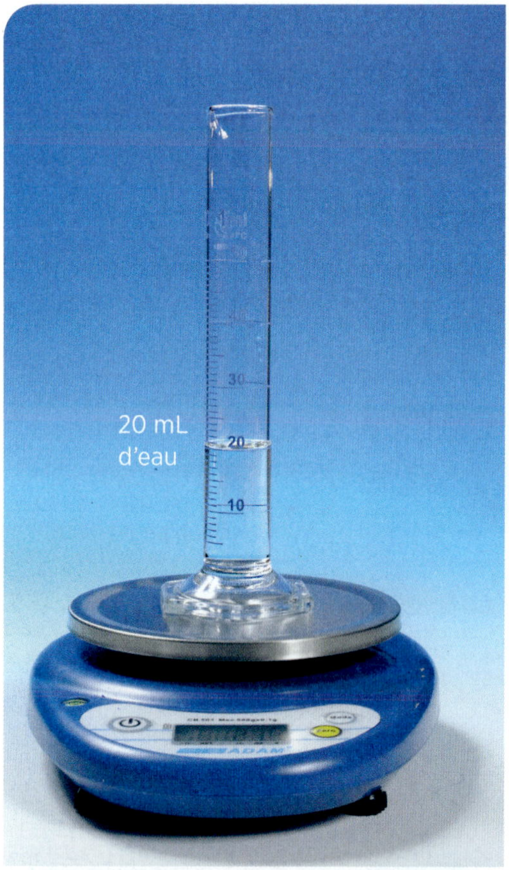

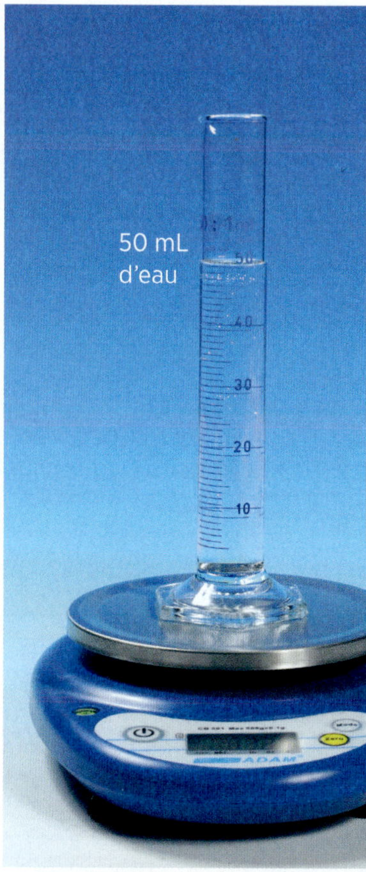

J'expérimente

1. Poser une éprouvette graduée vide sur une balance.

2. Tarer la balance.

3. Verser 20 mL d'eau dans l'éprouvette (on peut ajuster le volume à l'aide d'une pipette).

4. Lire la valeur de la masse de 20 mL d'eau sur la balance, puis reproduire l'expérience avec un volume de 50 mL d'eau.

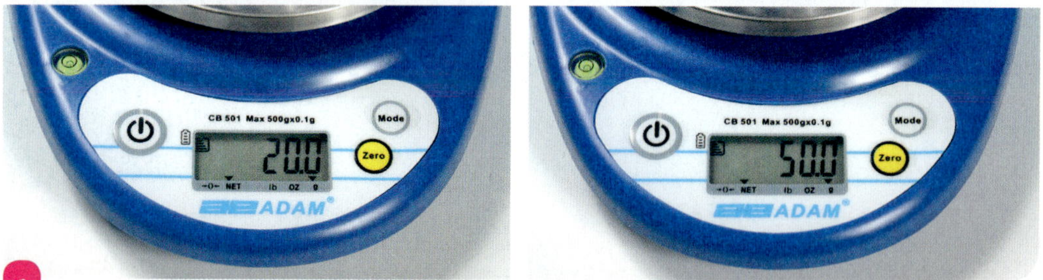

1 **Mesurer un volume d'eau et déterminer sa masse.**

BESOIN D'AIDE ?

→ Pour reconnaître une situation de proportionnalité, voir la fiche 17, p. 218.

Volume d'eau (en mL)	Masse d'eau (en g)
10	10,0
30	30,0
100	100,0

Le rapport $\frac{\text{masse}}{\text{volume}}$ est appelé masse volumique.

2 **Masse de différents échantillons d'eau de volumes différents.** On calcule la masse volumique de l'eau en divisant la masse de l'eau par son volume.

Travailler une compétence

[D4] Pratiquer des démarches scientifiques

1. Doc. 1 et 2 Existe-t-il une relation de proportionnalité entre la masse et le volume de l'eau ?

2. Doc. 2 Quelle est la valeur de la masse volumique de l'eau ?

3. Doc. 2 Déduisez-en la masse d'un échantillon d'eau de volume 1 L, puis déterminez le volume d'un échantillon d'eau de masse 750 g.

Activité 3

La masse volumique est-elle la même pour tous les liquides ?

Objectif
Proposer et mettre en œuvre un protocole expérimental pour déterminer une masse volumique.

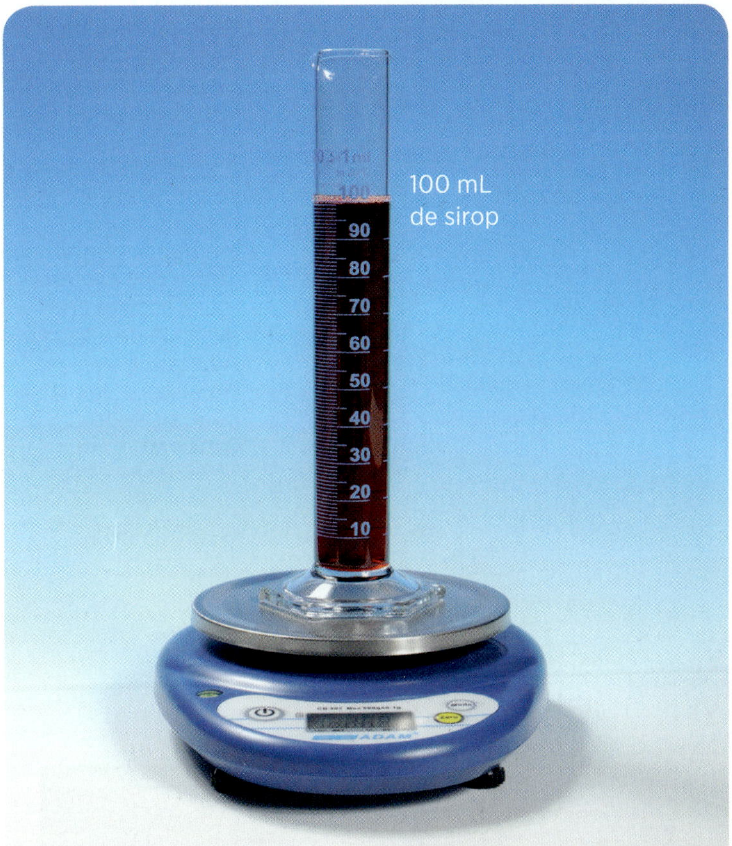

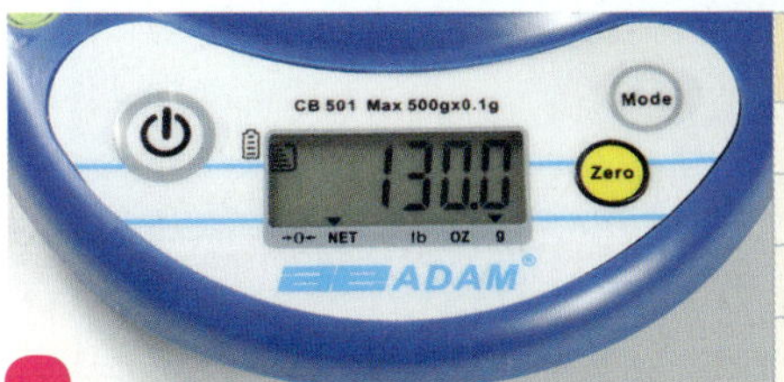

Liquide	Masse pour 100 mL
Eau	100,0 g
Lait	103,0 g
Huile	89,5 g
Essence	69,3 g

1 Masse de 100 mL de différents liquides du quotidien.
Ces données permettent de déterminer la masse volumique de chaque liquide.

Ingrédients pour faire des donuts :
- 2 œufs
- 50 g de lait écrémé
- 150 g d'eau
- 50 g de beurre
- 500 g de farine
- 60 g de sucre en poudre
- 20 g de levure chimique
- 6 g de sel fin

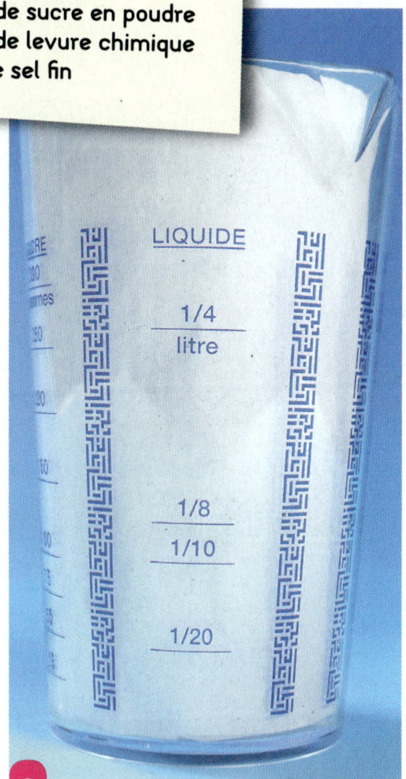

2 Un verre doseur.

Vocabulaire

Dense : un liquide est plus dense qu'un autre si, pour un même volume, sa masse est plus grande.

Travailler une compétence

[D4] Pratiquer des démarches scientifiques

1. **Doc. 1** Lisez la masse de 100 mL de sirop, puis classez les liquides du quotidien et le sirop du plus **dense** au moins dense.
2. **Doc. 1** Y a-t-il des liquides pour lesquels la relation entre la masse et le volume est la même que pour l'eau ?
3. **Doc. 1** La masse volumique est-elle la même pour tous les liquides ?
4. **Doc. 1 et 2** Comme pour l'eau, est-ce qu'une masse de 50 g de lait correspond à un volume de 50 mL ? Peut-on utiliser le verre doseur pour mesurer la masse de lait nécessaire pour faire des donuts et réaliser cette recette ?

Tâche complexe

La fonte de la banquise

Pour commencer

Évolution de la surface de la banquise arctique. La banquise est une étendue de mer gelée au pôle Nord. Elle se forme durant l'hiver polaire, lorsque la température de l'eau de mer descend en dessous de −1,8 °C. Au cœur de l'hiver, l'épaisseur de glace peut atteindre 1,5 à 2 mètres.

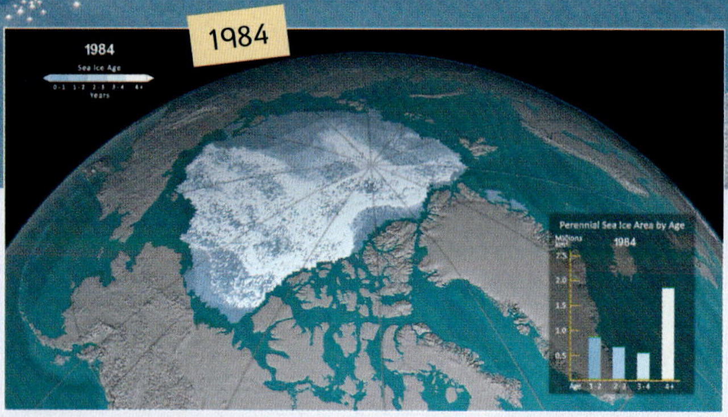

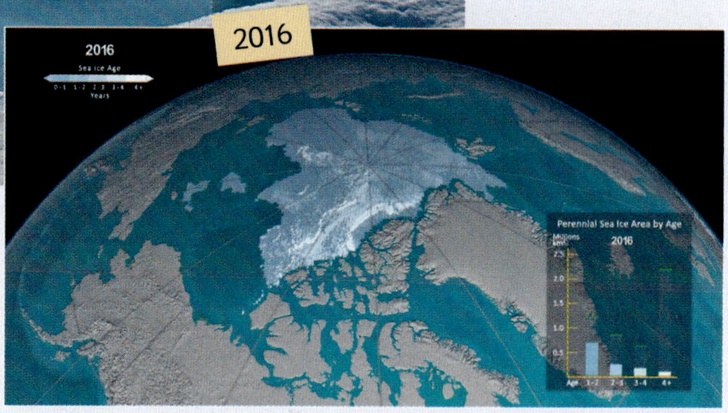

Images satellite de la couverture glacière Arctique en 1984 et 2016. Depuis plusieurs dizaines d'années, le réchauffement climatique est responsable de la fonte des glaces aux pôles. Grâce aux premières mesures réalisées par des satellites en 1979, on constate que la surface de la banquise Arctique diminue d'au moins 13 % par décennie.

Mission

Déterminer si la fonte de la banquise a des conséquences sur le niveau des mers et des océans.

Consigne : Pour une conférence sur le climat, rédigez un discours qui explique si la fonte de la banquise aura des conséquences sur l'élévation du niveau de la mer et la disparition éventuelle de certaines régions de France.

1 **Conséquences de l'élévation du niveau des mers et des océans sur les côtes françaises.**

	Masse volumique (en kg/m³)
Glace	917
Eau liquide	1000

2 **Masses volumiques de l'eau liquide et de la glace.** Dans un verre, les glaçons flottent à la surface de l'eau car la masse volumique de la glace est inférieure à celle de l'eau liquide.

J'expérimente

1. Quelques heures avant de réaliser l'expérience, remplir la moitié d'un gobelet avec de l'eau, puis le placer au congélateur pour obtenir un gros glaçon.

2. Verser de l'eau dans un grand verre et y plonger le glaçon fabriqué. Ajouter de l'eau pour que le verre soit rempli à ras bord.

3. Attendre que le glaçon soit entièrement fondu, puis observer le niveau d'eau dans le verre.

3 **Expérience de fusion de la glace dans un verre d'eau.** Les pointillés indiquent le niveau de l'eau dans le verre.

? BESOIN D'UN COUP DE POUCE ?

→ Revoir l'activité 1, p. 32.

J'ai réussi si...

- ☐ J'ai compris pourquoi la banquise fond.
- ☐ J'ai observé la conservation du niveau de l'eau pendant l'expérience.
- ☐ J'ai prouvé que la fonte de la banquise n'entraîne pas d'élévation du niveau des mers et des océans.
- ☐ J'ai écrit un texte cohérent en utilisant des arguments scientifiques.

Bilan

Masse et volume

Je dois savoir

Activité 1

Masse et volume lors d'un changement d'état

- Au cours d'un changement d'état, le **volume** varie. Par exemple, lors de la solidification d'un échantillon d'eau, le volume augmente : si on place 50 mL d'eau liquide dans un congélateur, on obtient environ 55 mL de glace (eau à l'état solide).
La solidification de l'eau s'accompagne d'une augmentation de son volume.

- Au cours d'un changement d'état d'un échantillon de matière, sa **masse** reste la même, on dit que la masse se conserve. Ainsi 1 kg d'eau à l'état liquide pèsera encore 1 kg à l'état solide.

Activité 2

Masse volumique de l'eau liquide

- Il existe une relation de **proportionnalité** entre le volume et la masse de l'eau à l'état liquide : un échantillon d'eau de volume 1 mL a une masse de 1 g. Un échantillon d'eau de masse 1 kg (1 000 g) a donc un volume de 1 L (1 000 mL).
- La **masse volumique** de l'eau est de 1 g/cm^3 ou de 1 kg/L.

Activité 3

Masse volumique de différents liquides

- Il existe toujours une relation de proportionnalité entre la masse et le volume pour un liquide. Le coefficient de proportionnalité dépend du liquide : c'est sa masse volumique.

→ L'essentiel du cours en une animation

Je retiens les mots-clés

- Masse
- Masse volumique
- Proportionnalité
- Volume

Dico du manuel p. 221

Je retiens par l'image

Masse et volume d'un liquide lors d'un changement d'état

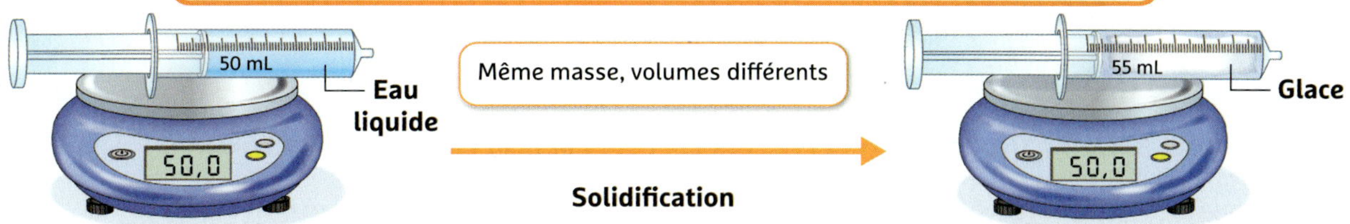

Proportionnalité entre la masse et le volume d'un liquide

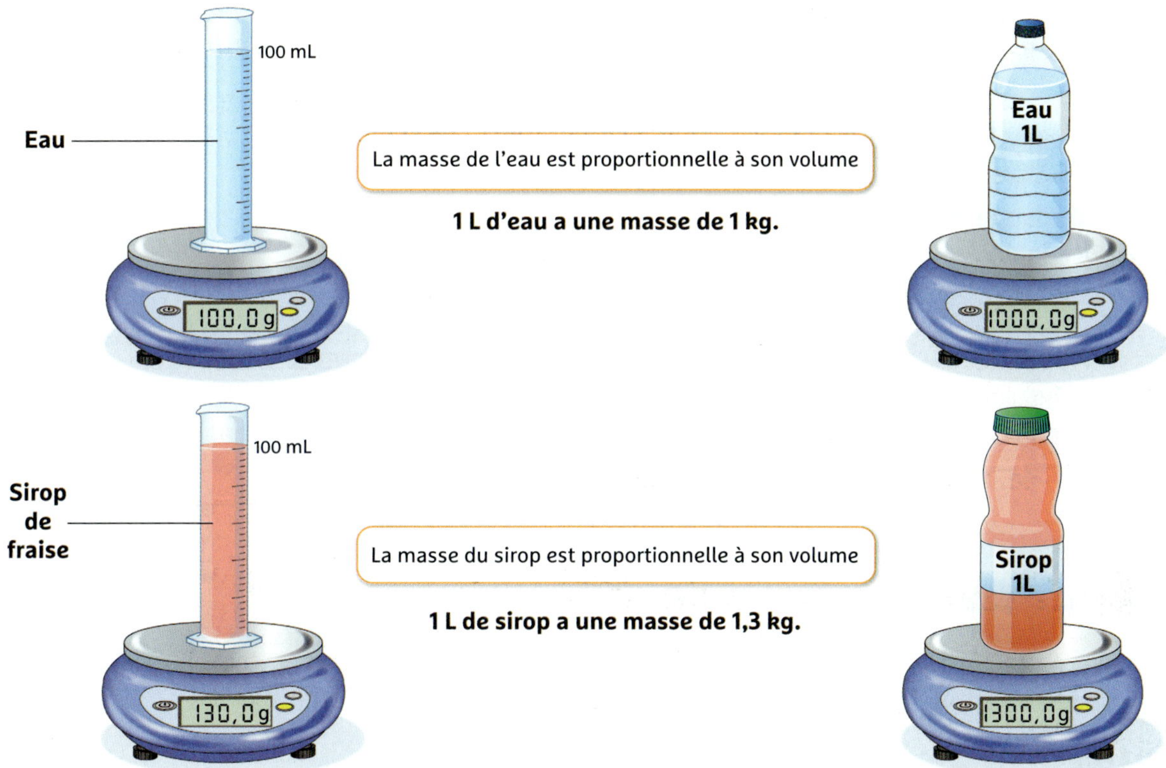

Je suis capable de

	Pour cela, je dois	Pour vérifier
→ étudier expérimentalement les propriétés des changements d'état	→ interpréter des mesures de masse et de volume.	→ Activité 1
→ interpréter les changements d'état au niveau microscopique	→ comparer les états solide et liquide à l'échelle des particules.	→ Activité 1
→ proposer et mettre en œuvre un protocole expérimental pour déterminer la masse volumique d'un liquide	→ utiliser une éprouvette graduée pour mesurer le volume d'un liquide et une balance pour mesurer sa masse. → établir la relation de proportionnalité entre les deux mesures. → montrer que la masse volumique est différente pour chaque liquide.	→ Activité 2 → Activité 3

Exercices

Je vérifie mes connaissances

1 Une phrase

Remettez dans l'ordre les étiquettes pour faire une phrase correcte.

le volume | et | Au cours | d'un changement | se conserve. | la masse | varie | d'état

2 Vrai ou faux ?

Corrigez les propositions fausses.

a. Il n'y a pas de relation de proportionnalité entre le volume et la masse de l'eau à l'état liquide.

b. 1 mL d'eau liquide a une masse de 1 g.

c. 1 L d'eau liquide a un volume de 1 kg.

d. La masse volumique est la même pour tous les liquides.

3 Un schéma d'expérience à légender

Indiquez le nom de chaque instrument de mesure sur le schéma.

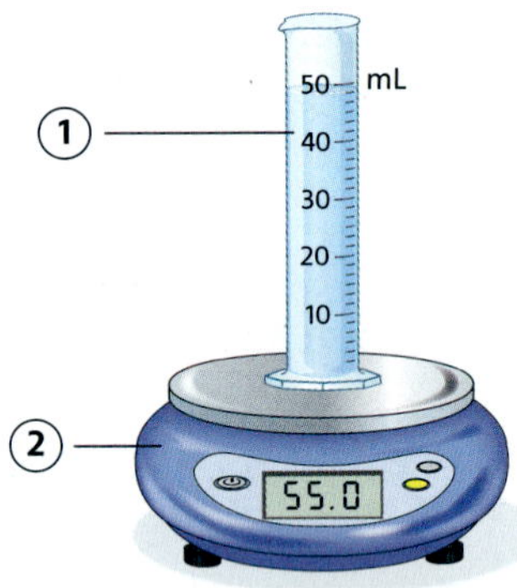

4 QCM

Une boule bleue représente une molécule d'eau. Quel schéma correspond à l'eau à l'état liquide ?

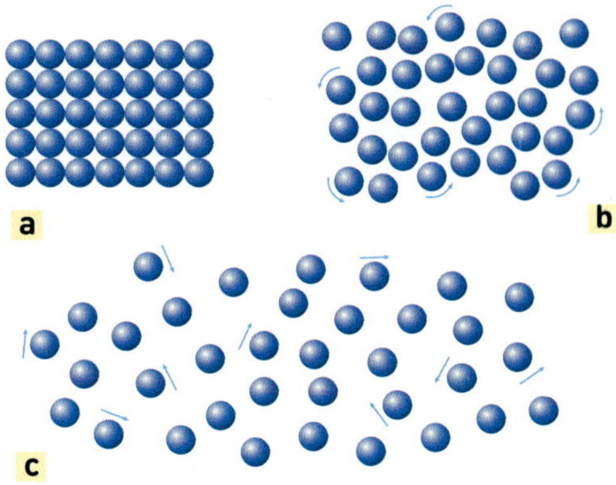

J'utilise mes compétences

5 Pratiquer des démarches scientifiques

Volume de liquide

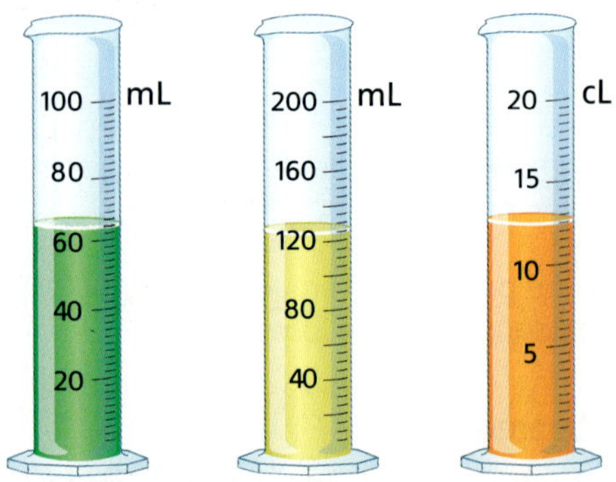

Indiquez le volume de liquide contenu dans chaque éprouvette graduée.

6 Se situer dans l'espace et dans le temps

La définition du kilogramme

Le kilogramme est l'unité de mesure de base de la masse dans le système international d'unité (SI). En 1795, le gramme est défini comme étant la masse d'un centimètre cube d'eau à 4 °C.

a. Rappelez le lien entre 1 cm^3 et 1 mL.

b. Cherchez dans un dictionnaire la définition du préfixe « kilo ».

c. Expliquez comment est défini le kilogramme en 1795.

7 Mobiliser des connaissances

Pourquoi faut-il purger les canalisations extérieures en hiver ?

Pour éviter que l'eau stagnante ne fasse éclater les tuyaux, il est conseillé de purger les canalisations extérieures avant l'hiver.

a. Décrivez ce qu'on voit sur la photo.

b. Que signifie le verbe « purger » ?

c. Expliquez pourquoi l'eau stagnante peut endommager les canalisations lorsqu'il gèle.

8 Agir de façon responsable

La formation des congères en hiver

Les congères sont des amas de neige qui se forment lorsque le vent souffle, soulève la neige et la déplace dans des zones où le vent perd de la vitesse (reliefs du sol, bâtiments, haies...).

a. Cherchez la définition du mot « amas ».

b. Quels sont les deux facteurs qui entraînent la formation des congères ?

c. Que pourrait-on faire pour éviter la formation des congères ?

d. Comment varient la masse et le volume de la neige lorsqu'elle fond ?

9 Concevoir, créer, réaliser

Expérience à faire à la maison

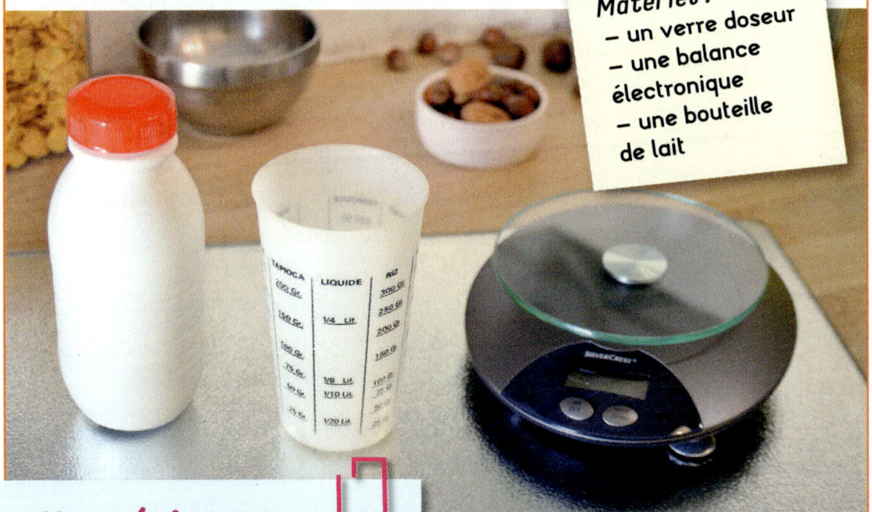

Matériel :
- un verre doseur
- une balance électronique
- une bouteille de lait

J'expérimente

1. Allumer la balance électronique, poser le verre doseur sur la balance et appuyer sur la touche « Tare ».
2. Verser 100 mL de lait dans le verre doseur, noter la masse obtenue.
3. Ajouter du lait pour arriver jusqu'à la graduation 200 mL, noter la masse obtenue.
4. Ajouter du lait pour arriver jusqu'à la graduation 500 mL, noter la masse obtenue.

Pour réaliser une recette de crêpes, Charline doit verser 360 g de lait, mais sa balance ne fonctionne plus !

a. Pourquoi faut-il appuyer sur la touche « Tare » au début de l'expérience ?

b. Réalisez un tableau permettant de regrouper les résultats de vos mesures.

c. Quelle est la relation entre le volume et la masse du lait ?

d. Quel volume de lait (en mL) Charline doit-elle utiliser pour réaliser ses crêpes ?

10 Pratiquer des langages

Glaçons d'eau

a. Décrivez la photo ci-dessus.

b. Pourquoi cette photo n'est-elle pas correcte scientifiquement ?

Exercices

11 Concevoir, créer, réaliser

Un liquide moins dense que l'eau ?

Hugo veut comparer la masse de l'eau et de l'huile pour un même volume. Pour cela, il réalise l'expérience ci-contre (sans avoir oublié de tarer la balance avec la fiole jaugée auparavant).

a. Dressez la liste du matériel utilisé pour réaliser cette expérience.

b. Quel est le résultat de cette expérience ?

c. Pourquoi peut-on dire que l'huile est moins dense que l'eau ?

12 Pratiquer des démarches scientifiques

Du laboratoire à la cuisine

Un cuisinier utilise un robot multifonction pour préparer un velouté de courgettes. Il s'apprête à appuyer sur la touche « Tare » de l'appareil.

a. Quelles sont les informations que l'on peut lire sur le cadran de son robot ?

b. Que se passe-t-il quand on appuie sur la touche « Tare » d'une balance ?

c. Quel volume d'eau liquide en mL faut-il ajouter ?

13 Pratiquer des démarches scientifiques

Situation de proportionnalité

Lors d'une manipulation réalisée en classe, Flavien et Chaïma n'ont pas noté tous leurs résultats expérimentaux. Voici ce qu'ils ont écrit :

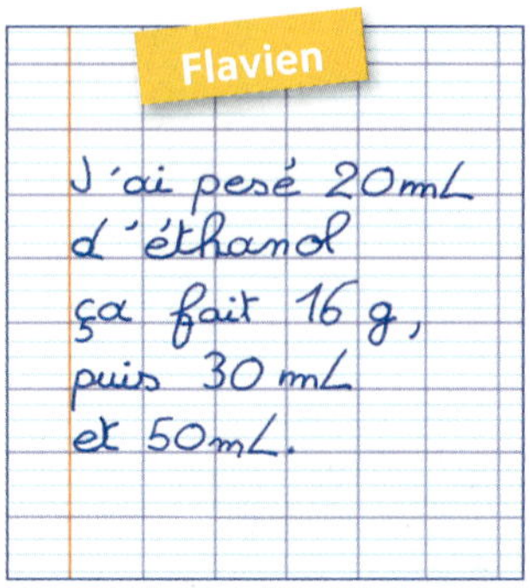

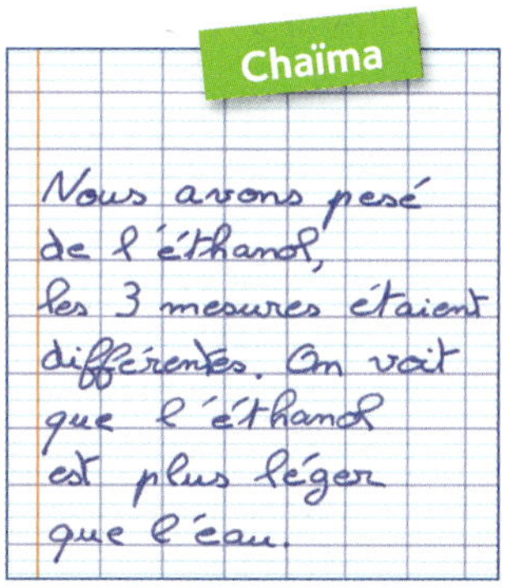

a. Construisez un tableau permettant de regrouper les mesures de Flavien.

b. Calculez les valeurs des deux masses manquantes.

c. Expliquez, à l'aide du tableau, les deux phrases écrites par Chaïma.

14 Pratiquer des démarches scientifiques

Jerrican d'essence

Matéo remplit un jerrican de 20 L d'essence. Un volume d'essence de 1 L a une masse de 690 g et le jerrican vide pèse 2,5 kg.

a. Calculez la masse volumique de l'essence.

b. Combien pèsera le jerrican quand il sera rempli ?

Je m'entraîne pour l'évaluation

15 Le refroidissement de l'eau

Énoncé

Lorsqu'on organise un pique-nique en été, il faut acheter suffisamment d'eau pour se désaltérer et trouver des astuces pour que les boissons restent fraîches le plus longtemps possible. Quelques heures avant le départ, on peut par exemple mettre les bouteilles au congélateur…

1 De l'eau après avoir passé la nuit au congélateur dans une bouteille.

À la caisse, les articles de plus de 5 kg doivent rester dans le chariot.

2 Pour faciliter l'enregistrement des articles lourds, les clients sont invités à les laisser dans leur chariot.

Questions

1. Volume lors d'un changement d'état

a. Décrivez ce que l'on observe sur la photo du doc. 1.

b. Proposez une explication à ce phénomène.

2. Masse lors d'un changement d'état

Aaron ne veut pas que l'eau dans ses bouteilles gèle pour que celles-ci ne soient pas plus lourdes à porter.

a. Une bouteille d'eau est-elle plus lourde lorsque l'eau est à l'état solide ? Justifiez.

b. Aaron a-t-il raison ?

3. Relation entre la masse et le volume des différents liquides

a. Calculez la masse d'eau dans un pack de six bouteilles d'eau minérale de 1,5 L chacune.

b. Expliquez pourquoi le pack de six bouteilles d'eau doit rester dans le chariot.

c. On sait qu'un volume de 100 mL de lait a une masse de 103 g. Si on achète un pack de six bouteilles de lait de 1 L chacune, faut-il également le laisser dans le chariot ?

Accompagnement personnalisé

16 J'étudie les changements d'état des liquides

Certains invertébrés gèlent en hiver... d'autres pas.

Les insectes, les papillons et leurs chenilles sont des organismes à sang froid. Comme ils ne produisent pas de chaleur, leur température corporelle est la même que celle du milieu extérieur. Mais comment font-ils pour survivre en hiver ?

Énoncé 1

La chenille gèle

Pour supporter le froid, la chenille *Isia isabelle* ralentit son métabolisme. Elle peut « geler », enfouie dans le sol, et, au printemps, elle dégèle et se remet à vivre !

1. Les chenilles gèlent vers 0 °C, quelle substance change d'état à cette température ?

2. Quel est le nom de ce changement d'état ?

3. Lorsque ce phénomène a lieu, les particules qui composent la chenille sont de plus en plus organisées, expliquez pourquoi.

4. La chenille est-elle plus lourde lorsqu'elle est gelée ? Pourquoi cette chenille peut-elle dégeler au printemps ?

Énoncé 2

La coccinelle fabrique de l'antigel

Afin de ne pas geler lorsque les températures sont trop basses, certains insectes, dont la coccinelle, fabriquent une substance qui ne gèle qu'à très basse température : le glycérol.

Les molécules de glycérol vont s'intercaler entre les molécules d'eau qui se trouvent dans leurs cellules ; cela empêche le changement d'état. Ces insectes se retrouvent alors avec des molécules d'antigel dans leurs tissus qui leur permettent d'abaisser leur température de congélation à – 38 °C !

1. Le glycérol reste liquide jusqu'à des températures très basses. Rappelez les propriétés de l'état liquide.

2. Quelle est la température de solidification de l'eau ?

3. Expliquez pourquoi le glycérol est qualifié d'« antigel ».

4. Jusqu'à quelle température la coccinelle peut-elle résister ?

5. Un volume de 1 mL de glycérol a une masse de 1,26 g. Calculez la masse d'un flacon de 2 L de glycérol.

Chapitre 3

Les mélanges

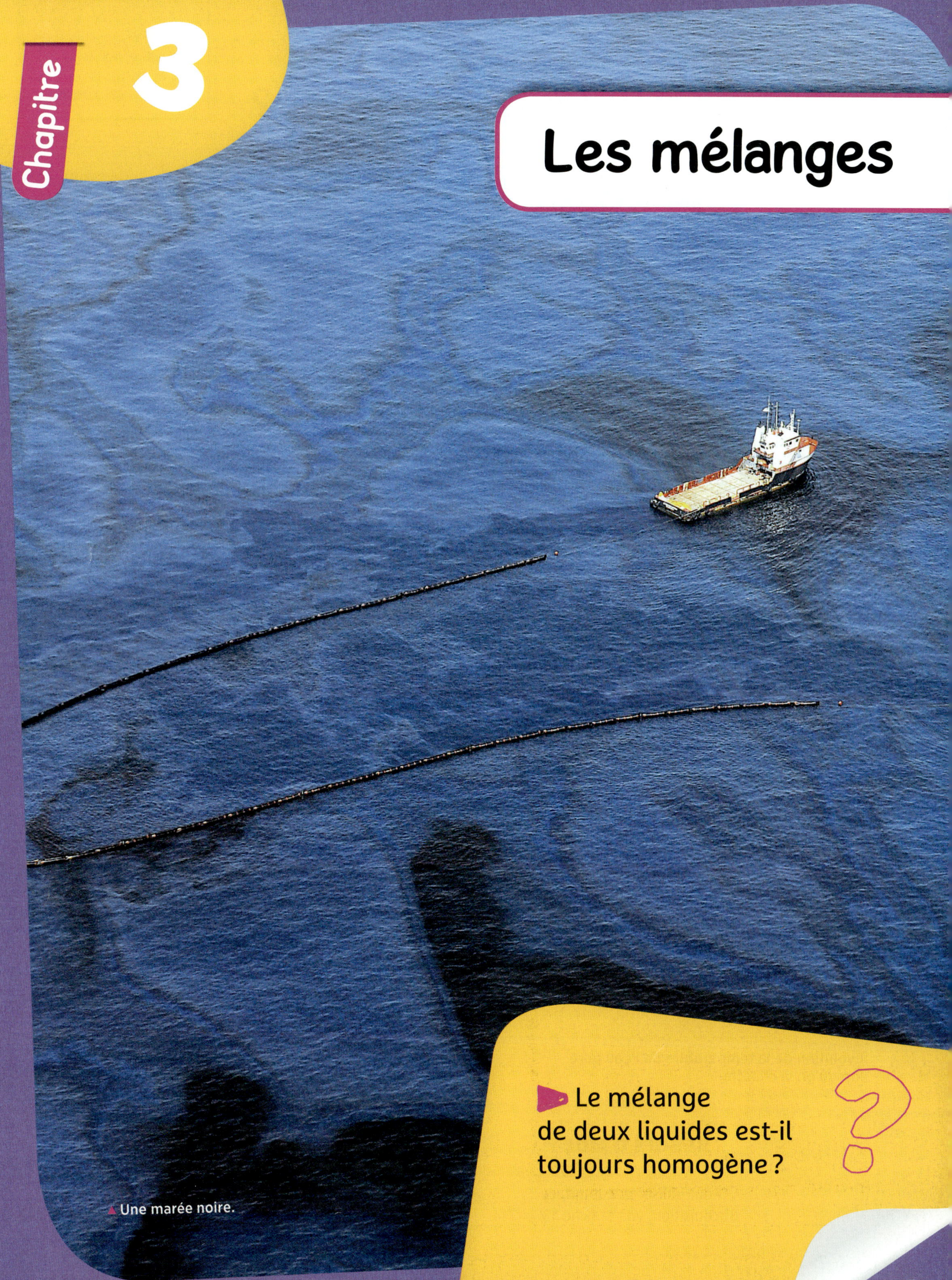

Une marée noire.

Le mélange de deux liquides est-il toujours homogène ?

Activité 1

Comment distinguer un mélange d'un corps pur ?

Objectif

Concevoir et réaliser des expériences pour caractériser des mélanges.

J'expérimente

1. Faire chauffer un mélange de 80 mL d'eau et de 20 mL d'éthanol dans un erlenmeyer.

2. Suivre l'évolution de la température du liquide à l'aide d'un capteur de température relié à une interface d'acquisition des données.

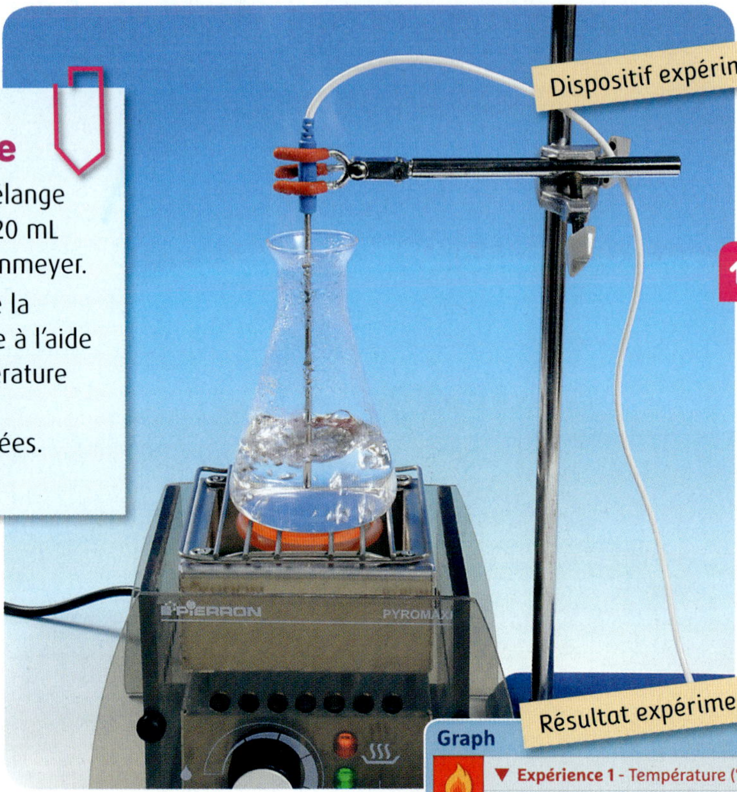

1 **Chauffage d'un mélange d'eau et d'éthanol.** L'éthanol est l'alcool présent dans les boissons alcoolisées qui sont des mélanges. Un mélange est constitué de plusieurs espèces chimiques.

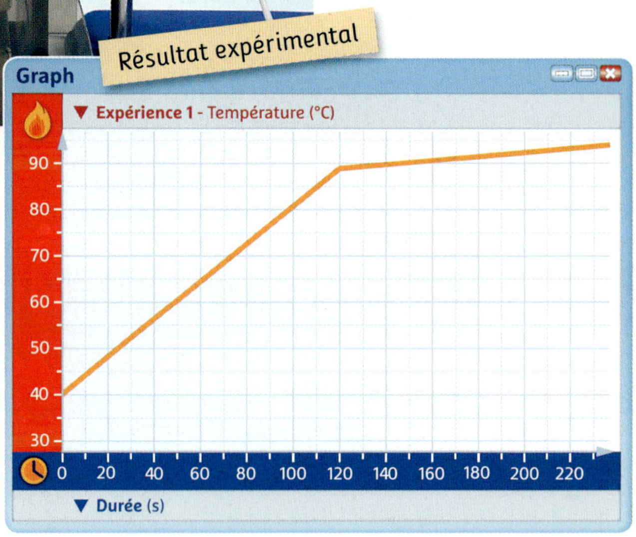

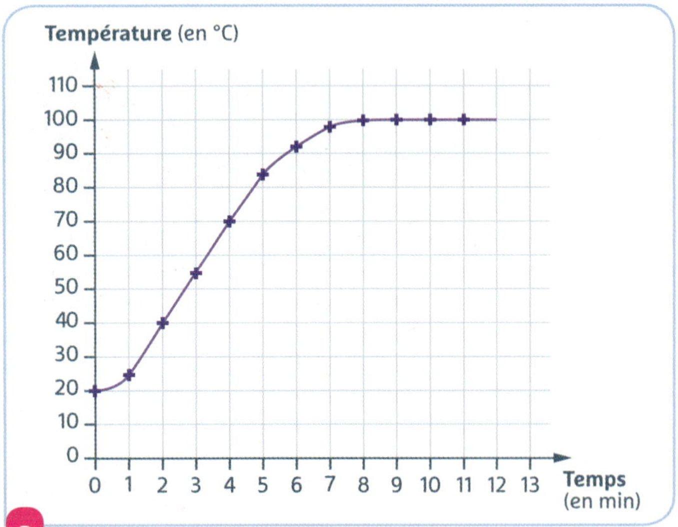

2 **Évolution de la température de l'eau pure lorsqu'on la chauffe.**

? BESOIN D'AIDE ?

→ Pour utiliser une interface d'acquisition, voir la fiche 13, p. 214.

Travailler une compétence

[D4] Pratiquer des démarches scientifiques

1 Doc. 1 Comment évolue la température du mélange pendant l'ébullition ?

2 Doc. 1 et 2 Comparez l'évolution des températures du mélange et d'un corps pur lors de l'ébullition.

3 Doc. 1 et 2 Pourquoi chauffer un liquide permet-il de savoir si ce liquide est un mélange ou un corps pur ?

Activité 2

Comment mesurer la solubilité d'un solide dans l'eau ?

Objectif
Estimer expérimentalement une valeur de solubilité dans l'eau.

1 **Dissolution du sel dans l'eau.** Le sel dissous dans l'eau est le soluté. L'eau est le solvant. L'eau salée est la solution.

J'expérimente

1. Verser 50 mL d'eau dans trois béchers.
2. Ajouter 10,0 g de sel dans le 1er bécher ; 18,0 g dans le 2e bécher et 30,0 g dans le 3e bécher.
3. Agiter, puis laisser reposer les mélanges.

	0 °C	20 °C	100 °C
Sel	357,0 g/L	358,5 g/L	391,2 g/L
Sucre	1,8 kg/L	2,0 kg/L	4,8 kg/L

2 **Solubilité dans l'eau pure du sel et du sucre à différentes températures.**

Vocabulaire

Solubilité : masse maximale de solide que l'on peut dissoudre dans 1 L de solvant de façon à obtenir une solution homogène.

Solution saturée : solution dans laquelle on ne peut plus dissoudre une quantité supplémentaire de solide donné.

La salinité d'une eau de mer désigne sa teneur en sels dissous. Elle vaut en moyenne 35 g/L. Mais il existe des exceptions comme la mer Baltique avec 6 g/L et la mer Morte, saturée en bord de mer (275 g/L, image ci-dessous).

3 **Salinité des mers et des océans.**

Travailler une compétence

[D2] S'approprier des outils et des méthodes

1. Doc. 1 Estimez la solubilité du sel dans l'eau à température ambiante.
2. Doc. 2 La température a-t-elle une influence sur la solubilité d'un corps pur ?
3. Doc. 3 Peut-on encore dissoudre du sel dans la mer Morte ?

Activité 3

L'eau est-elle miscible avec tous les liquides ?

Objectif
Concevoir et réaliser des expériences pour caractériser des mélanges.

1 **Une marée noire.** Certains pétroles flottent à la surface de la mer et dérivent jusqu'aux plages.

Je conçois une expérience

Réaliser le test de miscibilité de l'eau avec l'alcool (doc. 2), puis de l'eau avec le pétrole désaromatisé (doc. 3).

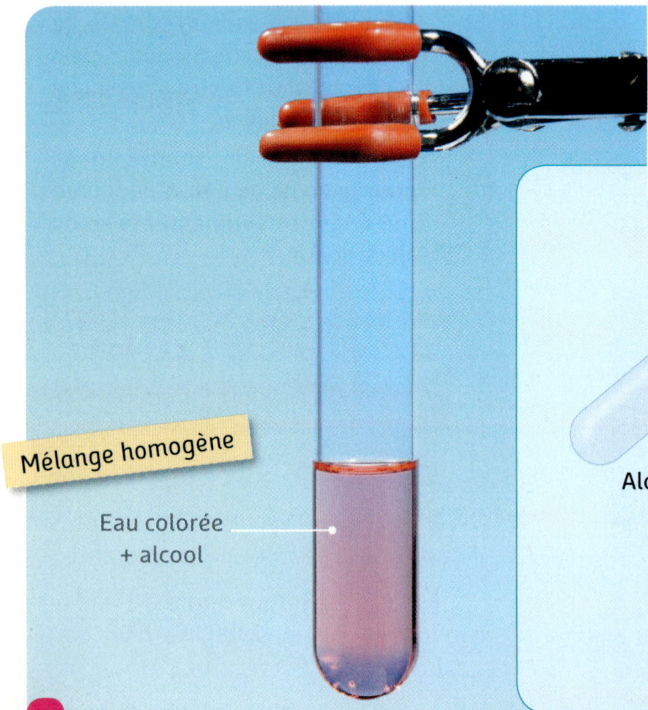

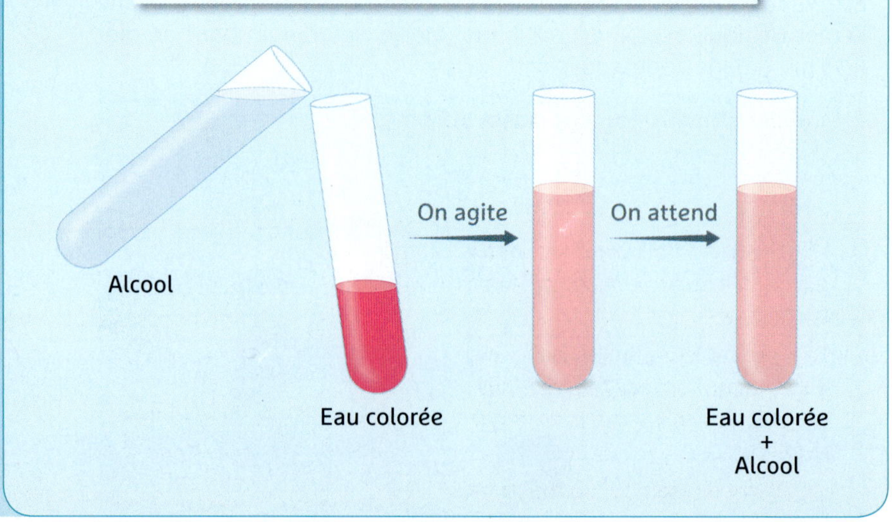

2 **Test de miscibilité de l'eau colorée avec l'alcool.**

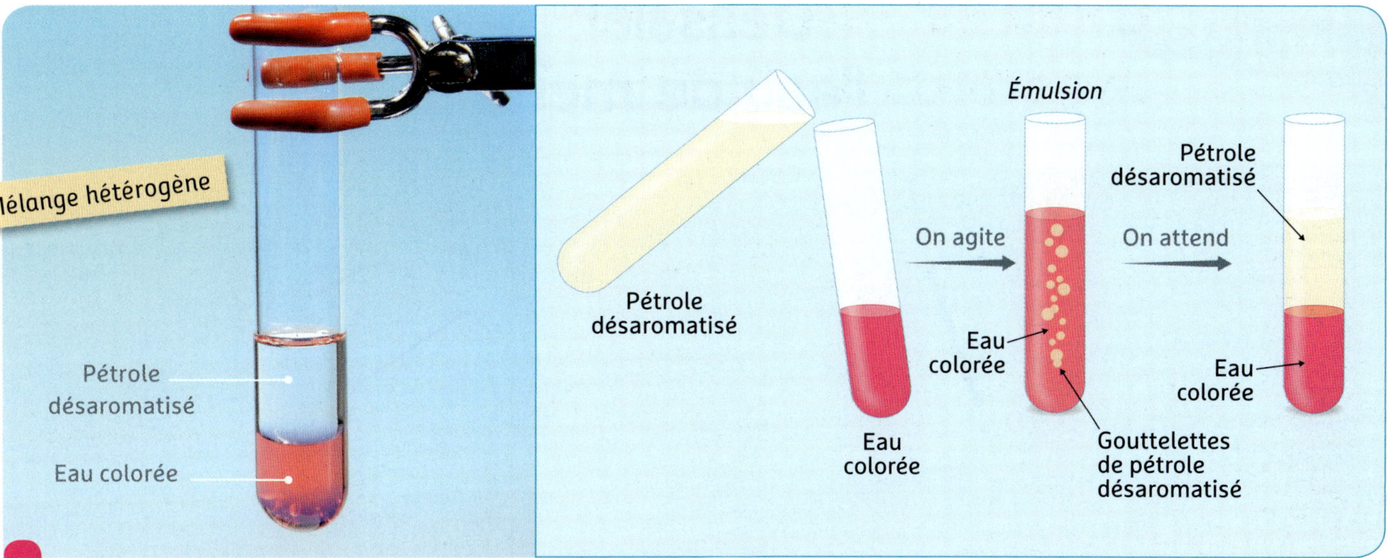

3 **Test de miscibilité de l'eau colorée avec le pétrole désaromatisé.**
Le pétrole désaromatisé est utilisé pour décaper les plaques métalliques.

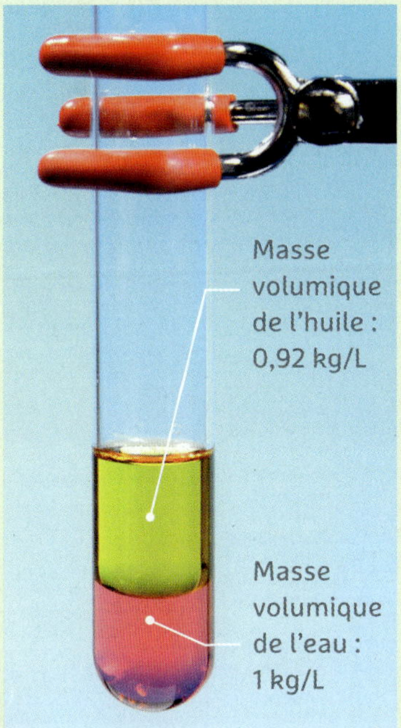

- La masse volumique caractérise un liquide : deux liquides de masses volumiques différentes n'ont pas la même masse pour un même volume (ou bien n'ont pas le même volume pour une même masse).

Lorsque deux liquides ne sont pas miscibles, le liquide du dessus après agitation puis une période de repos est celui qui a la masse volumique la plus petite.

4 **Liquides non miscibles et masse volumique.**

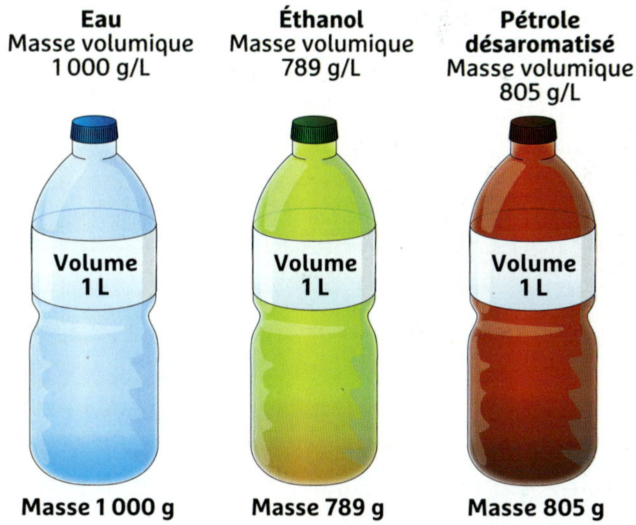

5 **Masses volumiques de l'eau, de l'éthanol et du pétrole désaromatisé.**

Miscibilité : aptitude de deux substances à former un mélange homogène.

Homogène : se dit d'un mélange dans lequel on ne peut pas distinguer à l'œil nu les espèces chimiques.

Hétérogène : se dit d'un mélange dans lequel on peut distinguer à l'œil nu les espèces chimiques.

? BESOIN D'AIDE ?

→ Pour réaliser un test de miscibilité, voir la fiche 7, p. 208.

Travailler une compétence

[D1.1] Pratiquer des langages

1. Doc. 2 et 3 Rédigez avec précision les observations et les conclusions des tests de miscibilité.
2. Doc. 2 à 5 Peut-on déterminer si deux liquides sont miscibles en connaissant uniquement leurs masses volumiques ?
3. Doc. 1 À l'oral, expliquez pourquoi certains pétroles flottent sur l'eau lors d'une marée noire.

Tâche complexe

Dessaler l'eau de mer

Pour commencer

Le dessalement de l'eau de mer.
L'eau salée représente 97,2 % du volume total d'eau présente sur notre planète. Telle quelle, cette eau n'est pas potable. Le dessalement d'eau de mer pourrait être une solution pour faciliter l'accès à l'eau potable de certains pays, pour lesquels le manque d'eau potable est un réel problème.

Mission

Comprendre comment produire de l'eau potable à partir d'eau de mer.

Consigne : À l'aide des documents, retracez les étapes permettant de rendre potable l'eau de mer, puis présentez devant la classe la méthode de dessalement qui vous semble la plus efficace en expliquant son principe et en justifiant votre choix.

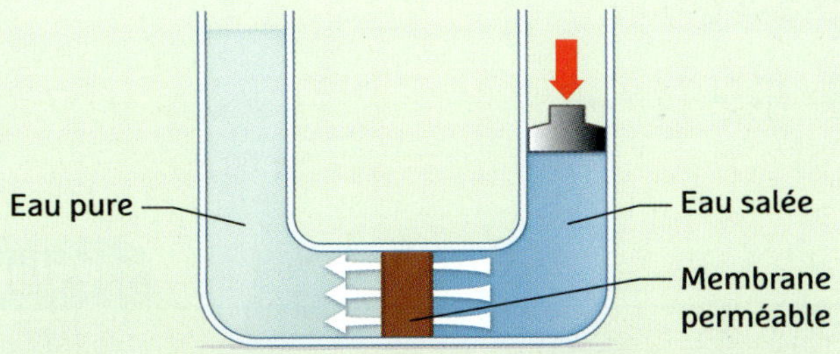

- La méthode de l'osmose inverse permet de purifier l'eau. Une presse comprime l'eau impure (salée par exemple) contre une membrane semi-perméable.
- Lors du dessalement, seules les particules d'eau peuvent traverser la membrane tandis que le sel est retenu. L'eau salée devient alors saturée en sel, et les grains de sel apparaissent. Il s'agit donc d'un type de filtration où seules les particules dont les dimensions sont inférieures à 0,000 001 mm peuvent passer.
- La méthode de l'osmose est tellement efficace pour purifier l'eau qu'elle est utilisée à Los Angeles pour transformer les eaux usées (des WC par exemple) en eau potable !

L'usine de dessalement de l'eau de mer à Carboneras, en Espagne, utilise la méthode de l'osmose inverse.

1 La méthode de l'osmose inverse.

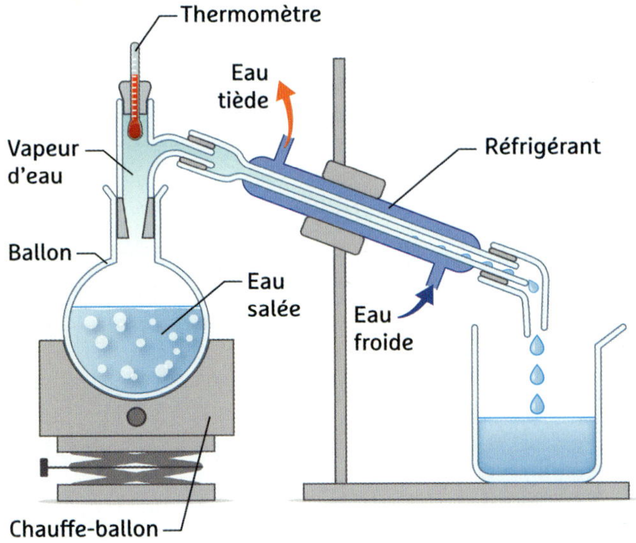

2 Montage à distillation. Au laboratoire, il est possible de dessaler de l'eau salée en la distillant. Le réfrigérant sert à liquéfier la vapeur d'eau pure. Cette méthode est énergivore. Elle permet d'obtenir de l'eau pure mais les coûts de fonctionnement et son impact sur l'environnement ont poussé les industriels à travailler autrement.

- L'eau pure n'est pas potable. Il n'est donc pas suffisant de dessaler l'eau de mer pour la rendre potable. Il faut également la reminéraliser, par exemple en dissolvant des sels minéraux dans l'eau dessalée.

3 La reminéralisation de l'eau.

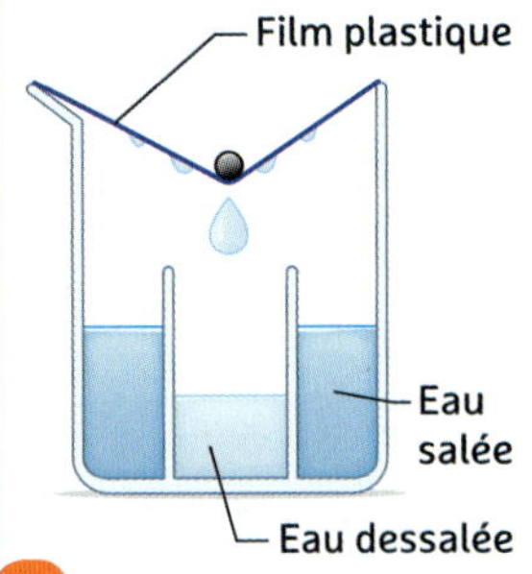

4 Une expérience à faire à la maison.

J'expérimente

1. Placer un verre (vide) dans une casserole remplie d'eau salée.
2. Placer un film plastique sur la casserole comme sur le schéma ci-contre et chauffer.
3. Goûter l'eau obtenue dans le verre.

BESOIN D'UN COUP DE POUCE ?

→ Revoir l'activité 2 p. 47.

J'ai réussi si...

- ☐ J'ai compris le fonctionnement de la méthode d'osmose inverse.
- ☐ J'ai compris le fonctionnement d'un montage à distillation.
- ☐ J'ai compris pourquoi il fallait ajouter des sels minéraux à l'eau pure.

Bilan Les mélanges

Je dois savoir

Activité 1

Corps purs et mélanges

- Un **corps pur** contient une seule espèce chimique. Un **mélange** contient plusieurs espèces chimiques.
- Au cours de son changement d'état, la température d'un mélange varie.

La température d'un corps pur reste constante au cours de son changement d'état.

Activité 2

Solubilité

- Le mélange homogène obtenu par dissolution d'un solide dans un **solvant** est une **solution**. Le solide dissous est appelé le **soluté**.
- Quand le solide ne peut plus être dissous dans une solution, alors la solution est dite saturée. Le soluté atteint alors sa **solubilité** (exprimée en g/L).

Activité 3

Miscibilité

- Deux liquides sont **miscibles** si leur mélange forme un liquide homogène.
- Deux liquides ne sont pas miscibles (l'eau et l'huile par exemple) si, après agitation et une période de repos, les deux liquides se séparent de nouveau. Le mélange obtenu est hétérogène. Le liquide du dessus est alors celui qui a la **masse volumique** la plus faible.

→ L'essentiel du cours en une animation

Je retiens les mots-clés

- Corps pur
- Espèce chimique
- Masse volumique
- Mélange
- Miscible
- Solubilité
- Soluté
- Solution
- Solvant

Dico du manuel p. 221

Je retiens par l'image

Distinguer un mélange d'un corps pur

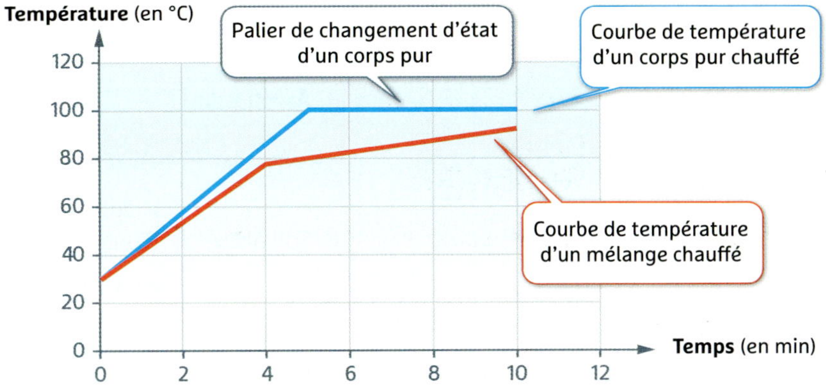

Estimer une solubilité

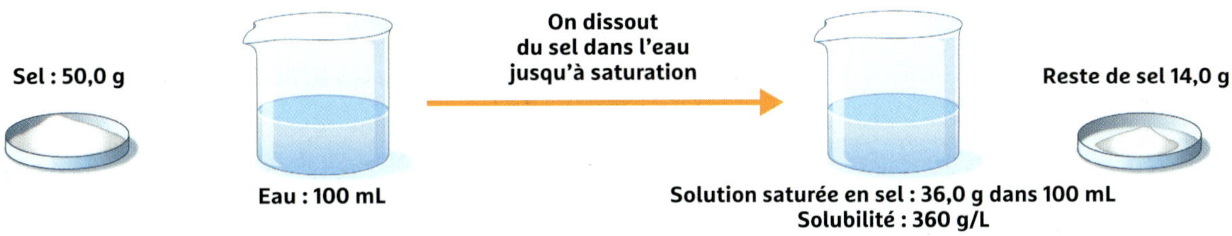

Test de miscibilité

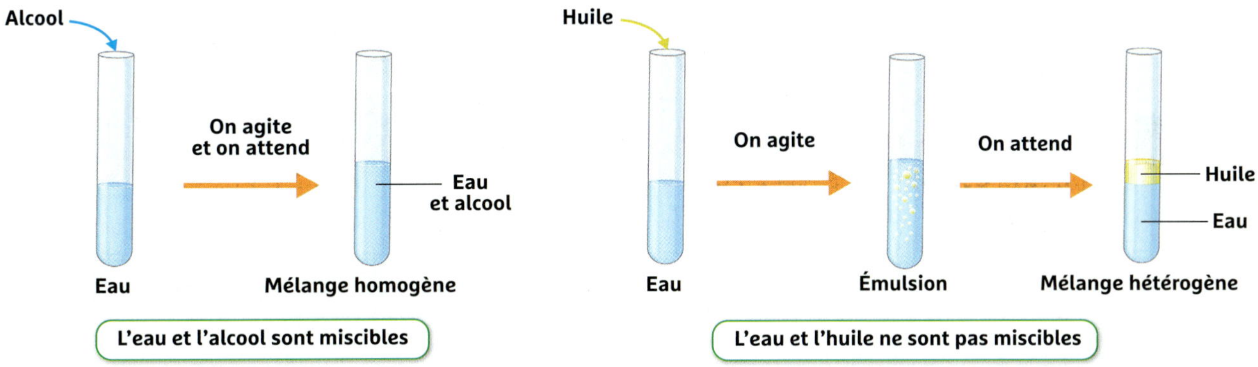

Je suis capable de

	Pour cela, je dois	Pour vérifier
→ concevoir et réaliser des expériences pour caractériser des mélanges	→ savoir qu'un mélange contient plusieurs espèces chimiques. → savoir que la température d'un mélange varie au cours d'un changement d'état. → connaître la définition de la miscibilité. → savoir réaliser un test de miscibilité.	→ Activités 1 et 3
→ estimer expérimentalement une valeur de solubilité dans l'eau	→ connaître la définition de la solubilité. → savoir mesurer une masse et un volume. → réaliser une dissolution jusqu'à saturation.	→ Activité 2

Exercices

Je vérifie mes connaissances

1 QCM

La courbe correspondant à un changement d'état de l'eau pure est :

a

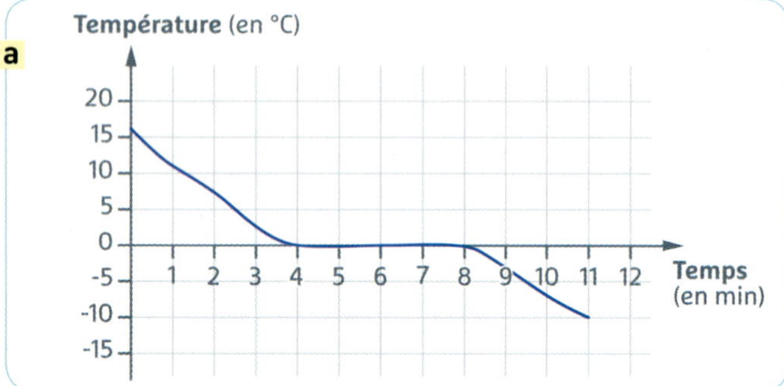

b

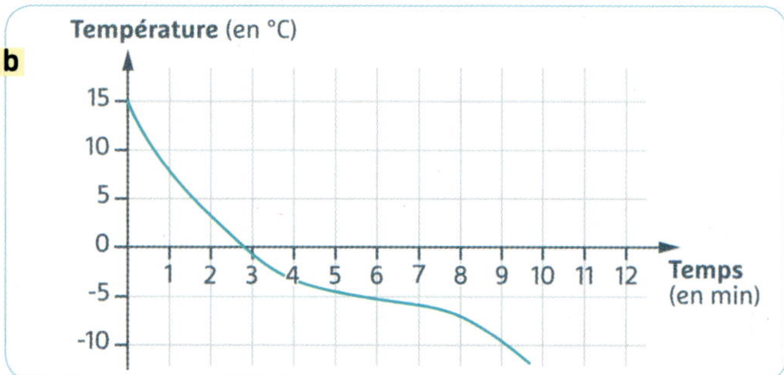

c

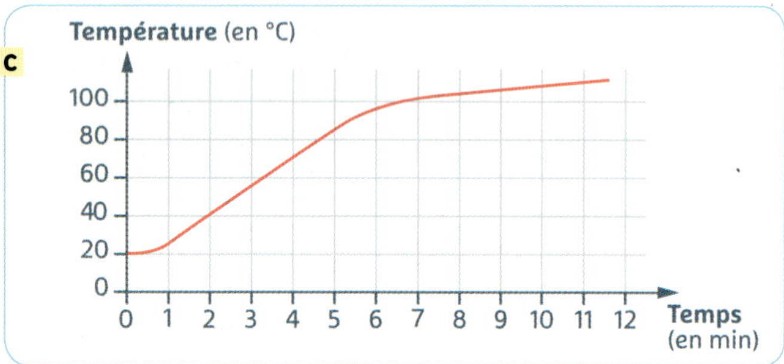

2 Associations

Recopiez et reliez les mots à leurs définitions.

Solvant •	• Liquide obtenu par dissolution d'une ou plusieurs espèces chimiques.
Solution •	• Liquide qui dissout une ou plusieurs espèces chimiques.
Soluté •	• Espèce chimique qui est dissoute dans un liquide.

3 Vrai ou faux ?

Corrigez les affirmations fausses.

a. Une solution saturée contient une quantité maximale de soluté.

b. Un solide atteint sa solubilité lorsqu'il ne peut plus se dissoudre.

c. La solubilité s'exprime en litre par gramme (L/g).

4 Qui est qui ?

Recopiez et complétez le texte de chaque bulle.

J'utilise mes compétences

5 Pratiquer des langages

Température d'ébullition

Mehdi veut étudier l'ébullition de l'eau pure, de l'eau salée et du cyclohexane. Pour cela, il a tracé les courbes suivantes, mais il a oublié de donner une légende à son graphique.

a. **Associez le nom du liquide à chaque courbe.**

b. **Déterminez les températures d'ébullition des corps purs parmi les trois liquides.**

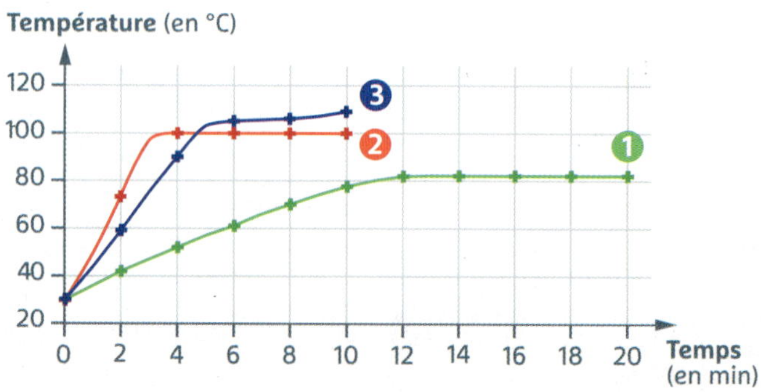

6 Pratiquer des langages

Courbe de chauffage

On a poursuivi le chauffage du liquide du doc. 1 p. 46.

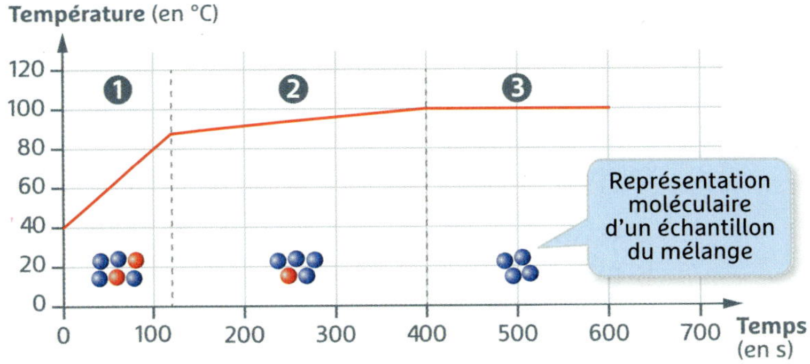

a. À partir de quel instant l'ébullition du mélange commence-t-elle ?

b. Combien de temps dure l'ébullition du mélange ?

c. Expliquez comment ce graphique montre que le liquide en ébullition après 400 secondes est de l'eau pure.

7 Pratiquer des démarches scientifiques

La chromatographie

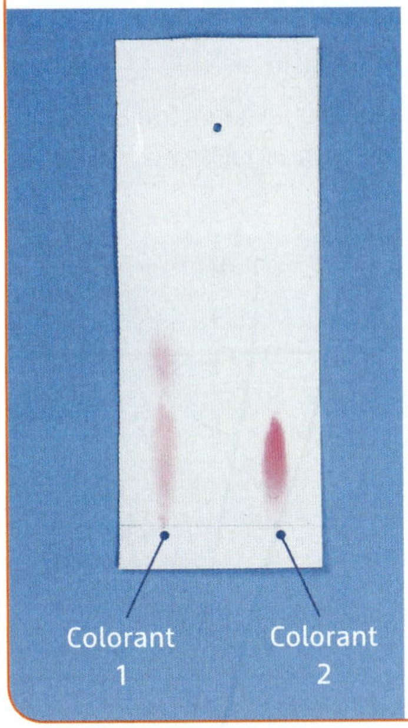

La chromatographie permet de séparer les constituants d'un mélange homogène. On place un échantillon du mélange au pied d'une bande de papier à chromatographie que l'on trempe ensuite dans un solvant. L'échantillon migre en formant une tache par constituant du mélange.

On réalise la chromatographie de deux colorants.

a. Indiquez le nombre de taches obtenues pour chaque colorant.

b. Déduisez-en, pour chaque colorant, s'il s'agit d'un corps pur ou d'un mélange.

8 Pratiquer des langages

Un café soluble

a. Que signifie « soluble » ?

b. Rédigez un petit texte utilisant les termes « soluté », « solvant » et « solution » pour expliquer comment préparer cette boisson.

9 Pratiquer des démarches scientifiques

Évaporation

Leïla laisse s'évaporer une eau pure (1), une eau minérale (2) et un mélange d'eau et d'alcool (3).

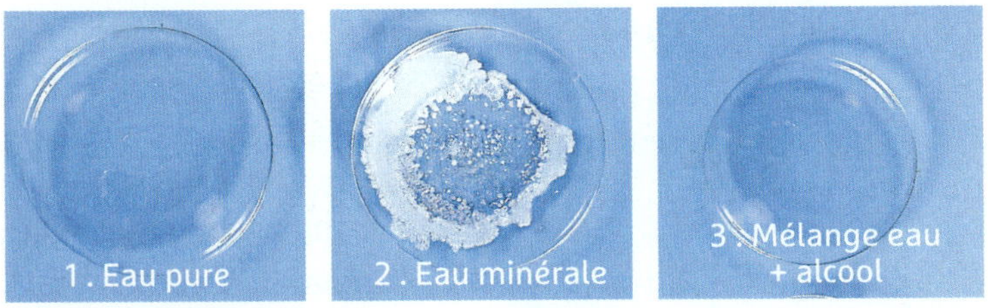

a. Décrivez les résultats.

b. L'évaporation permet-elle toujours de distinguer un corps pur d'un mélange ?

10 Pratiquer des démarches scientifiques

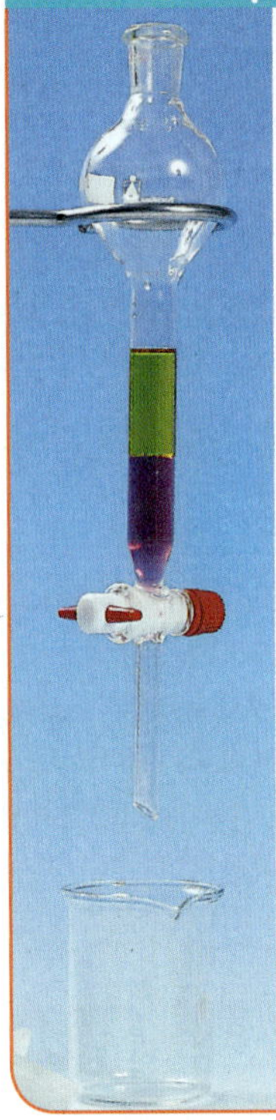

Décantation

Astrid réalise un mélange d'eau colorée et d'huile dans une ampoule à décanter. Elle agite le mélange puis le laisse au repos.

a. L'huile est-elle miscible à l'eau ? Justifiez.

b. La masse volumique de l'eau est supérieure à celle de l'huile. Après repos, quel liquide sera au-dessus dans le mélange ?

c. Comment récupérer l'huile en utilisant l'ampoule à décanter ?

Exercices

11 Pratiquer des démarches scientifiques

La disparition d'une sucette

Lyvia plonge sa sucette dans un verre d'eau en pensant la manger plus tard. Mais au bout de quelques heures, elle ne retrouve que le bâton de sa sucette dans le verre.

a. Que s'est-il passé ?

b. Quel est le rôle de l'eau ?

c. Sachant qu'une sucette est essentiellement constituée de sucre, nommez la solution obtenue.

12 Pratiquer des démarches scientifiques

Mesurer la solubilité du sel

Cyrille souhaite mesurer la solubilité du sel dans l'eau. Pour cela, il chauffe 136,0 g de solution saturée en sel jusqu'à l'évaporation totale de l'eau grâce à un micro-onde. Il obtient un dépôt de sel d'une masse de 36,0 g.

a. Qu'est-ce qu'une solution saturée ?

b. Exprimez la solubilité du sel dans l'eau en g/L mesurée lors de cette expérience.

Coup de pouce

→ 1 L d'eau a une masse de 1 kg.

13 Adopter un comportement éthique et responsable

Les boissons sucrées

Une canette de 33 cL de soda contient 35 g de sucre.

a. Expliquez pourquoi le sucre ne se voit pas dans la boisson.

b. Comment pourrait-on montrer que cette boisson n'est pas saturée en sucre ?

c. Recherchez sur Internet les risques pour la santé liés à une consommation exagérée de boissons sucrées.

14 Mobiliser des connaissances

Un mélange de trois liquides

Enzo ajoute de l'encre bleue à un mélange d'eau et d'huile (1). Il agite, puis laisse au repos le nouveau mélange (2).

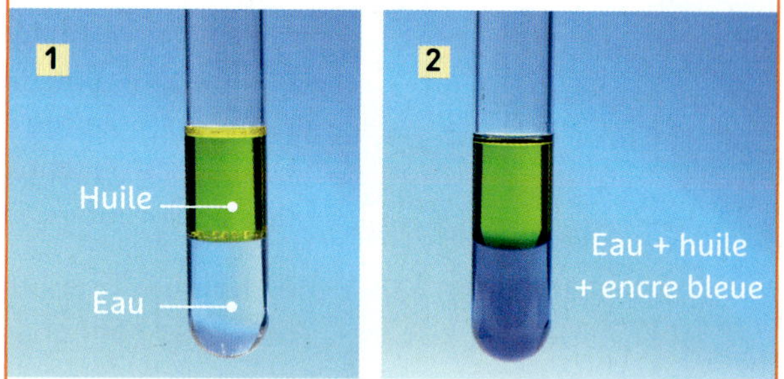

a. L'huile est-elle miscible à l'eau ? Justifiez la réponse en utilisant la conjonction « donc ».

b. L'encre est-elle miscible à l'eau ? à l'huile ?

15 Pratiquer des démarches scientifiques

Une expérience à faire à la maison

Lisez l'extrait d'une leçon de physique donnée à des enfants par Marie Curie en 1907.

« Nous allons faire maintenant une très jolie expérience. Voici deux verres : dans l'un, il y a de l'eau et de l'huile, [...] dans l'autre il y a de l'alcool et de l'huile [...]. Puisque l'huile nage sur l'eau et qu'elle se noie dans l'alcool, on peut faire un mélange d'eau et d'alcool, tel que l'huile ne se noie ni ne flotte. Vous verrez que l'huile prendra alors la forme d'une boule et que ce sera très joli. »

Leçons de Marie Curie, Paris, EDP Sciences.

a. Mettez-vous à la place d'un des élèves de Marie Curie et réalisez cette expérience.

b. L'eau et l'alcool sont-ils miscibles ?

c. L'huile est-elle miscible au mélange eau-alcool ?

d. Comparez la masse volumique de l'huile à celle de l'eau puis à celle de l'alcool.

16 Pratiquer des langages scientifiques

Schéma d'un mélange

Mélange	Homogène ou hétérogène	Miscible
Eau et glycérine	Homogène	...
Eau et essence	...	Non
Eau et huile	Hétérogène	...
Eau et éthanol	...	Oui

a. Recopiez et complétez le tableau.

b. Réalisez un schéma représentant le mélange d'eau et d'essence sachant que la masse volumique de l'eau est supérieure à celle de l'essence.

Je m'entraîne pour l'évaluation

17 Le vin, un mélange

Énoncé

Le vin est une boisson alcoolique obtenue par la fermentation du raisin, fruit des vignes. L'étude du vin s'appelle l'œnologie.

Chaque vin contient un taux d'alcool particulier, exprimé en degré (°). C'est le disque ébulliométrique qui permet de déterminer le taux d'alcool d'un vin selon sa température de début d'ébullition. Par exemple, si un vin commence à bouillir à une température de 92 °C, c'est qu'il a un taux d'alcool de 10°.

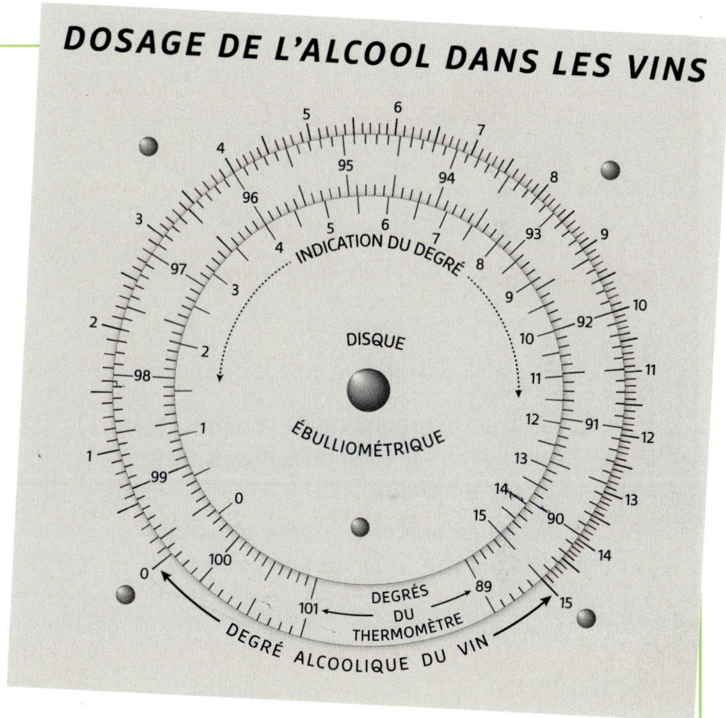

1 Disque ébulliométrique.
Selon la température de début d'ébullition, il indique le taux d'alcool d'un vin.

Teneur en sucre	52,9 g/L
pH	3,5
Teneur en acide malique	1,91 g/L

2 Quelques caractéristiques d'un vin.

Sel	359 g/L
Sucre	2000 g/L
Sable	0 g/L

3 Quelques valeurs de solubilité dans l'eau à 20 °C.

Questions

1. Mélange et température de changement d'état

a. Donnez la définition d'un mélange homogène.

b. Expliquez si la température d'un vin varie lors de son ébullition.

c. Utilisez le disque ébulliométrique pour déterminer le taux d'alcool d'un vin qui commence à bouillir à 90 °C.

2. La miscibilité

a. Citez un liquide non miscible à l'eau.

b. Faites une hypothèse sur la miscibilité du vin avec l'eau.

c. Décrivez par quelques phrases une expérience que l'on pourrait réaliser pour tester votre hypothèse.

3. La solubilité

Le vin est une solution aqueuse, c'est-à-dire que le solvant du mélange est l'eau.

a. Donnez le nom de la substance du doc. 3 qui n'est pas soluble dans l'eau.

b. Pourrait-on encore dissoudre du sucre dans le vin ?

Accompagnement personnalisé

18 Je distingue un mélange d'un corps pur

Énoncé commun

Lors d'une expérience, Louna refroidit une solution et relève régulièrement sa température. Les résultats sont regroupés dans le tableau ci-dessous.

Temps (en min)	0	1	2	3	4	5	6	7	8	9	10
Température (en °C)	12,5	5,4	0,5	- 2,4	- 2,8	- 3,2	- 3,6	- 4,1	- 4,5	- 6,4	- 8,2

Au début de l'expérience, la solution est liquide. À la fin de l'expérience, elle est à l'état solide.

Questions

Groupe 1

a. Construisez le graphique de la température de la solution en fonction du temps à l'aide d'un tableur-grapheur.

b. Expliquez comment la courbe obtenue permet de montrer que c'est un mélange.

Groupe 2

a. Saisissez le temps et la température de la solution dans une feuille de calcul.

b. À l'aide de la fonction « Créer un graphique », construisez le graphique.

c. Comment se distinguent les courbes de températures d'un corps pur et d'un mélange lors d'un changement d'état ?

d. Expliquez comment la courbe obtenue permet de montrer que la solution est un mélange.

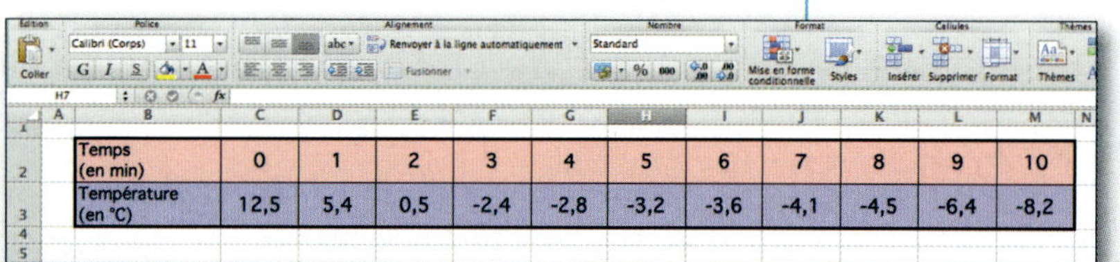

Temps (en min)	0	1	2	3	4	5	6	7	8	9	10
Température (en °C)	12,5	5,4	0,5	-2,4	-2,8	-3,2	-3,6	-4,1	-4,5	-6,4	-8,2

Groupe 3

a. Construisez le graphique de la température de la solution en fonction du temps lors de son refroidissement sur une feuille de papier millimétré.

Utilisez les échelles suivantes : 1 cm pour 1 min en abscisse et 1 cm pour 2 °C en ordonnée.

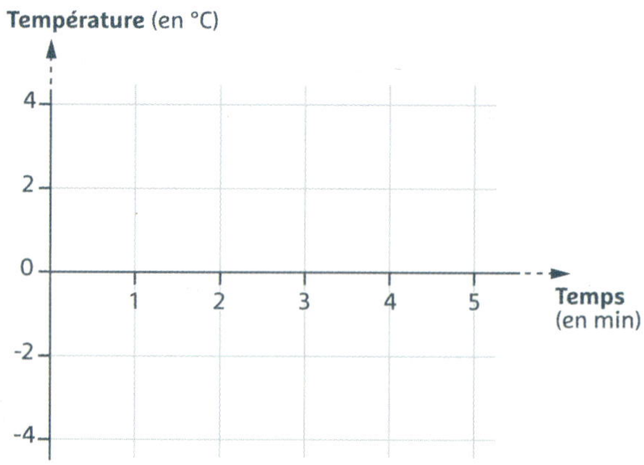

b. Rappelez la différence entre les courbes de températures d'un corps pur et d'un mélange lors d'un changement d'état.

c. Décrivez la courbe obtenue et expliquez comment elle permet de montrer que la solution est un mélange.

BESOIN D'AIDE ?

→ Pour construire une courbe, voir la fiche 16, p. 217.

Chapitre 4

Acidité et transformation chimique

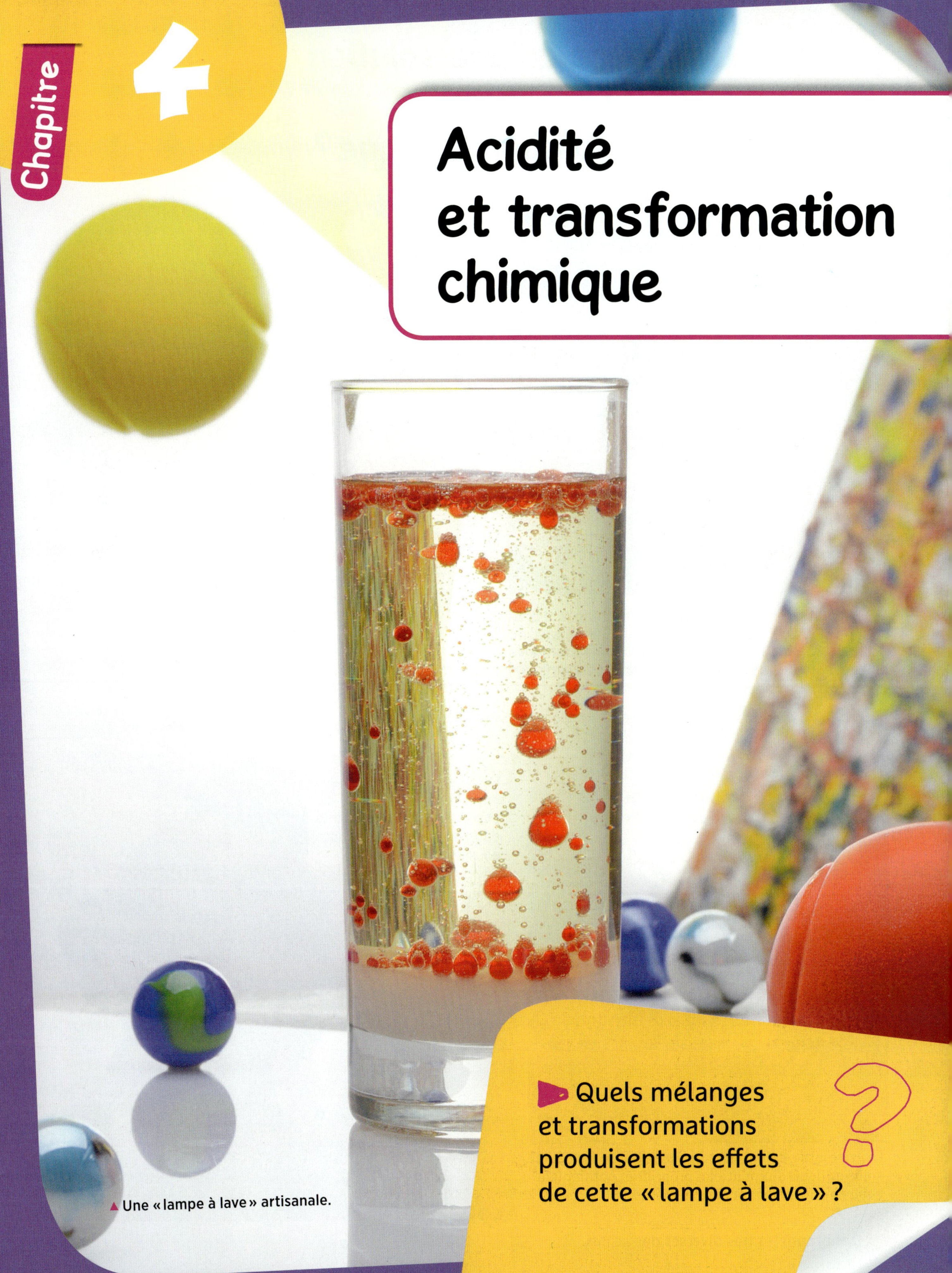

▲ Une « lampe à lave » artisanale.

Quels mélanges et transformations produisent les effets de cette « lampe à lave » ?

Activité 1

Qu'est-ce qu'une solution acide ? Qu'est-ce qu'une solution basique ?

Objectif

Identifier le caractère acide ou basique d'une solution par mesure de pH.

1 **L'acidité.** C'est avant tout la saveur piquante bien connue que l'on ressent sur la langue au contact de produits comme le jus de citron ou le vinaigre. Cette acidité est due à la présence d'espèces chimiques appelées acides.

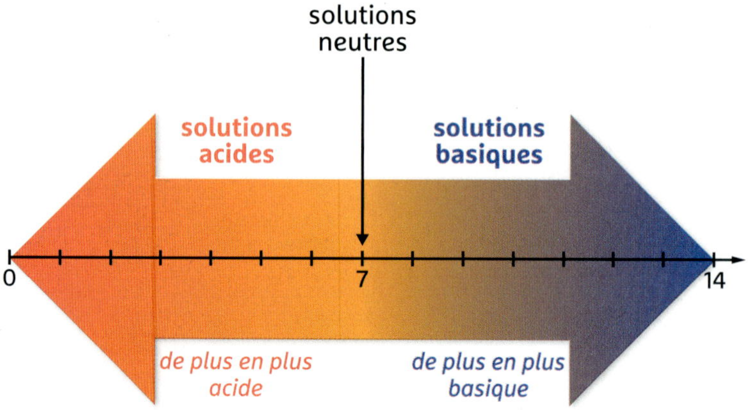

2 **Échelle de pH.** Le pH d'une solution aqueuse est un nombre compris entre 0 et 14. Sa valeur permet de savoir si la solution est acide, neutre ou basique.

Le vinaigre, connu depuis l'Antiquité, est une solution acide aux multiples propriétés, notamment celle de conserver certains aliments.

Les pluies acides causées par certains polluants de l'atmosphère accélèrent la dégradation des édifices en roches calcaires.

3 Des propriétés très diverses des acides.

4 **Un exemple rare d'aliment naturel basique :** le blanc d'œuf, son pH est compris entre 7 et 9.

Les règles de sécurité lorsqu'on manipule des produits dangereux :
- fermer sa blouse.
- mettre des gants et des lunettes de protection.
- attacher ses cheveux.

J'expérimente

1. À l'aide de papier indicateur de pH, mesurer le pH des différentes solutions du tableau.

2. Contrôler que les valeurs obtenues correspondent à celles du tableau ci-dessous.

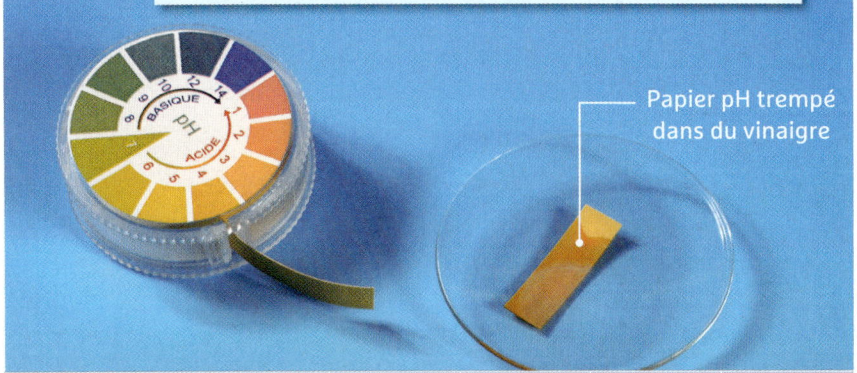

Solutions	Solution saturée de bicarbonate de soude	Vinaigre	Limonade	Eau de Volvic	Solution saturée de lessive
pH	8	2	3	7	10

5 **Mesures du pH de quelques solutions.** On mesure le pH d'une substance à l'aide de papier indicateur de pH. Pour une mesure plus précise, on utilise un pH-mètre.

Produit acide de pH ≤ 2 ou produit basique de pH ≥ 12.

- En cas de contact avec la peau ou les yeux : rincer abondamment pendant 15 minutes.
- En cas d'ingestion
  - **Bon geste :** rester à jeun.
  - **À ne pas faire :** donner du lait ou faire vomir.

Dans tous les cas, appeler le centre antipoison.

6 **Dangers des solutions acides ou basiques concentrées.** L'ingestion (le fait d'avaler) ou le contact avec un produit acide ou basique concentré peut provoquer des brûlures graves. Les conséquences et le traitement varient selon qu'il s'agit d'un produit acide ou basique.

? BESOIN D'AIDE ?

→ Pour mesurer un pH avec un pH-mètre ou du papier indicateur de pH, voir la fiche 3, p. 204.

Travailler une compétence

[D1.3] Pratiquer des langages

1 Doc. 1 Quelle espèce chimique est responsable de l'acidité d'une solution ?

2 Doc. 2 et 5 Comment s'appelle la grandeur qui caractérise l'acidité d'une solution ? Citez les méthodes qui la mesurent.

3 Doc. 2 et 5 Classez les solutions du tableau de la plus acide à la plus basique.

4 Doc. 6 Quelles précautions doit-on prendre lorsqu'on manipule des solutions acides ou basiques concentrées ?

Activité 2

Que se passe-t-il quand on verse une solution acide dans une solution basique ?

Objectif

Identifier expérimentalement une transformation chimique.

▸ Une transformation chimique est une transformation de la matière où des espèces chimiques sont consommées (les réactifs) et d'autres sont formées (les produits).

1 **Une transformation chimique.**

J'expérimente

1. Verser 30 mL de vinaigre dans un ballon contenant 30 mL d'une solution saturée de bicarbonate de soude.

2. Fermer le ballon avec un bouchon muni d'un tuyau qui plonge dans un bécher contenant de l'eau de chaux.

3. Observer le mélange dans le ballon ainsi que l'eau de chaux dans le bécher.

2 **Action entre le vinaigre et une solution de bicarbonate de soude.** On observe une effervescence dans le ballon : des bulles de gaz se forment et remontent à la surface (étape 1). Le gaz produit est dirigé vers l'eau de chaux, qui se trouble (étape 2).

? BESOIN D'AIDE ?

→ Pour réaliser un test d'identification d'une espèce chimique, voir la fiche 2, p. 203.

Travailler une compétence

[D4] Pratiquer des démarches scientifiques

1 Doc. 2 En s'appuyant sur l'activité 1 p. 60-61, expliquez pourquoi verser du vinaigre sur une solution de bicarbonate de soude met en jeu une solution acide et une solution basique.

2 Doc. 2 Quel est le rôle de l'eau de chaux ?

3 Doc. 1 et 2 Montrez qu'une transformation chimique se produit au cours de l'expérience. Vous nommerez les réactifs et un produit.

Activité 3

Mélange, transformations chimique et physique : est-ce la même chose ?

Objectif

Distinguer transformation chimique et mélange, transformation chimique et transformation physique.

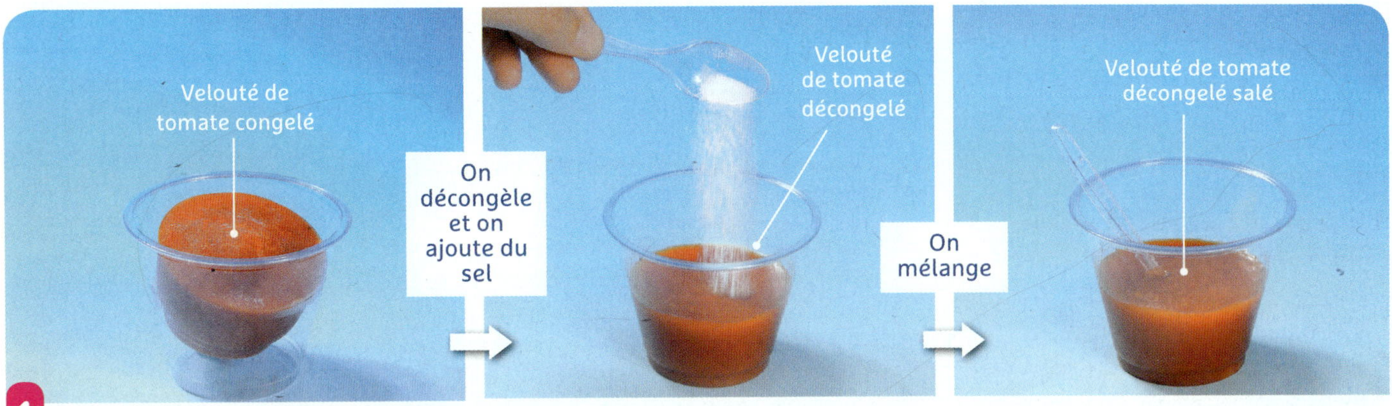

1 Décongélation et salage.

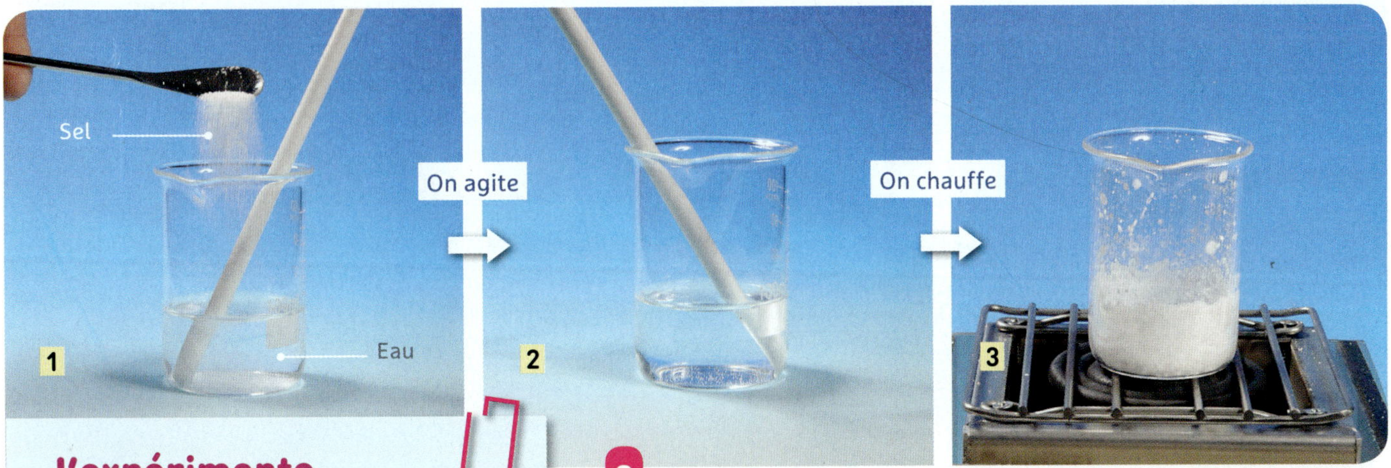

J'expérimente

1. Verser un peu de sel dans un bécher contenant de l'eau.
2. Agiter le mélange jusqu'à dissolution totale du sel.
3. Chauffer le bécher jusqu'à disparition totale de l'eau.

2 Dissolution de sel dans l'eau et évaporation.

? BESOIN D'AIDE ?

→ Pour schématiser un montage en chimie, voir la fiche 8, p. 209.

○ Lors d'une transformation physique, la matière change d'aspect mais ses constituants restent les mêmes. La fusion de la glace est un exemple de transformation physique : l'eau liquide et la glace sont toutes les deux constituées des mêmes particules appelées molécules d'eau.

3 Une transformation physique.

Travailler une compétence

[D4] Pratiquer des démarches scientifiques

1. Doc. 1 et 3 Repérez s'il y a une transformation physique, un mélange et/ou une transformation chimique dans le doc. 1.
2. Doc. 2 et 3 Même question avec les transformations du doc. 2.
3. Doc. 2 Schématisez les étapes 1-2-3 et légendez.
4. Doc. 2 Formulez une hypothèse sur la masse de sel entre les étapes 1 et 2 puis entre les étapes 2 et 3.

Tâche complexe

Le pH dans le monde vivant

Pour commencer

Conséquences de la pollution d'un cours d'eau.
« Des promeneurs aux abords de l'étang des Forges, à Belfort, ont remarqué plusieurs dizaines de poissons morts. Les témoins ont d'abord appelé les pompiers qui ont constaté que l'hécatombe des poissons pouvait être due à une pollution de l'eau, le pH de celle-ci étant tombé à 1. Les autorités ont été saisies afin de déterminer la cause exacte de ces décès et les dispositions à prendre pour contenir la pollution. (...) »

(Extrait du quotidien *L'Est Républicain* du 4 avril 2016)

Mission

Montrer que le pH est un facteur essentiel pour les organismes vivants.

Consigne : À l'aide des documents, construisez sur une page de traitement de texte un tableau indiquant les valeurs du pH idéales pour l'Homme, pour un animal et pour une plante, ainsi qu'un exemple de perturbation liée à une modification du pH du milieu pour chacun.

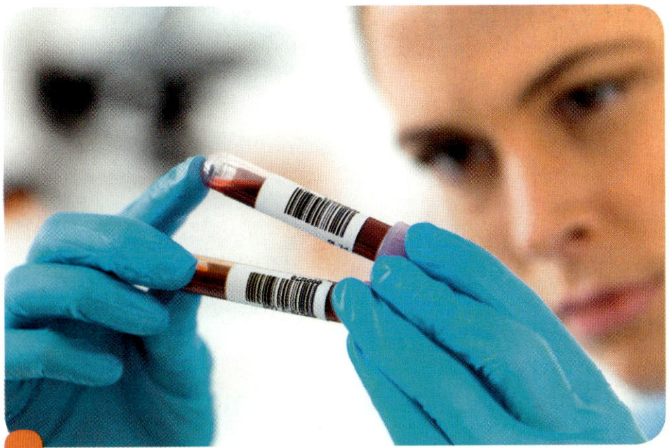

1 **Le pH du sang.** Dans le corps humain, le pH normal du sang d'une personne en bonne santé est compris entre 7,3 et 7,4.

En gonflant rapidement un ballon de baudruche, on peut ressentir assez facilement un léger étourdissement. L'explication est liée à une modification du pH de notre sang. En soufflant, on rejette trop de dioxyde de carbone et le pH sanguin augmente alors légèrement : c'est le phénomène d'hyperventilation.

2 **L'hyperventilation.**

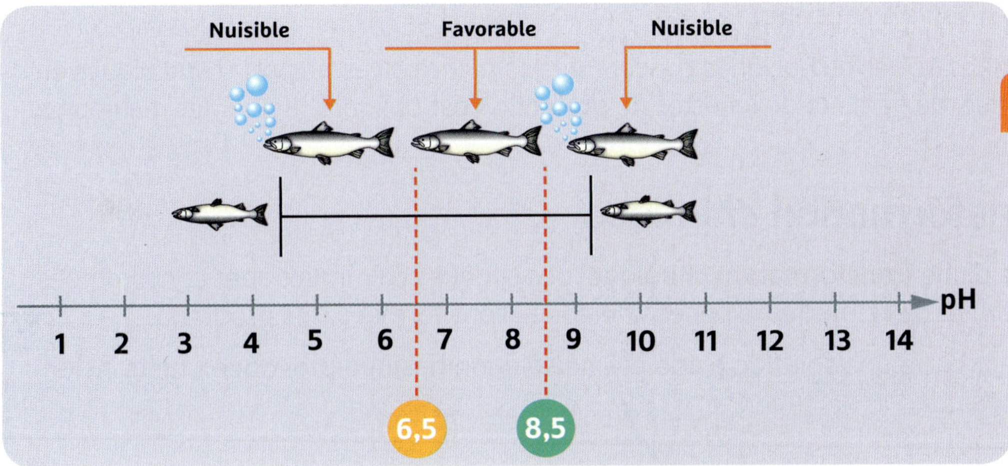

3 **Valeurs idéales du pH de l'eau pour le bien-être des truites.** Si le pH de l'eau s'écarte des valeurs idéales, les poissons manifestent des symptômes tels que la suffocation, une nage irrégulière et, à terme, la mort.

Les sols ont en général un pH compris entre 4 et 9. Le pH du sol est un facteur important au bon développement d'une plante : les myrtilles et les rhododendrons apprécient par exemple les sols acides. Les œillets, eux, pousseront mieux dans un sol basique.

4 **Choisir une plante selon le pH de son sol.**

Nature idéale du sol	Terre acide : 4,5 < pH < 6
Maladie	La chlorose provoque le jaunissement des feuilles. Une cause possible : un sol légèrement basique.
Exposition idéale	Mi-ombre dans les régions du Sud

5 **Feuilles de rhododendron atteintes par la chlorose.**

J'ai réussi si...

? BESOIN D'UN COUP DE POUCE ?

→ Revoir l'activité 1 p. 60.

- ☐ J'ai extrait les valeurs idéales de pH dans chacun des trois cas.
- ☐ J'ai identifié à chaque fois une conséquence d'une perturbation du pH.
- ☐ J'ai construit un tableau récapitulatif enrichi d'illustrations.

Bilan

Acidité et transformation chimique

Je dois savoir

Activité 1

Solutions basique ou acide

- Le **pH** définit le caractère **acide** ou **basique** d'une solution. Il se mesure à l'aide d'un papier indicateur de pH ou d'un pH-mètre.

- Une solution est :
- acide si son pH est compris entre 0 et 7 ($0 \leq pH < 7$) ;
- neutre si son pH est égal à 7 ($pH = 7$) ;
- basique si son pH est compris entre 7 et 14 ($7 < pH \leq 14$).

- Les solutions acides ou basiques concentrées sont corrosives : le port d'une blouse en coton fermée, de gants et de lunettes de protection est obligatoire pour les manipuler.

Activité 2

La transformation chimique

- Au cours d'une **transformation chimique**, des espèces chimiques sont consommées (les réactifs) et de nouvelles espèces chimiques sont formées (les produits).

- Le contact entre une solution acide et une solution basique provoque une transformation chimique.

Activité 3

Transformations physiques et mélanges

- Un changement d'état est une **transformation physique** : une espèce chimique passe d'un état physique à un autre mais c'est toujours la même espèce chimique.

- Une dissolution permet d'obtenir un **mélange** homogène : les différentes espèces chimiques se mélangent mais ne créent pas de nouvelles espèces chimiques. Il est possible de les séparer de nouveau et de les réobtenir identiques à ce qu'elles étaient au départ.

- Les transformations physiques et les mélanges ne sont pas des transformations chimiques.

→ L'essentiel du cours en une animation

Je retiens les mots-clés

- Acide
- Basique
- Mélange
- pH
- Transformation chimique
- Transformation physique

Dico du manuel p. 221

Je retiens par l'image

Échelle de pH

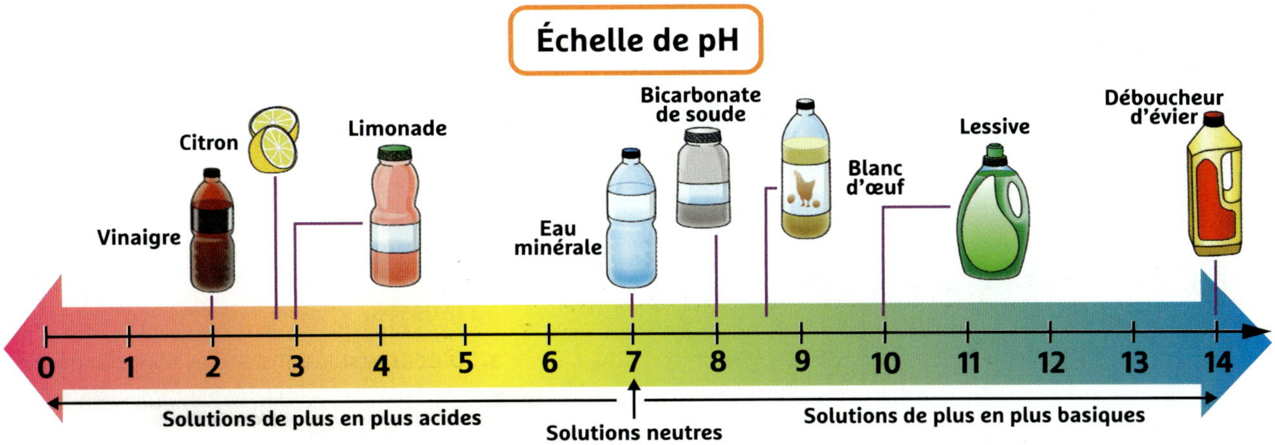

Transformation chimique, transformation physique et mélange

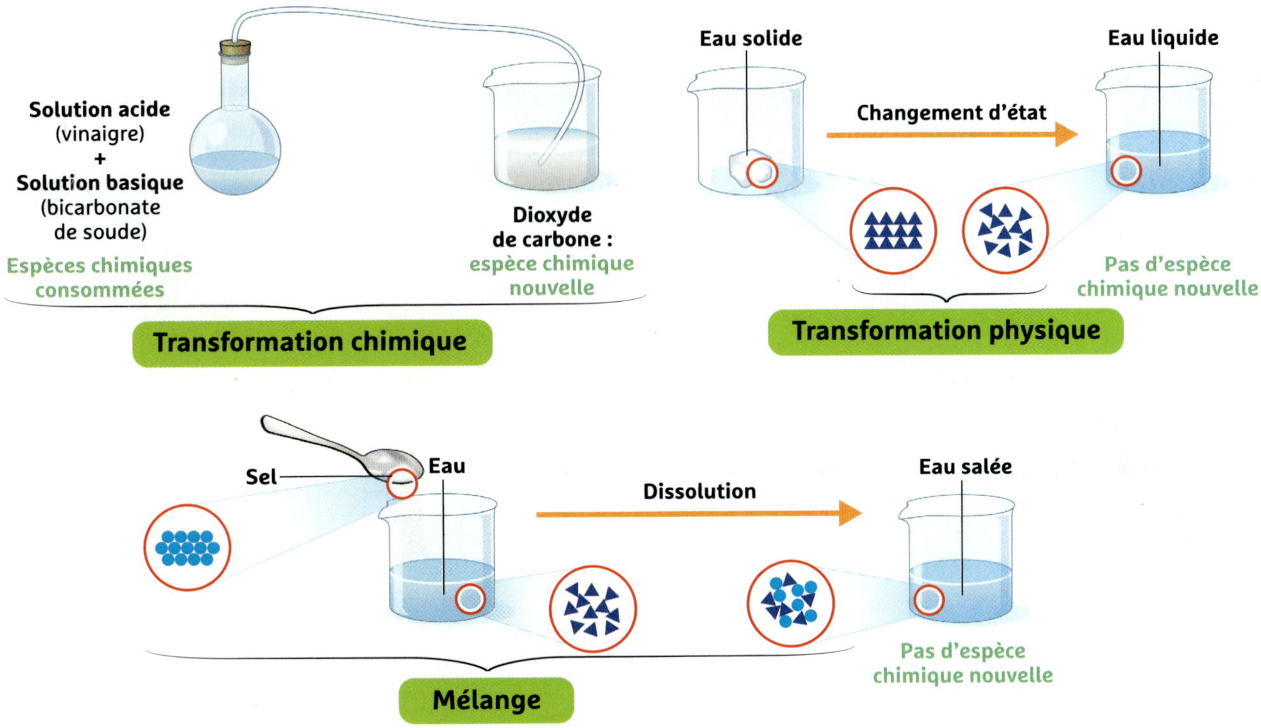

Je suis capable de

	Pour cela, je dois	Pour vérifier
→ **identifier le caractère acide ou basique d'une solution**	→ savoir mesurer le pH d'une solution.	→ Activité 1
→ **identifier expérimentalement une transformation chimique**	→ montrer la formation de nouvelles espèces chimiques. → savoir que le contact entre une solution acide et une solution basique donne lieu à une transformation chimique.	→ Activité 2
→ **distinguer une transformation chimique, une transformation physique et un mélange**	→ comprendre que, lors d'un mélange ou d'une transformation physique, aucune espèce chimique nouvelle n'apparaît.	→ Activité 3

Exercices

Je vérifie mes connaissances

1 Association

Reliez chaque solution à la proposition qui convient.

Solution acide •	• Son pH est compris entre 7 et 14.
Solution neutre •	• Son pH est égal à 7.
Solution basique •	• Son pH est compris entre 0 et 7.

2 Vrai ou faux ?

Déterminez si les propositions sont vraies ou fausses.

a. Toutes les solutions acides sont dangereuses.

b. Les solutions acides et basiques concentrées sont dangereuses.

c. Les solutions acides sont plus dangereuses que les solutions basiques.

3 Mur de mots

Parmi la liste de mots proposés, recopiez ceux en rapport avec la transformation chimique.

réactifs — homogène — produits — espèces nouvelles — mélange — solidification — hétérogène

4 Ticket gagnant ?

Simon affirme que ce ticket est gagnant au grattage. A-t-il raison ?

J'utilise mes compétences

5 Pratiquer des langages

Bonbons piquants

Loan, grand amateur de bonbons piquants, veut percer le secret de leur goût qui picote la langue. Il fait l'hypothèse que ces bonbons contiennent un acide.
Pour cela, il dissout quelques bonbons dans un bécher contenant de l'eau et y plonge un pH-mètre.

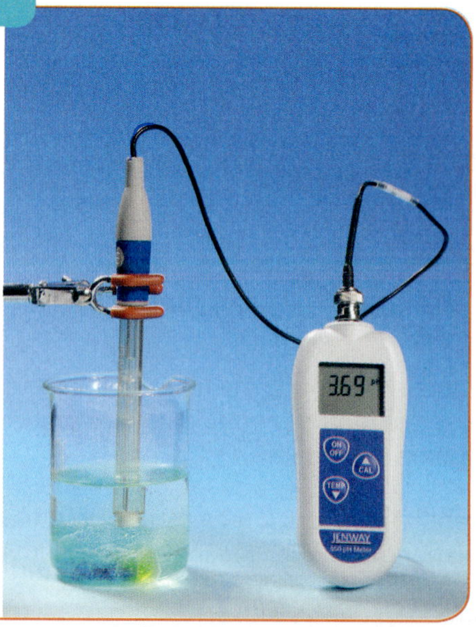

L'hypothèse de Loan est-elle validée ? Expliquez.

Le pH est de 3,69 alors c'est un acide.
Loan a raison

6 Adopter un comportement éthique et responsable

Pictogramme de danger

Sur l'emballage d'un déboucheur d'évier, on peut voir le pictogramme ci-contre.

corrosif

a. Recherchez sa signification.

b. Quelles mesures de sécurité faut-il impérativement respecter lors de son utilisation ?

7 Pratiquer une démarche scientifique

Papier pH

On effectue une mesure de pH de deux solutions.

a. Donnez le pH de chaque solution.

b. Précisez, dans chaque cas, si la solution est acide, neutre ou basique.

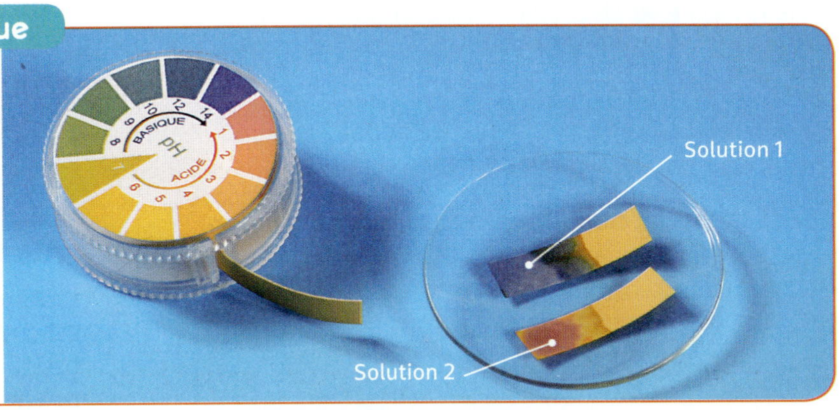

8 Mobiliser des connaissances

Classement de solutions

Dans l'armoire de produits chimiques du laboratoire de sciences, il y a deux compartiments : « produits acides » et « produits basiques ». Maxime, qui doit ranger différentes solutions dans cette armoire, mesure d'abord le pH de chacune d'elles.

Solutions	Solution de soude	Solution de détartrant de cafetière	Eau avec dioxyde de soufre dissous	Eau de Javel
pH	10	1	3	12

Dans quel compartiment de l'armoire de produits chimiques, Maxime devra-t-il ranger chacune de ces solutions ?

9 Concevoir, créer, réaliser

Est-ce que sucrer fait diminuer l'acidité ?

Erwan a-t-il raison ?
Proposez un protocole expérimental pour vérifier si sa proposition est exacte.

10 S'approprier des outils et des méthodes

Le trouble de l'eau de chaux

La transformation chimique vue dans l'activité 2 (p. 62) produit du dioxyde de carbone qui trouble l'eau de chaux.

a. Recherchez sur Internet la nature chimique du trouble de l'eau de chaux.

b. La formation du trouble de l'eau de chaux est une transformation chimique. Citez les réactifs.

11 Pratiquer des démarches scientifiques

À l'échelle microscopique

Deux transformations de la matière ont été schématisées à l'aide du modèle particulaire (les boules d'une même couleur représentent une même espèce chimique).

À l'aide de vos connaissances, donnez le maximum d'informations sur chacune des deux transformations a et b.

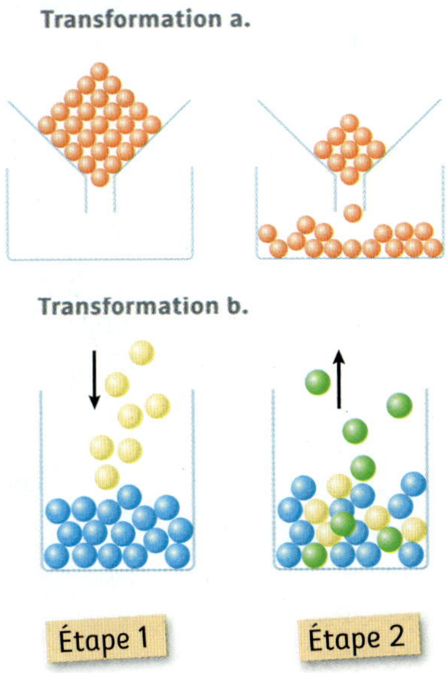

Coup de pouce
→ Voir l'activité 4 du chapitre 1 page 21.

Exercices

12 Pratiquer des démarches scientifiques

Une expérience singulière

En versant une cuillère de bicarbonate de soude dans un bécher contenant de l'eau très chaude, on observe une effervescence durant quelques secondes.

a. Expliquez pourquoi l'apparition de bulles n'est pas due à l'ébullition de l'eau.

b. De quel type de transformation pourrait-il alors s'agir ? Faites une hypothèse.

13 Pratiquer des langages

Mélange de soude et de marbre

La soude est une solution basique très utilisée au laboratoire.

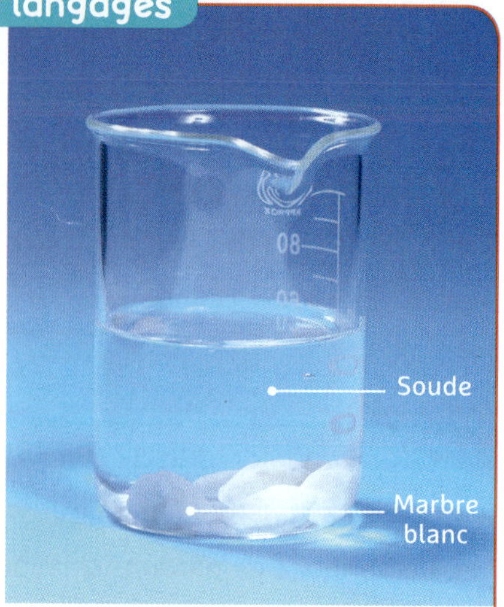

Observez l'expérience ci-dessus. Y a-t-il une transformation chimique entre le marbre et la soude ? Pourquoi ?

14 Pratiquer des langages

Décongélation d'un velouté de tomate

Dans le doc. 1 p. 63, une transformation physique a eu lieu.

Faites le schéma des deux étapes de la transformation, puis légendez et donnez comme titre le nom précis de cette transformation physique.

15 Pratiquer des langages

Vocabulaire

Recopiez en choisissant la bonne proposition.

a. Le sucre *fond* / *se dissout* / *est consommé* dans la tasse de café.

b. La banquise *fond* / *se dissout* / *est consommée* en raison du réchauffement climatique.

c. Le bicarbonate de soude *fond* / *se dissout* / *est consommé* en présence de vinaigre.

16 Pratiquer des démarches scientifiques

Des bulles dans chaque situation

a. Pour chacune des trois situations, déterminez s'il s'agit d'une transformation chimique, d'une transformation physique ou d'un mélange.

b. Dans chaque cas, recherchez de quelle espèce chimique sont constituées les bulles.

17 Pratiquer des démarches scientifiques

Vinaigrette

On agite de la vinaigrette composée d'huile et de vinaigre et on la laisse reposer.

Vrai ou faux ? Argumentez chaque réponse.

On a réalisé :

a. un mélange homogène.

b. un mélange hétérogène.

c. un changement d'état.

d. une transformation chimique.

e. une dissolution.

Je m'entraîne pour l'évaluation

18 La lampe à lave

Énoncé

Il est possible de recréer au laboratoire une «lampe à lave» artisanale. En versant du vinaigre coloré dans un flacon d'huile dont le fond est recouvert de bicarbonate de soude, la magie commence : les gouttes de vinaigre tombent au fond, une effervescence apparaît et les bulles de gaz font remonter la goutte de vinaigre à la surface qui finit par retomber, et ainsi de suite.

1 Expérience de la lampe à lave.

Questions

1. Solutions acide et basique

a. Justifiez que le vinaigre est une solution acide.

b. Quelles autres solutions du doc. 2 auraient pu provoquer, comme le vinaigre, une effervescence en présence de bicarbonate de soude ?

2. Transformation chimique

a. Montrez en vous appuyant sur les doc. 1 et 3 que l'action du vinaigre sur le bicarbonate de soude est une transformation chimique.

b. Précisez les réactifs (ce qui est consommé) et citez un produit (ce qui est formé).

3. Mélange, transformation physique et transformation chimique

a. Au cours de l'expérience du doc. 1, une transformation physique a-t-elle eu lieu ?

b. Citez un mélange réalisé au cours de l'expérience.

Solutions	Eau minérale	Solution de soude	Vinaigre	Boisson au cola	Solution de bicarbonate de soude	Jus de citron
pH	7	14	2	3	8	2

2 Mesure du pH de différentes solutions.

3 Le test à l'eau de chaux.

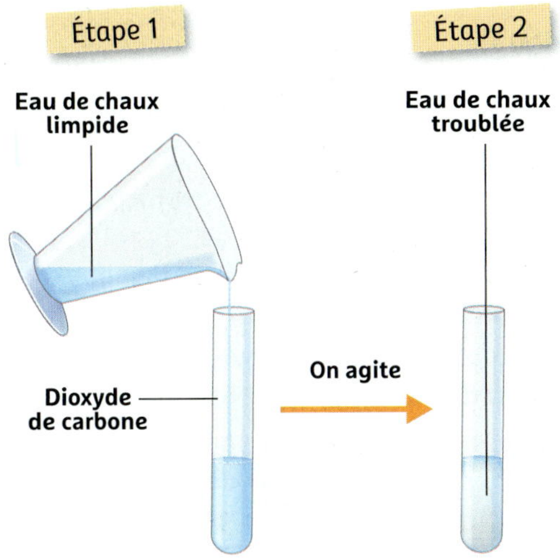

Accompagnement personnalisé

19 Je comprends l'effervescence d'une boisson

Énoncé commun

À partir de certains ingrédients de la photo, on peut préparer une citronnade effervescente.

Pédagogie différenciée

Questions

Groupe 1

a. Proposez un protocole permettant d'obtenir une citronnade effervescente.

b. Pour chacune des étapes du protocole, indiquez s'il s'agit d'un mélange, d'une transformation physique ou d'une transformation chimique.

c. Expliquez pourquoi l'effervescence s'arrête au bout d'un moment.

d. Proposez une hypothèse pour faire redémarrer cette effervescence.

Groupe 2

a. Que signifie l'adjectif « effervescent » ?

b. On mélange l'eau plate et le jus de citron, puis on verse une cuillère à café de bicarbonate de soude. Justifiez le fait qu'une transformation chimique se produise.

c. Identifiez les réactifs de cette transformation chimique.

d. En raisonnant sur les réactifs, expliquez pourquoi l'effervescence s'arrête au bout d'un moment.

Chapitre 5

Le système solaire

Éclipse totale du Soleil, le 3 novembre 2013, vue en phase partielle depuis le parc national du lac Turkana, au Kenya.

Comment expliquer les éclipses de Lune, de Soleil et de planètes ?

Activité 1

Comment expliquer les phases de la Lune ?

Objectif
Décrire la structure du système Soleil-Terre-Lune.

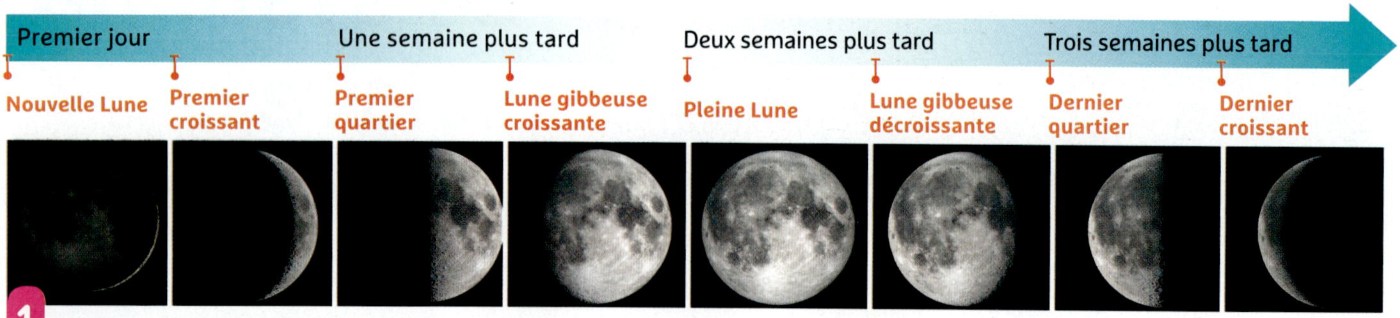

1 **Les huit phases de la Lune vues de l'hémisphère nord.** Les phases de la Lune se suivent lors d'un cycle lunaire, ou lunaison. La Lune tourne sur elle-même et autour de la Terre en quatre semaines environ. Une seule face de la Lune est alors visible depuis la Terre.

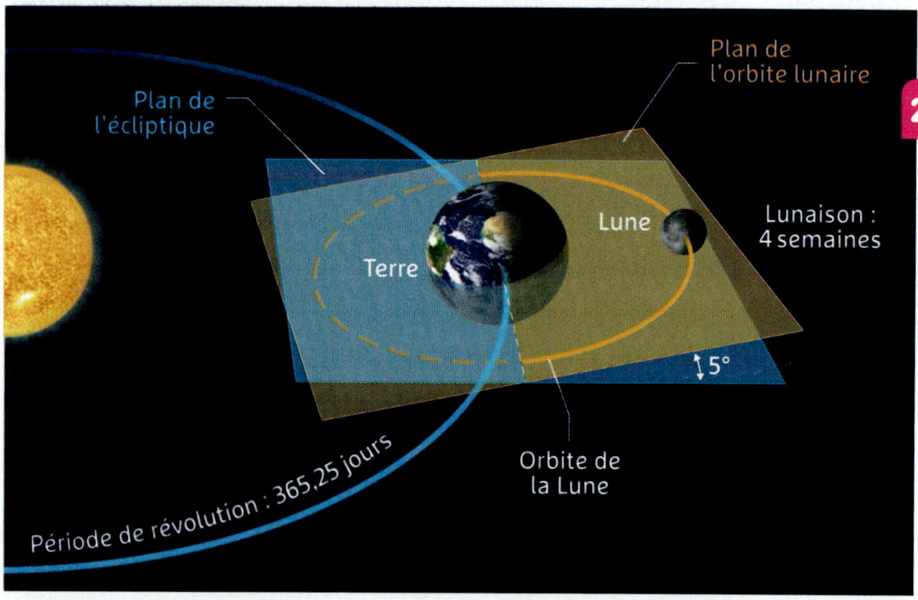

2 **Le système Soleil-Terre-Lune.** Le Soleil s'est formé il y a 4,6 milliards d'années environ, la Terre 30 millions d'années plus tard. La Lune est plus jeune que notre planète de 50 millions d'années.

Vocabulaire

Orbite : trajectoire d'un astre tournant autour d'un autre astre.

Phase de la Lune : partie de la Lune éclairée par le Soleil et visible depuis la Terre.

3 **Simulation du premier quartier de Lune et du dernier croissant de Lune.**

J'expérimente

1. Saisir une boule blanche, se placer à quelques mètres d'un projecteur, bras tendu.
2. Observer la boule et pivoter sur ses pieds pour reproduire les huit phases de la Lune (doc. 1). Attention, pour la pleine Lune et la nouvelle Lune, tenez compte de l'inclinaison des **orbites**.

Travailler une compétence

[D4] Pratiquer des démarches scientifiques

1. Doc. 2 Les orbites de la Lune autour de la Terre et de la Terre autour du Soleil sont-elles dans un même plan ?
2. Doc. 1 et 3 Décrivez la position du Soleil, de la Terre et de la Lune lors d'un quartier de Lune, puis réalisez le schéma correspondant.

Activité 2

Comment expliquer les éclipses de Lune ?

Objectif
Décrire la structure du système Soleil-Terre-Lune.

1 Éclipse totale de Lune.
Deux à cinq fois par an, la Terre s'intercale entre le Soleil et la Lune. Durant quelques minutes, les trois **astres** sont alignés. Sans un phénomène physique particulier lié à la lumière, la Lune n'apparaîtrait pas orangée : elle ne serait alors pas visible depuis la Terre.

J'expérimente

1. Éclairer un globe terrestre à l'aide d'un projecteur.
2. Placer la boule blanche dans la même position que la Lune lors d'une éclipse de Lune.

Vocabulaire

Astre : corps présent naturellement dans l'Univers.

2 Modélisation d'une éclipse de Lune.
La boule blanche représente la Lune.

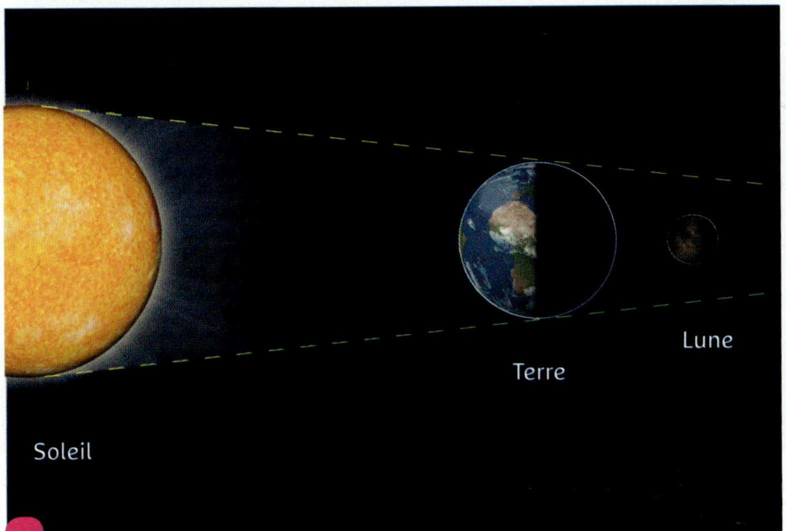

3 Croquis d'une éclipse de Lune.
Les éclipses de Lune ne sont visibles que durant la nuit. Vue du Soleil, la Terre masque la Lune durant quelques minutes.

Travailler une compétence

[D5] Se situer dans l'espace et dans le temps

1. Doc. 1 et 2 Pourquoi une éclipse de Lune ne peut-elle pas se produire de jour ?
2. Doc. 2 et 3 Une éclipse de Lune peut-elle se produire lors d'un quartier de Lune ? Argumentez votre réponse.

Activité 3

Quelles sont les distances dans le système solaire ?

Objectif
Décrire la structure du système solaire.

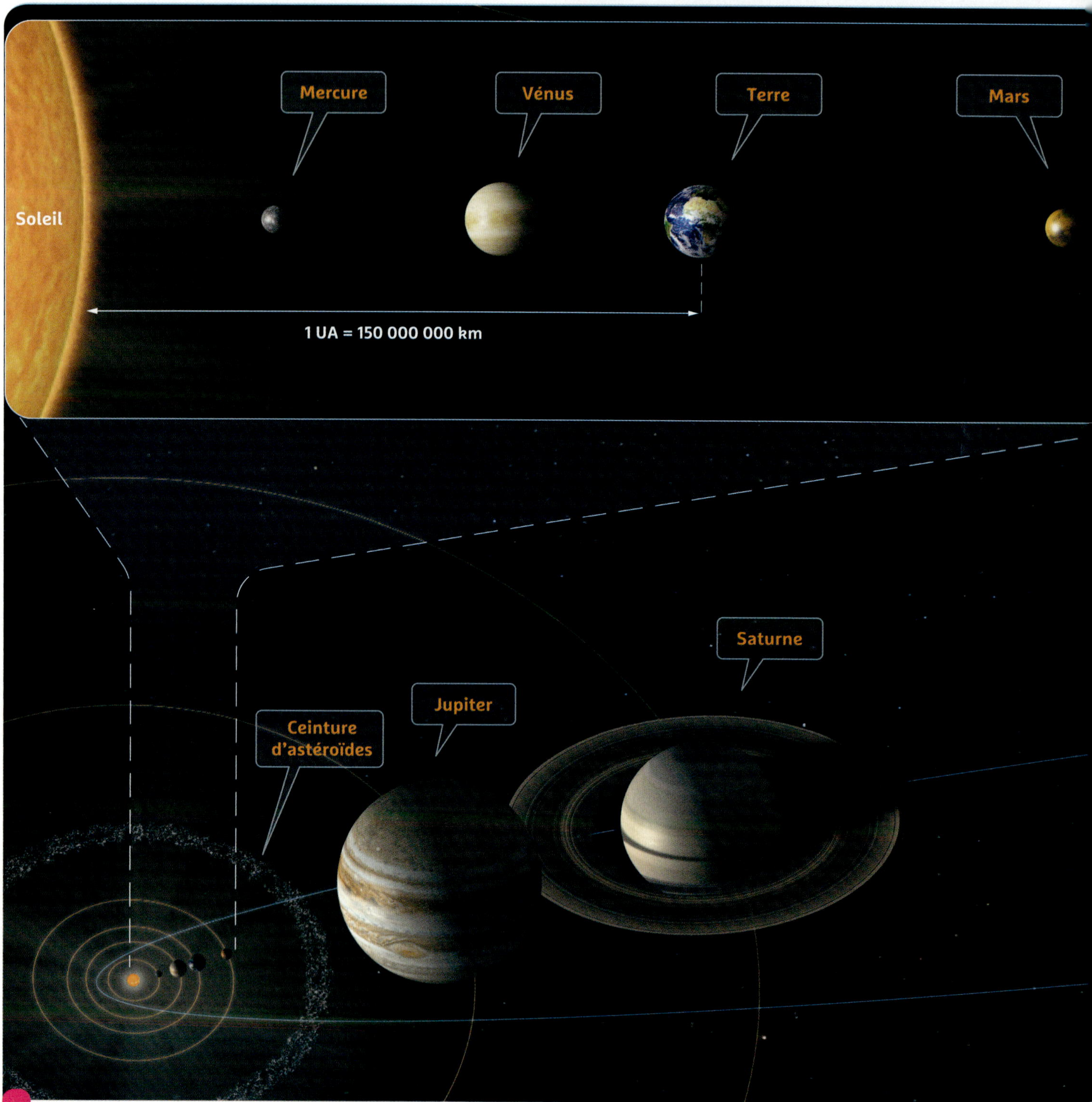

1 **Le système solaire.** Contrairement à celles des planètes, la trajectoire de la comète de Halley n'est pas circulaire autour du Soleil : elle passe au plus près du Soleil à 0,59 UA et s'en éloigne au maximum de 35,9 UA. Sa révolution autour du Soleil dure 76 ans environ.

Astres	Diamètre (en km)	Distance astre-Soleil (en km)	Distance astre-Soleil (en UA)
Soleil	1 400 000	0	0
Mercure	4 880	58 000 000	0,39
Vénus	12 100	108 000 000	0,72
Terre	12 860	150 000 000	1
Mars	6 790	228 000 000	1,52
Jupiter	142 980	778 000 000	5,20
Saturne	120 540	1 420 000 000	9,49
Uranus	51 120	2 880 000 000	19,25
Neptune	49 530	4 500 000 000	30,08

2 **Caractéristiques du Soleil et des planètes du système solaire.** Le mètre est l'unité légale de la distance dans le système international d'unités. Une unité astronomique, notée UA, correspond à la distance moyenne entre le Soleil et la Terre, soit 150 millions de kilomètres.

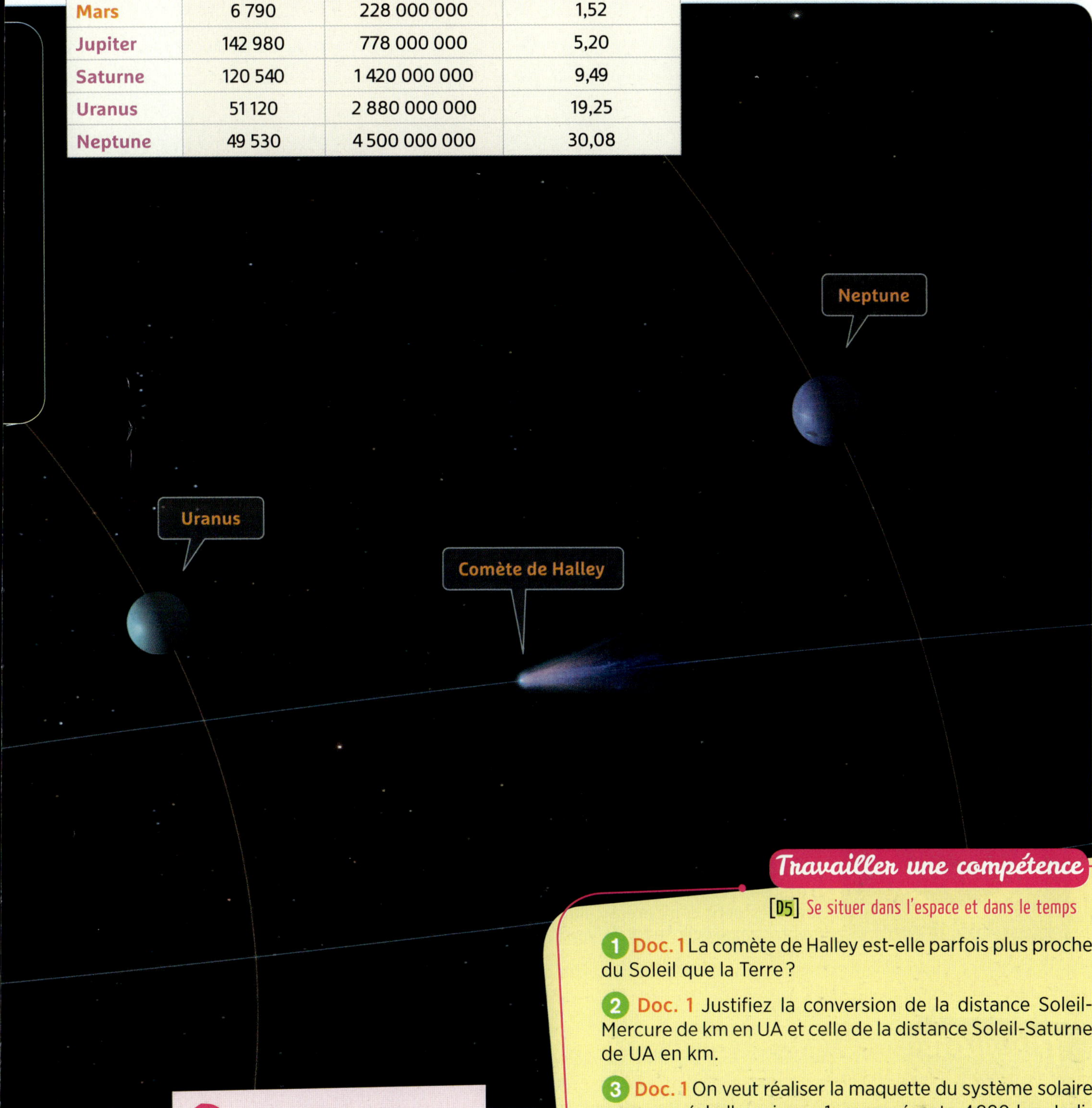

Travailler une compétence

[D5] Se situer dans l'espace et dans le temps

1. **Doc. 1** La comète de Halley est-elle parfois plus proche du Soleil que la Terre ?
2. **Doc. 1** Justifiez la conversion de la distance Soleil-Mercure de km en UA et celle de la distance Soleil-Saturne de UA en km.
3. **Doc. 1** On veut réaliser la maquette du système solaire avec une échelle unique : 1 cm représente 4 880 km. Indiquez le diamètre de Mercure dans cette maquette.
4. Expliquez pourquoi, dans cette maquette, Mercure devrait être placée à 119 m du Soleil et Neptune à 9,2 km environ.

? BESOIN D'AIDE ?

→ Utiliser un tableau de proportionnalité.

Tâche complexe

L'éclipse de Soleil

Pour commencer

L'éclipse totale du Soleil du 9 mars 2016 photographiée en Indonésie en milieu de journée. Pendant quelques minutes, pour une petite surface de la Terre (appelée zone d'éclipse), le Soleil est occulté en plein jour. C'est la Lune, dont le diamètre est pourtant très petit comparé à celui du Soleil, qui est capable de le masquer complètement. La prochaine éclipse totale visible en France métropolitaine aura lieu le 3 septembre 2081.

Mission

Montrer, en raisonnant sur les distances, comment la Lune est capable de masquer le Soleil lors d'une éclipse.

Consigne : À partir des documents, réalisez un schéma expliquant le phénomène de l'éclipse de Soleil. Des rapports de longueurs seront là pour argumenter.

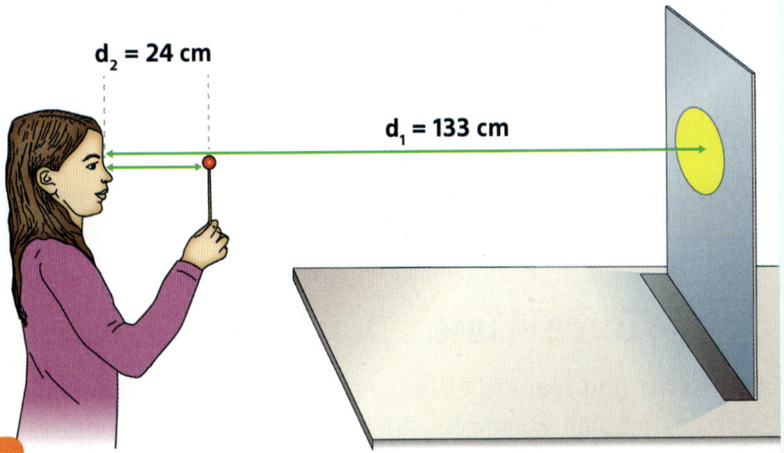

1 **Modélisation du phénomène d'occultation d'un astre.**
À cette distance, le cotillon est vu « aussi gros » que le disque jaune.

J'expérimente

1. En restant à une distance fixe du disque jaune, ajuster la distance du cotillon à l'œil pour que le cotillon occulte exactement le disque jaune.

2. Observer la position géométrique occupée par l'œil et par les centres du cotillon et du disque jaune.

3. Constater que le disque jaune n'est plus caché entièrement si on éloigne le cotillon de son œil.

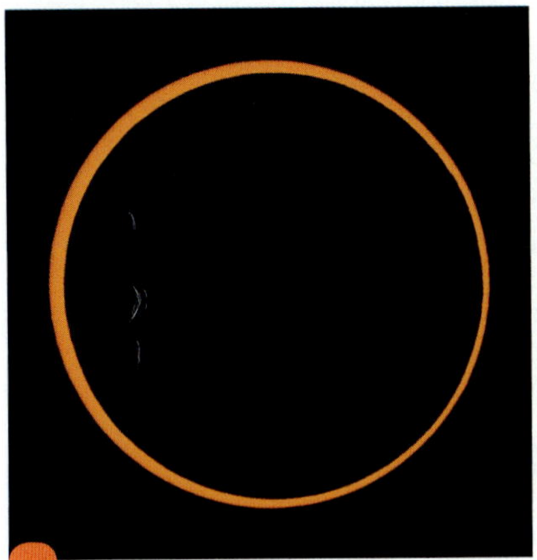

2 **Éclipse annulaire de Soleil.**
Parfois la distance Terre-Lune est trop grande et ne permet pas à la Lune de masquer complètement le Soleil pour un observateur terrestre.

3 **La Terre vue depuis un satellite lors de l'éclipse totale du Soleil du 9 mars 2016.** À l'instant de la photo, l'éclipse n'est observable que depuis la petite zone en noir.

Distances dans le système solaire le 9 mars 2016	Distances dans l'expérience du doc. 1
D_1 = diamètre du Soleil = 1 391 400 km D_2 = diamètre de la Lune = 3 474 km	D_1 = diamètre du disque jaune = 10 cm D_2 = diamètre du cotillon = 1,8 cm
$\frac{D_1}{D_2}$ = 1 391 400 : 3 474 ≈ 400	$\frac{D_1}{D_2}$ = ………
d_1 = distance Terre-Soleil = 148 500 000 km d_2 = distance Terre-Lune = 370 000 km	d_1 = distance œil-disque jaune = 133 cm d_2 = distance œil-cotillon = 24 cm
$\frac{d_1}{d_2}$ = 148 500 000 : 370 000 ≈ 400	$\frac{d_1}{d_2}$ = ………

4 **Tableau récapitulatif des distances et calculs de rapports.**

? BESOIN D'UN COUP DE POUCE ?

→ Revoir l'activité 2, p. 75.

J'ai réussi si...

- ☐ J'ai compris ce que représentent l'œil, le cotillon et le disque jaune dans la modélisation du doc. 1.
- ☐ J'ai repéré la position géométrique des trois astres concernés.
- ☐ J'ai compris qu'il y a un lien entre les distances et les diamètres.

Bilan Le système solaire

Je dois savoir

Activités 1 et 2 — Le système Soleil-Terre-Lune

- Le Soleil est une étoile, la Terre est une planète et la Lune est l'unique **satellite** de la Terre. Parmi ces trois **astres**, le Soleil est le plus ancien (4,6 milliards d'années) et la Lune le plus jeune (4,52 milliards d'années).
- La Terre tourne autour du Soleil en 365,25 jours, c'est sa période de révolution. Elle tourne sur elle-même en 24 heures (période de rotation). L'**orbite** de la Terre autour du Soleil est située dans le **plan de l'écliptique**.
- La Lune tourne sur elle-même et autour de la Terre en un mois environ.
- La pleine Lune, une des phases de la Lune, peut s'observer car la trajectoire de la Lune autour de la Terre n'est pas dans le plan de l'écliptique. Cette inclinaison explique aussi pourquoi nous n'observons pas une **éclipse** de Soleil à chaque fois que la Lune se situe entre la Terre et le Soleil.

Activité 3 — Les distances dans le système solaire

- Le **système solaire** comporte une étoile (le Soleil) et huit planètes.
- Le diamètre d'un astre dans le système solaire s'exprime en kilomètres (km). Le diamètre d'une planète est beaucoup plus petit que celui du Soleil (1,4 million de km).
- L'**unité astronomique** (UA) est une unité de distance. Elle correspond à la distance moyenne entre la Terre et le Soleil, soit 150 millions de kilomètres.
- Le diamètre d'une planète est beaucoup plus petit que son éloignement au Soleil.

→ L'essentiel du cours en une animation

Je retiens les mots-clés

- Astre
- Éclipse
- Orbite
- Plan de l'écliptique
- Satellite
- Système solaire
- Unité astronomique

Dico du manuel p. 221

Je retiens par l'image

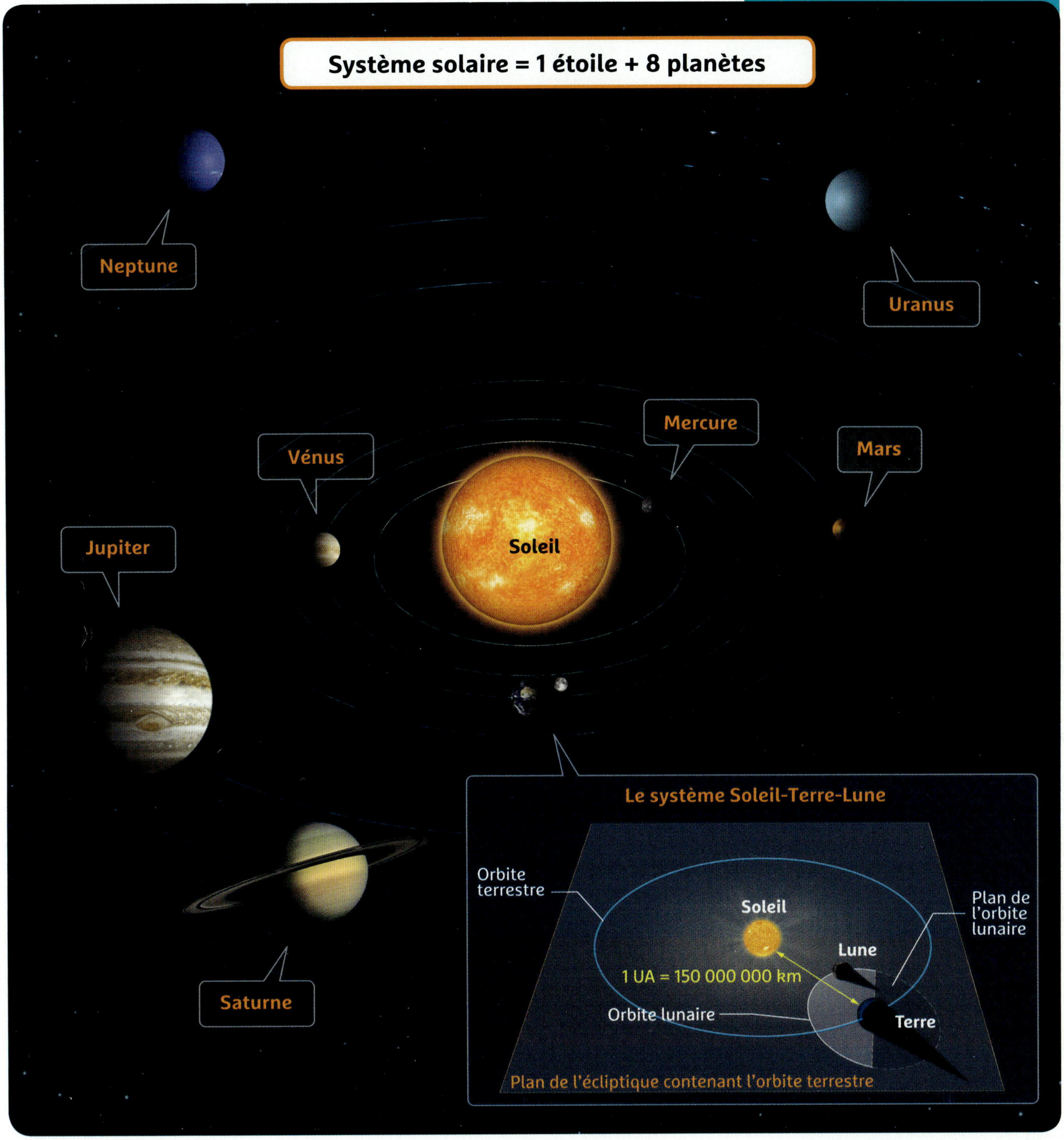

Je suis capable de

	Pour cela, je dois	Pour vérifier
→ **décrire la structure du système solaire**	→ connaître la structure du système Soleil-Terre-Lune. → savoir décrire les orbites des planètes.	→ Activités 1 et 2
→ **exprimer les distances du système solaire dans plusieurs unités**	→ convertir une distance donnée en unités astronomiques en kilomètres, et inversement.	→ Activité 3

Exercices

Je vérifie mes connaissances

1 Vrai ou faux ?

Si l'affirmation est fausse, corrigez-la.

a. La Terre tourne autour du Soleil en 365 jours environ.

b. Le plan dans lequel la Lune tourne autour de la Terre est le plan de l'écliptique.

c. La Lune tourne autour du Soleil en quatre semaines environ.

d. La Lune tourne sur elle-même.

2 Qui a raison ?

Camille et Manon se demandent pourquoi la Lune semble différente chaque nuit. Qui connaît l'explication ?

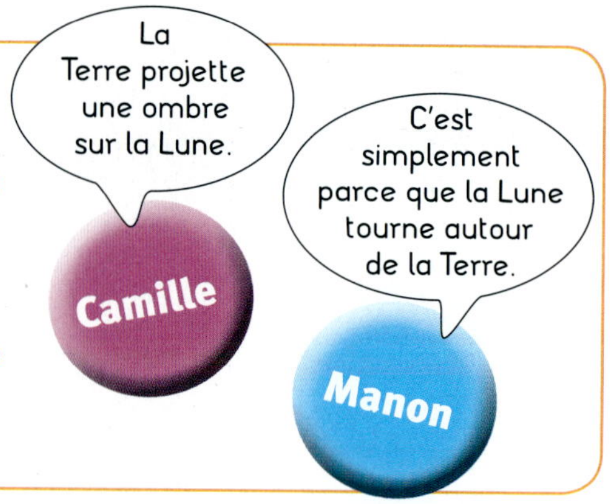

3 QCM

Parmi les distances représentées ci-dessous, laquelle correspond à l'unité astronomique ?

a

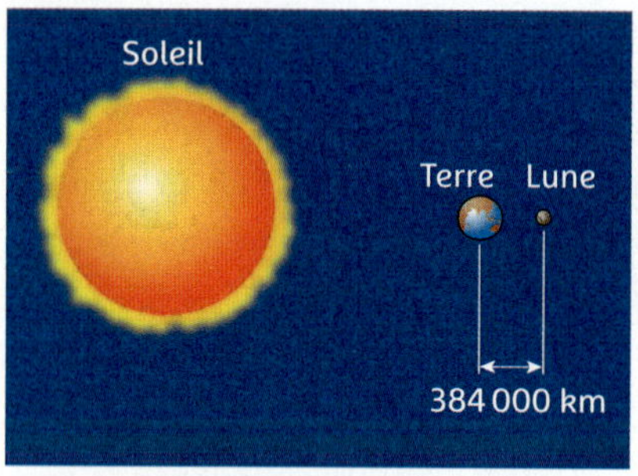

b

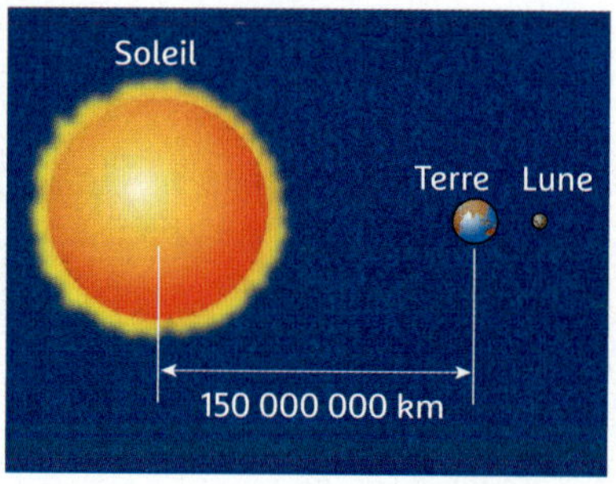

c

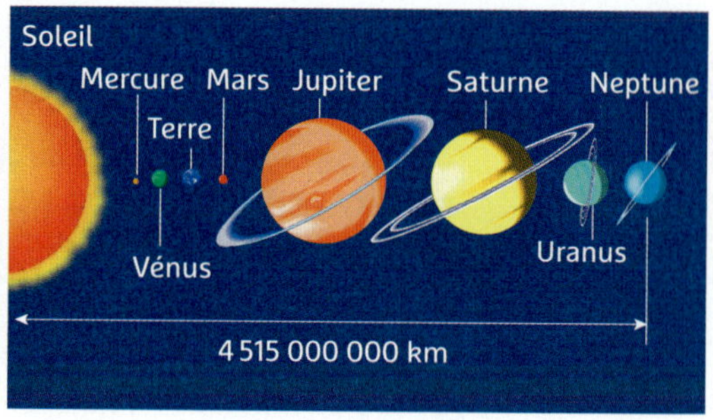

4 Connaître les ordres de grandeur

Reliez chaque grandeur à son ordre de grandeur.

Diamètre des planètes •	• Millions de kilomètres
Distance entre le Soleil et les planètes •	• Milliers de kilomètres

5 Moyen mnémotechnique

Comment cette phrase permet-elle de retrouver l'ordre des planètes du système solaire ?

> Mon violoncelle tombe,
> mais je sauve une note.

J'utilise mes compétences

6 Pratiquer des langages

Days of the week

Quel jour de la semaine en langue anglaise fait référence à :

a. un satellite ?

b. une planète ?

c. une étoile ?

7 Pratiquer des démarches scientifiques

Phases de la Lune

Associez à chaque photographie ci-dessous la phase de la Lune correspondante.

Coup de pouce

→ Observez la Lune et imaginez un trait comme sur les photos ci-dessous.

Dans l'hémisphère nord, si on peut former la lettre « **p** », la Lune est dans la « première » partie de la lunaison. Si on peut former la lettre « **d** », la Lune est dans la « dernière » partie de la lunaison.

8 S'approprier des outils et des méthodes

Galilée

a. Recherchez à quelle distance de la Terre se trouve la Lune.

b. Convertissez cette distance en unité astronomique. Cette conversion est-elle appropriée ?

c. Galilée a remarqué que la Lune n'avait pas toujours le même aspect. Expliquez pourquoi.

Coup de pouce

→ 1 UA = 150 millions de km

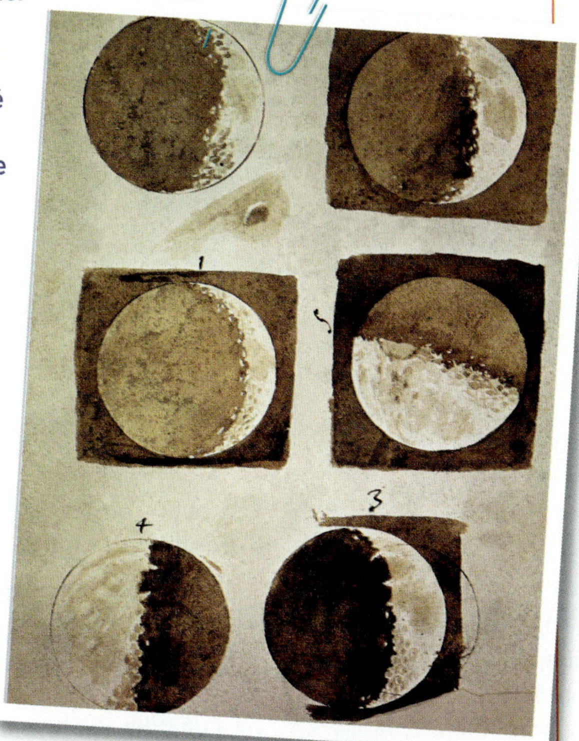

Phases de la Lune dessinées par Galilée en 1616.

9 Mobiliser des connaissances

Vénus et Jupiter

Indiquez si les affirmations suivantes sont justes. Si ce n'est pas le cas, corrigez-les.

a. Vénus et Jupiter brillent donc ce sont des étoiles.

b. Vénus et Jupiter ne sont pas des sources primaires de lumière.

c. Vénus est plus lumineuse car elle est plus grosse que Jupiter.

d. À la campagne, on observe plus facilement les étoiles qu'en ville.

10 S'approprier des outils et des méthodes

Éloignement des planètes au Soleil

Un graphique permet de visualiser les différences d'éloignement des planètes au Soleil.

Représentez les distances ci-contre dans un diagramme en barres à l'aide d'un tableur-grapheur.

Planète	Éloignement au Soleil (en UA)
Mercure	0,38
Vénus	0,72
Terre	1
Mars	1,52
Jupiter	5,2
Saturne	9,5
Uranus	19,2

11 Pratiquer des démarches scientifiques

Un transit

La photo ci-dessous nous permet d'observer Vénus lors de son transit devant le Soleil. Le même phénomène sera observable en 2117…

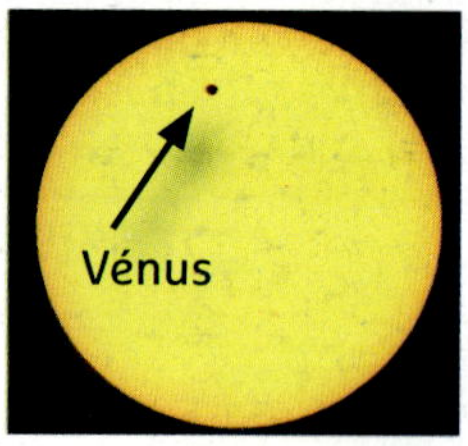

a. Sur un schéma, représentez le Soleil par un point noté S, la Terre par un point noté T et Vénus par un point noté V lors de son transit.

b. Quelle autre planète peut également être observée depuis la Terre en transit devant le Soleil ?

c. La distance Soleil-Vénus vaut 0,72 UA. Calculez la distance Terre-Vénus lors du transit.

12 S'approprier des outils et des méthodes

À la conquête de la Lune

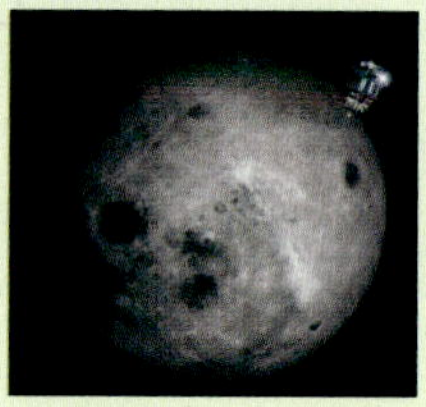

Au début des années 1950, les États-Unis et l'URSS s'affrontent dans le domaine spatial. Une course pour la conquête de la Lune s'engage. Les Soviétiques prennent un meilleur départ : en 1959, grâce à la sonde spatiale *Luna 3*, ils sont les premiers à prendre des photos de la « face cachée » de la Lune.

a. Pourquoi la Lune, qui tourne pourtant sur elle-même, a-t-elle une « face cachée » ?

b. Recherchez quel exploit a accompli le Russe Youri Gagarine en 1961 dans son vaisseau spatial Vostok 1.

c. Les États-Unis franchissent les premiers la ligne d'arrivée : un homme marche sur la Lune pour la première fois. En quelle année était-ce et à l'aide de quel vaisseau spatial ?

13 Mobiliser des connaissances

La masse terrestre

La « masse terrestre », notée $M_{\oplus}$, est une unité de mesure utilisée par les astronomes pour exprimer la masse d'une planète ou d'un satellite.

Planète	Masse (en $M_{\oplus}$)
Mercure	0,08
Vénus	0,82
Uranus	15
Saturne	17

a. Quelle est la seule planète dont la masse vaut exactement 1 $M_{\oplus}$?

b. Expliquez pourquoi la masse de Mercure ou de Vénus est inférieure à 1 $M_{\oplus}$ et celle d'Uranus ou Neptune est supérieure à 1 $M_{\oplus}$.

c. La masse de la Lune est-elle supérieure ou inférieure à 1 $M_{\oplus}$?

14 Mobiliser des connaissances

Le rayon de la Lune

Deux siècles av. J.-C., Aristarque trace l'équivalent du croquis suivant après avoir observé une éclipse totale de Lune. Il calcule alors le rayon de la Lune en rayon terrestre.

a. À quel moment de la lunaison se produit une éclipse de Lune ?

b. Pourquoi le Soleil, la Terre et la Lune sont-ils rarement alignés ?

c. Selon Aristarque, le rayon de la Lune est-il égal à la moitié, à un tiers ou à un quart du rayon terrestre ?

15 Pratiquer des démarches scientifiques

Les phases de Vénus

Vénus, surnommé l'étoile du Berger, est l'astre le plus brillant dans le ciel la nuit. Une « pleine Vénus » est visible tous les 584 jours.

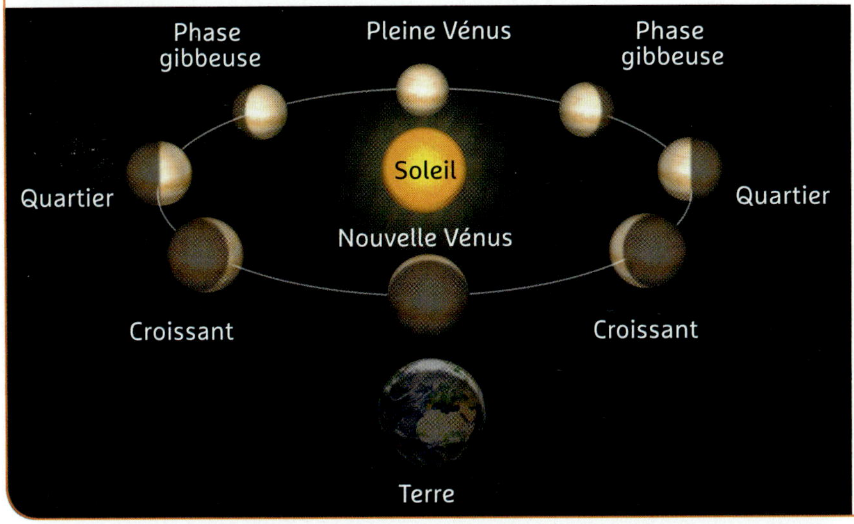

a. Vénus est-elle une étoile ?

b. La distance Soleil-Vénus vaut 108 millions de kilomètres. Calculez la distance Terre-Vénus lors de la phase « nouvelle Vénus ».

c. Quelle autre planète possède une phase comparable à la « nouvelle Vénus » ?

d. Vénus est plus volumineuse que la Lune. Pourtant, vue de la Terre, elle n'éclipse pas le Soleil lorsqu'elle s'intercale entre le Soleil et la Terre (voir exercice 11). Pourquoi ? Formulez une hypothèse.

Je m'entraîne pour l'évaluation

16 Les Lunes de Mars

Énoncé

Mars tourne sur elle-même en 24 h 40 environ. Pendant ce temps, Phobos, l'un de ses deux satellites, fait trois fois le tour de Mars. Durant un jour martien, un futur habitant de Mars pourra donc observer des phases variées de Phobos (plusieurs fois la même phase ou deux « pleines Phobos » par exemple).

Mars et ses satellites Phobos et Deimos.

Questions

1. Les phases d'un satellite

a. Comparez la durée d'une rotation de la Lune autour de la Terre et de celle de Phobos autour de Mars.

b. L'observation depuis la Terre d'une « pleine Lune » est-elle aussi fréquente qu'une « pleine Phobos » depuis Mars ?

c. Réalisez un croquis positionnant un satellite, une planète et le Soleil lors d'un « quartier de satellite ».

2. L'éclipse d'un satellite

a. Une éclipse de Phobos se produit-elle durant la même phase qu'une éclipse de Lune ?

b. Dans quel ordre sont alignés les trois astres provoquant ce phénomène ?

3. Les distances dans le système solaire

a. Une unité astronomique (1 UA) correspond à la distance entre deux astres. Lesquels ?

b. Mars est éloignée de 228 millions de km du Soleil. Convertissez cette distance en UA.

Accompagnement personnalisé

17 J'apprends à convertir des mesures

Énoncé commun

Le « rayon terrestre », noté $R_{\oplus}$, est une unité utilisée notamment en géologie et en astronomie. Un rayon terrestre est égal à la distance entre le centre de la Terre et sa surface, soit 6 378 km environ.

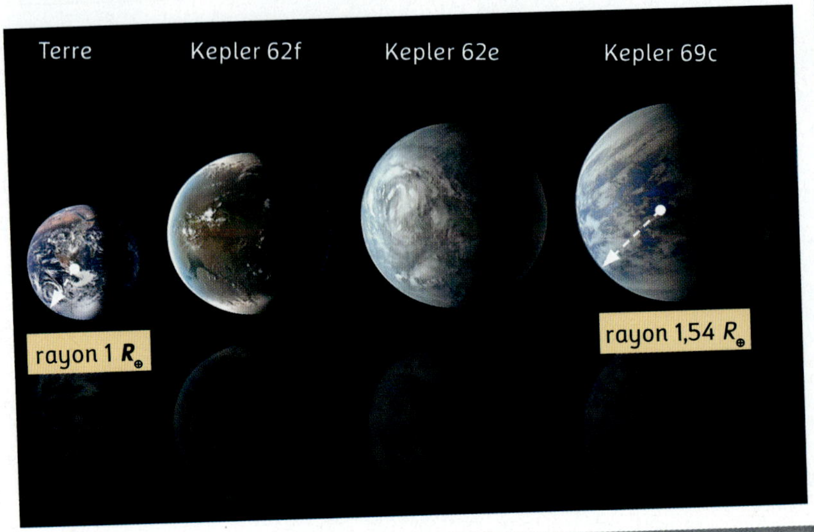

La Terre (à gauche) et des exoplanètes.
Le rayon de Kepler 69c mesure 1,54 $R_{\oplus}$.

Une exoplanète est une planète tournant autour d'une autre étoile que le Soleil. *Pegasi b* fut la première exoplanète détectée, en 1995 depuis l'observatoire de Haute-Provence (France).

Son rayon vaut environ 13,8 $R_{\oplus}$.

questions

Pédagogie différenciée

Groupe 1

a. Sans faire de calcul, comparez la taille de *Pegasi b* à celle de la Terre.

b. Reproduisez, puis complétez le tableau ci-dessous (en arrondissant les rayons en $R_{\oplus}$ au dixième) :

	Rayon	
Planètes	en km	en rayon terrestre $R_{\oplus}$
Mercure	...	0,4
Vénus	6 052	...
Mars	3 397	...
Jupiter	...	11,2
Neptune	24764	...

Coup de pouce
→ Construire un tableau de proportionnalité

Groupe 2

a. Recopiez et complétez la phrase avec les termes *plus petit que*, *plus grand que* ou *égal à*.

Le rayon de la Terre correspond à 1 $R_{\oplus}$.
1 $R_{\oplus}$ < 13,8 $R_{\oplus}$, on peut en déduire que le rayon de la Terre est ... celui de *Pegasi b*. On peut même dire qu'il est 13,8 fois ... celui de *Pegasi b*.

b. En utilisant le tableau de proportionnalité entre les rayons terrestres et les km (1 $R_{\oplus}$ = 6 378 km) ci-dessous, calculez le rayon de Mercure et de Jupiter en km.

	Terre	Mercure	Jupiter
Rayon en $R_{\oplus}$	1	0,4	11,2
Rayon en km	6 378	...	...

(x 6 378)

c. Construisez un tableau de proportionnalité pour calculer les rayons suivants en $R_{\oplus}$:

Planète	Rayon en km
Vénus	6 052
Mars	3 397
Neptune	24 764

Parcours artistique et culturel

Une fascination plurimillénaire pour la Lune

Ci-dessus, la pierre de Knowth.

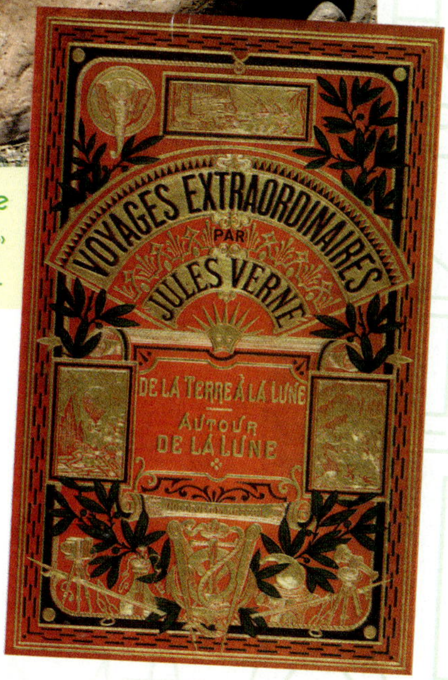

Le roman de Jules Verne « De la Terre à la Lune » publié en 1865.

Retrouvée en Irlande sur le site archéologique de Knowth, cette pierre a été gravée il y a cinq mille ans environ : des phases et le cycle de la Lune y sont représentés. Plus proches de nous, des auteurs célèbres comme Jules Verne ou Hergé ont produit des ouvrages de science-fiction... qui ne le sont plus !

- **Pourquoi peut-on parler d'ouvrages d'anticipation pour le roman « De la Terre à la Lune » de Jules Verne ou la BD « Objectif Lune » de Hergé ?**
- **En quoi la connaissance de la Lune est-elle un exemple de la curiosité humaine dans le domaine scientifique ?**

Production attendue [Français – Arts plastiques]

Imaginez ce que pourrait être la vie sur la Lune :
- en images, par un dessin.
- en texte, en écrivant une histoire d'une page.
- en jouant une scène de théâtre en groupe.

EPI

Faciliter l'accès à l'eau potable

Disciplines concernées
SVT, Histoire-Géographie-EMC
Technologie, Mathématiques

En physique-chimie
Caractériser les différents changements d'état de la matière (solide, liquide, gaz).
Identifier expérimentalement une transformation chimique.
Notions abordées : corps pur, mélange, pH

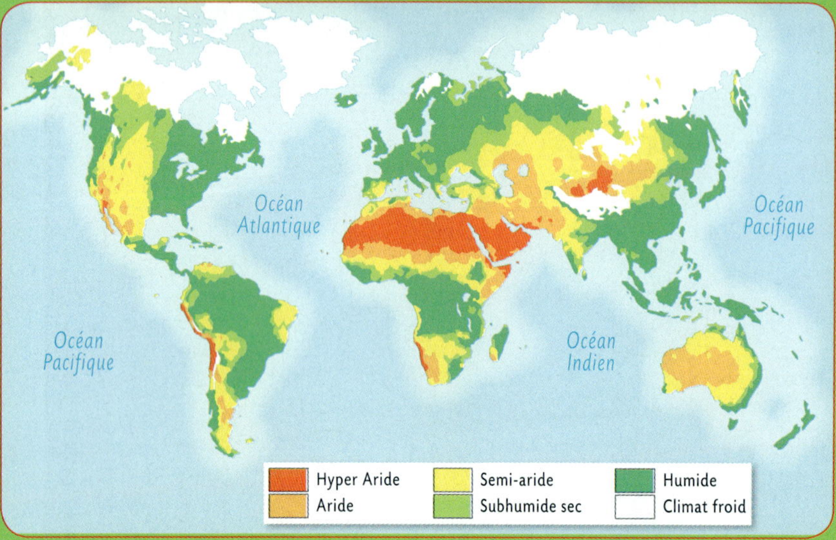

Carte mondiale représentant les zones arides.

Ouvrir le robinet d'eau est devenu un geste banal de la vie quotidienne. À tel point que nous avons tendance à oublier que, dans certaines régions du monde, avoir accès à de l'eau potable est une question de survie. En effet, l'eau abonde sur notre planète mais seule une infime partie peut être bue ou utilisée pour irriguer les cultures.

Production attendue

→ **Concevoir un distillateur solaire**

Comment réaliser ce projet : une démarche possible

Étape 1 Étudier l'eau dans différentes disciplines

SVT
- Le cycle de l'eau
- La photosynthèse

Histoire-Géographie-EMC
- Les différentes zones climatiques et agricoles dans le monde

Technologie
- La conception et la réalisation d'un objet technique
- L'identification et l'analyse d'un besoin

Mathématiques
- La proportionnalité et les pourcentages
- La géométrie et les échelles
- Les représentations graphiques

Étape 2 **Rechercher une information**

Formez des groupes et recherchez sur Internet la réponse à l'une des questions suivantes :

a. Quels traitements l'eau collectée subit-elle avant de devenir potable ?

b. Quelles différences y a-t-il entre une eau du robinet, une eau minérale et une eau de source ?

c. Où trouve-t-on de l'eau dans le système solaire ?

d. Pourquoi mesure-t-on régulièrement le pH d'une piscine ou d'un aquarium ?

e. De quoi est constitué un nuage ?

f. Quels dispositifs permettent d'obtenir de l'eau potable ? (visitez par exemple les sites de Eolewater, Fontus...)

Une usine de dessalement de l'eau de mer

Israël est aujourd'hui le premier pays au monde pour le traitement des eaux usées car ses réserves d'eau douce sont insuffisantes, notamment dans le domaine agricole. Plusieurs usines de dessalement lui permettent aussi d'alimenter en eau potable une partie de sa population urbaine. L'eau de mer pourrait ainsi devenir prochainement une ressource alternative à la rareté de l'eau douce au Proche-Orient.

Étape 3 **Concevoir un distillateur solaire**

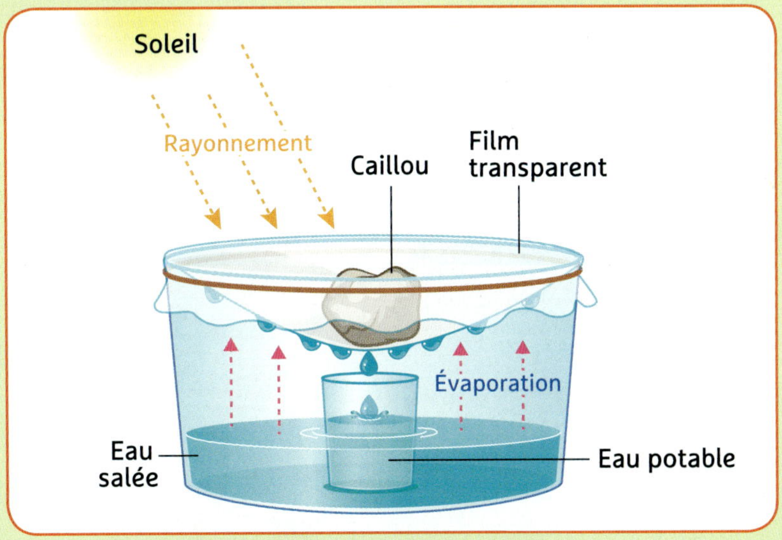

Ressources pour cet EPI

- → **Chapitres 1, 2, 3, 4, 8.**
- → **La société française « Eolewater » :** http://www.eolewater.com/fr/nos-produits/la-gamme.html
- → **La société néerlandaise « Aqua-Aero WaterSystems » a perfectionné un distillateur solaire pour les régions très ensoleillées où l'eau est impropre à la consommation :** http://www.genap.nl/en/solutions/drinking-water-sanitation/drinkwater/waterpiramide/

Thème B

Mouvement et interactions

▲ Course de yachts.

Attendus de fin de cycle*

**Bulletin officiel spécial*, n° 11, 26 novembre 2015.

Du cycle 3 au cycle 4

Pour chaque question, choisissez la bonne réponse à l'aide de vos connaissances

1 Décrire et reconnaître des mouvements simples

La Patrouille de France est connue dans le monde entier pour ses acrobaties aériennes époustouflantes.
Au moment de réaliser une figure, la vitesse d'un Alphajet peut atteindre une valeur maximale de 800 km/h ou diminuer fortement jusqu'à 300 km/h.

1 Sur la photo ⓐ, les Alphajets décrivent une trajectoire :

a. rectiligne.
b. circulaire.
c. curviligne.

2 Sur la photo ⓑ, la trainée rouge laissée derrière un des Alphajets montre que l'avion décrit une trajectoire :

a. rectiligne.
b. circulaire.
c. curviligne.

3 Lorsque les avions font des figures, leur vitesse:

a. augmente ou diminue.
b. reste constante.
c. ne cesse d'augmenter.

4 Le pilote de la photo ⓒ est :

a. en mouvement par rapport au cockpit.
b. au repos par rapport aux autres avions.
c. en mouvement par rapport au sol.

2 Calculer la vitesse d'un objet en mouvement rectiligne uniforme

Durée de parcours (en s)	0	1	2	3	4
Distance parcourue (en m)	0	2	4	6	8

5 L'unité légale de la vitesse s'exprime en :

a. m/s.
b. m × s.
c. km/h.

6 La valeur de la vitesse du marcheur est égale à :

a. 2 m/s.
b. 4 m/s.
c. 2 km/h.

7 Parmi les trois valeurs de vitesse ci-dessous, la plus élevée est :

a. 10 m/s.
b. 0,1 km/s.
c. 3600 m/h.

3 Décrire les mouvements de la Terre

Les différentes positions prises par le Soleil dans le ciel à intervalles de temps réguliers.

8 La période de révolution de la Terre sur elle-même est de :

a. 24 heures.
b. 12 heures.
c. 1 mois.

9 La Terre décrit un cercle complet :

a. autour du Soleil en 365 jours environ.
b. autour du Soleil en 100 jours environ.
c. autour de la Lune en 1 mois environ.

10 On doit l'alternance des saisons à :

a. l'inclinaison de l'axe des pôles.
b. la position de la Terre lors de sa révolution autour du Soleil.
c. la distance entre le Soleil et la Terre.

4 Décrire le mouvement des planètes du système solaire

11 Les planètes se déplacent :

a. en décrivant la même trajectoire circulaire autour du Soleil.
b. en décrivant des trajectoires circulaires différentes autour du Soleil.
c. en décrivant des trajectoires circulaires différentes autour de la Terre.

12 Quel astronome a proposé de représenter le système solaire par le modèle héliocentrique ?

a. Aristote.
b. Ptolémée.
c. Copernic.

Compétences travaillées

● Dans les activités et tâches complexes ● Dans les exercices

Chapitres	6	7
Mobiliser des connaissances [D4]		
• Caractériser un mouvement	●●	
Pratiquer des démarches scientifiques [D4]		
• Identifier des questions de nature scientifique.		
• Proposer une ou des hypothèses pour répondre à une question scientifique. Concevoir une expérience pour la ou les tester.		
• Mesurer des grandeurs physiques de manière directe ou indirecte.	●	●
• Interpréter des résultats expérimentaux, en tirer des conclusions et les communiquer en argumentant.	●●	●●
• Développer des modèles simples pour expliquer des faits d'observations et mettre en œuvre des démarches propres aux sciences.	●●	●●
Concevoir, créer, réaliser [D5]		
• Concevoir et réaliser un dispositif de mesure ou d'observation.	●●	●●
S'approprier des outils et des méthodes [D2]		
• Effectuer des recherches bibliographiques		
• Utiliser des outils numériques pour mutualiser des informations sur un sujet scientifique.		
• Planifier une tâche expérimentale, organiser son espace de travail, garder des traces des étapes suivies et des résultats obtenus.	●	●
Pratiquer des langages [D1]		
• Lire et comprendre des documents scientifiques. [D1.1]	●●	●●
• Utiliser la langue française en cultivant précision, richesse de vocabulaire et syntaxe pour rendre compte des observations, expériences, hypothèses et conclusions. [D1.1]	●●	●●
• S'exprimer à l'oral lors d'un débat scientifique. [D1.1]		
• Passer d'une forme de langage scientifique à une autre. [D1.3]	●●	●●
Mobiliser des outils numériques [D2]		
• Utiliser des outils d'acquisition et de traitement de données, de simulations et de modèles numériques.		
• Produire des documents scientifiques grâce à des outils numériques, en utilisant l'argumentation et le vocabulaire spécifique à la physique et à la chimie.		
Adopter un comportement éthique et responsable [D3]		
• Expliquer les fondements des règles de sécurité en chimie, électricité et acoustique. Réinvestir ces connaissances ainsi que celles sur les ressources et sur l'énergie, pour agir de façon responsable.		
• S'impliquer dans un projet ayant une dimension citoyenne.		
Se situer dans l'espace et dans le temps [D5]		
• Expliquer, par l'histoire des sciences et des techniques, comment les sciences évoluent et influencent la société.		
• Identifier les différentes échelles de structuration de l'Univers.	●●	
Pratiquer des langues étrangères et régionales [D1]		
• Analyser des documents scientifiques authentiques en langue étrangère [D1.2]		

Chapitre 6

Les mouvements

Lancement d'une fusée Soyouz depuis la base spatiale de Vostochny, en Russie, en 2016.

Comment détermine-t-on la valeur d'une vitesse ?

Activité 1

Comment déterminer la valeur de la vitesse d'un objet en mouvement uniforme ?

Objectif
Utiliser la relation liant la vitesse, la distance et la durée dans le cas d'un mouvement uniforme.

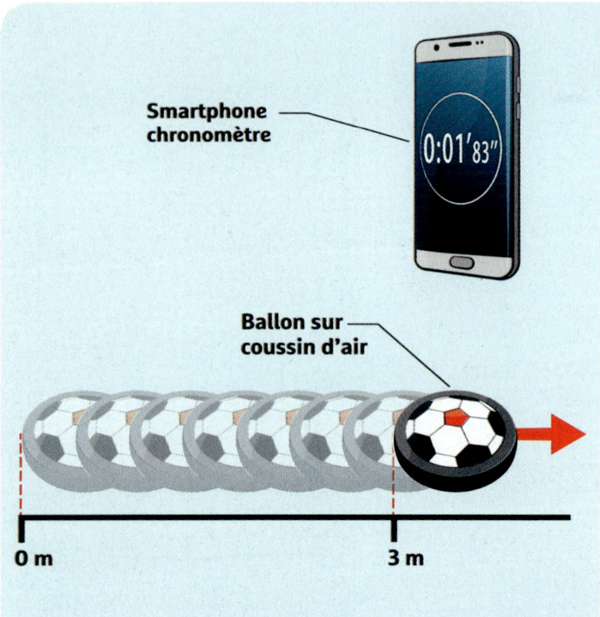

1 Un ballon sur coussin d'air en mouvement rectiligne uniforme.
Un ballon sur coussin d'air glisse au-dessus du sol sans qu'il soit freiné. Son mouvement persiste en conservant la même vitesse sur une grande distance.

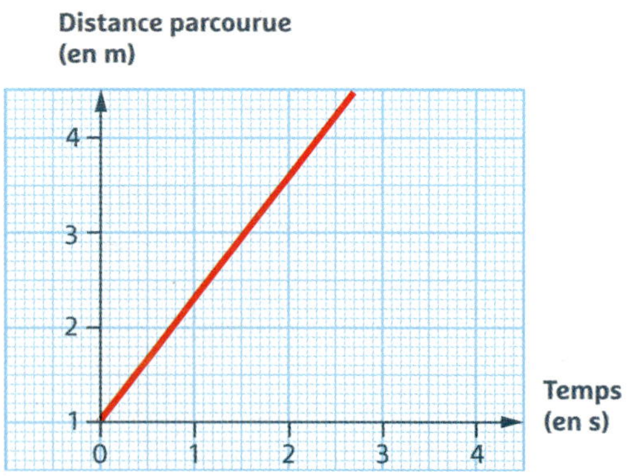

2 Graphique représentant la distance parcourue par le ballon sur coussin d'air en fonction du temps.
Lors d'un mouvement uniforme, la distance parcourue et la durée du parcours sont proportionnelles.

Le mouvement d'un objet est dit uniforme si la valeur de sa vitesse reste constante au cours du temps. On peut calculer la valeur de la vitesse **v** de cet objet avec la relation suivante :

$$v = \frac{d}{t}$$

où **d** est la distance parcourue par l'objet en mètres et **t** la durée du parcours en secondes.

v est alors exprimée en m/s.

Il existe d'autres unités pour exprimer la valeur de la vitesse ; par exemple l'unité km/h.

$$1\ m/s = 3{,}6\ km/h$$

3 Mouvement uniforme et calcul de la vitesse.

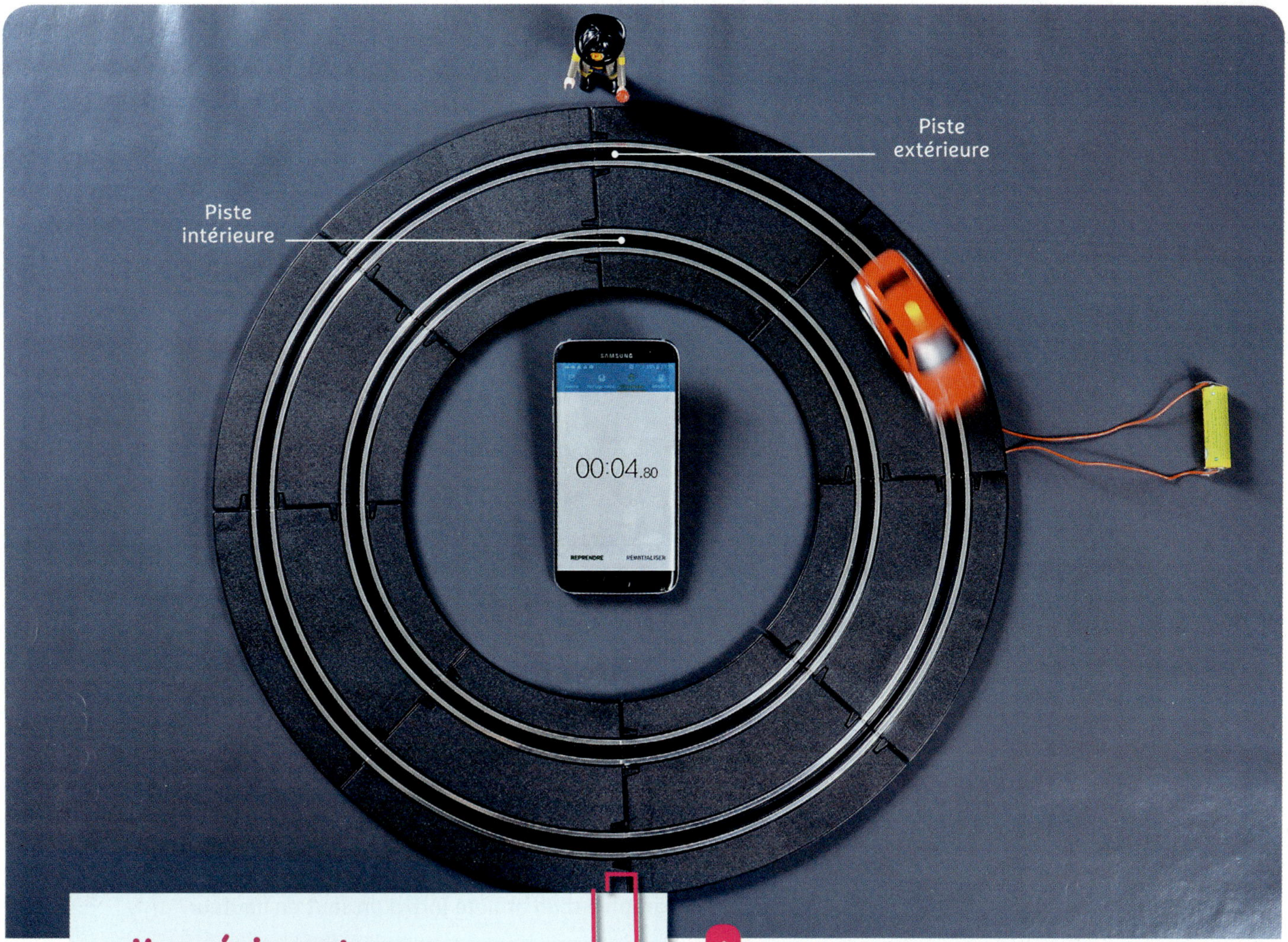

J'expérimente

On dispose du matériel suivant :
- un circuit comportant deux pistes,
- deux voiturettes.

1. Placer une voiturette sur la piste extérieure.

2. La voiturette étant lancée, noter la durée nécessaire pour faire trois tours de piste.

3. Placer la deuxième voiturette sur la piste intérieure du circuit et relever la durée nécessaire pour faire trois tours.

4 **Une voiturette en mouvement circulaire uniforme.** Sa trajectoire est un cercle et la valeur de sa vitesse est constante au cours du temps.

? BESOIN D'AIDE ?

→ Relation donnant la longueur **l** d'un cercle de rayon **r** :

$l = 2 \times \pi \times r$

Voiturette placée :	sur la piste intérieure	sur la piste extérieure
Rayon du circuit	15,0 cm	20,5 cm
Durée nécessaire pour faire 3 tours de circuit	9 s	12 s
Durée nécessaire pour faire 1 tour de circuit	3 s	4 s

5 **Résultats de l'expérience du doc. 4.** Les durées sont données à la seconde près.

Travailler une compétence

[D4] Pratiquer des démarches scientifiques

1 Doc. 1 et 3 Rédigez un compte-rendu où figureront le protocole d'expérience et le calcul de la valeur de la vitesse du coussin d'air en m/s.

2 Doc. 2 Vérifiez votre calcul avec le graphique.

3 Doc. 4 et 5 Sans faire de calcul, quelle voiturette semble avoir la plus grande vitesse ? Vérifiez par le calcul.

Activité 2

Comment étudier un mouvement dont la valeur de la vitesse varie ?

Objectif
Étudier des mouvements dont la valeur de la vitesse varie au cours du temps.

1 Chronophotographie d'une balle lâchée d'une hauteur de 1,25 m.

2 Chronophotographie d'un athlète lors d'un saut en hauteur.

Décomposition photographique des mouvements d'un athlète sautant à pieds joints, par Étienne Jules Marey.

La chronophotographie est une technique qui permet de représenter un mouvement sur une photographie grâce à une succession de vues prises à intervalle de temps régulier.

C'est Étienne Jules Marey, médecin physiologiste français, qui a été l'un des pionniers de la chronophotographie. Passionné par le mouvement des êtres vivants, il met au point en 1882 la chronophotographie instantanée sur plaque fixe : cela consiste à exposer sur la même plaque photographique un sujet clair sur fond noir au rythme régulier de plusieurs images par seconde.

C'est à partir de ce type de photographie qu'est né le cinéma !

3 La chronophotographie.

4 **Chronophotographies d'une voiturette à différentes allures.**

J'expérimente

On dispose d'un circuit, et d'une voiturette dont on peut régler la vitesse avec une manette.

1. Faire avancer la voiturette à vitesse constante, puis à différentes vitesses sur le circuit.

2. Déterminer la meilleure stratégie pour battre le record de vitesse sans sortir de la piste.

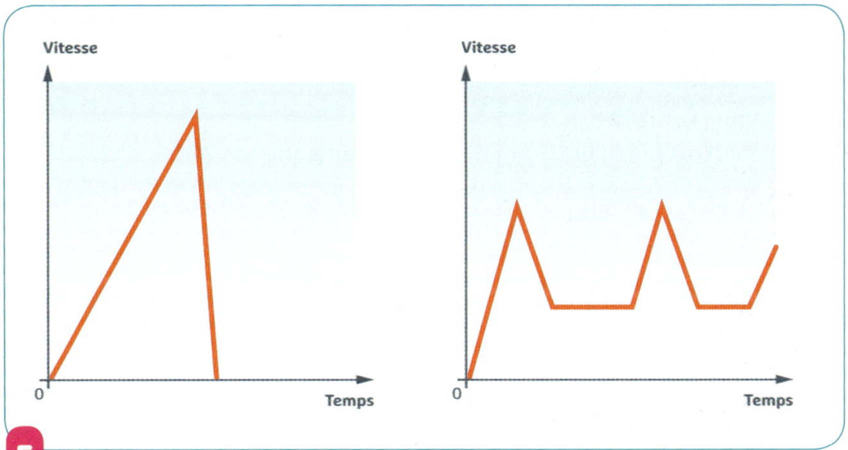

5 **Graphiques représentant l'évolution de la valeur de la vitesse de la voiturette au cours du temps.** Une branche ascendante représente un mouvement accéléré, une branche descendante correspond à un mouvement ralenti et, lorsque la branche est horizontale, le mouvement est uniforme.

Travailler une compétence

[D1.3] Pratiquer des langages

1 Doc. 3 Pourquoi la chronophotographie permet-elle d'étudier le mouvement d'un objet ou d'une personne ?

2 Doc. 1 et 2 Ces mouvements vous semblent-ils uniformes ?

3 Doc. 4 Comment doit-on faire varier la vitesse de la voiturette dans les parties rectilignes et circulaires du circuit pour éviter de sortir de la piste ?

4 Doc. 4 et 5 Associez chaque graphique du doc. 5 au mouvement du doc. 4 correspondant.

Tâche complexe

La course historique d'Usain Bolt

Pour commencer

Finale des championnats du monde d'athlétisme de course à pied sur 100 m à Berlin (Allemagne) en 2009.
Le jamaïcain Usain Bolt détient les records du monde de course à pied sur 100 m, 200 m et en relais 4 x 100 m.

Mission

Étudier le mouvement d'Usain Bolt lors de son record de course à pied sur 100 m.

Consigne : À l'aide des documents, représentez les positions d'Usain Bolt sur un schéma en prenant pour échelle : 1 cm pour 5 m, et déterminez à quel moment de la course il a été le plus rapide. Calculez la valeur de cette vitesse.

« Je n'ai pas pensé que je pouvais faire ça. Je me suis juste dit qu'il fallait partir et l'emporter. Mais 9"58, c'est un gros truc. J'en suis fier. Je suis bien sorti des starts et j'ai bien effectué la mise en action. Après, tout s'est passé comme cela devait se passer. Aux cinquante mètres, je savais que j'étais devant. Ensuite ç'a été la partie la plus facile de ma course. Je savais que c'était gagné. »

1 **Interview d'Usain Bolt après son record sur 100 m à Berlin** (*L'Équipe*, 16 août 2009).

Temps (en s)	0	1	2	3	4	5	6	7	8	9	10
Distance U. Bolt-départ (en m)	0	6	13,3	20,1	32	43,5	55,4	67,4	79,9	92,3	104,3

2 **Relevés de positions pendant la course record.** Cette course historique a été décortiquée image par image. Cela a permis de mesurer la distance entre Usain Bolt et la ligne de départ à chaque seconde. L'instant t = 0 s correspond au départ.

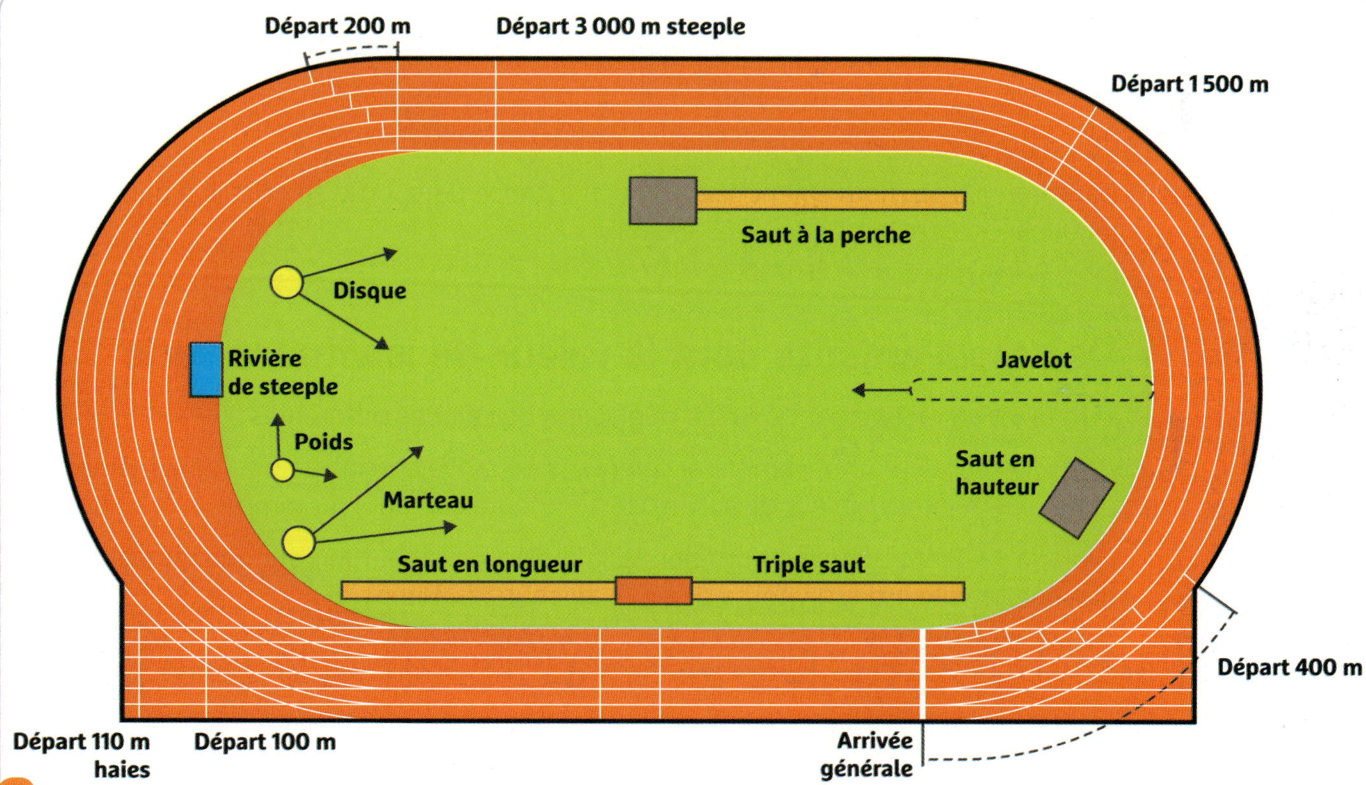

3 **Schéma du stade d'athlétisme.**

BESOIN D'UN COUP DE POUCE ?

→ S'aider des unités pour calculer la valeur de la vitesse.

J'ai réussi si...

- ☐ J'ai respecté l'échelle donnée.
- ☐ J'ai calculé la distance parcourue entre deux positions.
- ☐ Sur le schéma, j'ai repéré le moment où Usain Bolt a été le plus rapide et j'ai vérifié par le calcul.

Bilan Les mouvements

Je dois savoir

Activité 1 Mouvement uniforme et vitesse

- Lorsqu'un objet parcourt une même distance pendant des durées identiques, sa vitesse ne varie pas au cours du temps : son **mouvement** est **uniforme**. Il peut être **rectiligne**, **circulaire** ou quelconque.

- Quand un objet a un mouvement uniforme, la distance parcourue par l'objet est proportionnelle à la durée du parcours.

- Pour déterminer la **vitesse** v d'un objet en mouvement uniforme, il faut mesurer d'une part la **distance** d parcourue par l'objet entre deux positions et d'autre part la **durée** t de parcours.

Ensuite, il suffit de calculer le quotient $\frac{d}{t}$ pour connaître la valeur de la vitesse v.

$$v = \frac{d}{t}$$

v en m / s ; d en m ; t en s

Dans le cas d'un mouvement circulaire, la distance parcourue se calcule à partir de la longueur du cercle.

Activité 2 Des mouvements dont la valeur de la vitesse varie

- Un objet en mouvement peut se déplacer à des allures différentes :

– lorsqu'il accélère (mouvement **accéléré**), la distance parcourue pour une même durée augmente, la valeur de sa vitesse augmente au cours du temps.

– lorsqu'il ralentit (mouvement **ralenti**), la distance parcourue pour une même durée diminue, la valeur de sa vitesse diminue au cours du temps.

→ L'essentiel du cours en une animation

Je retiens les mots-clés

- **Accéléré (mouvement)**
- **Circulaire**
- **Distance**
- **Durée**
- **Mouvement**
- **Uniforme (mouvement)**
- **Ralenti (mouvement)**
- **Rectiligne**
- **Vitesse**

Dico du manuel p. 221

Je retiens par l'image

Les mouvements ralenti, uniforme et accéléré

Échelle des longueurs :
1 cm pour 10 m

Intervalles de temps
entre deux clichés : 2 s

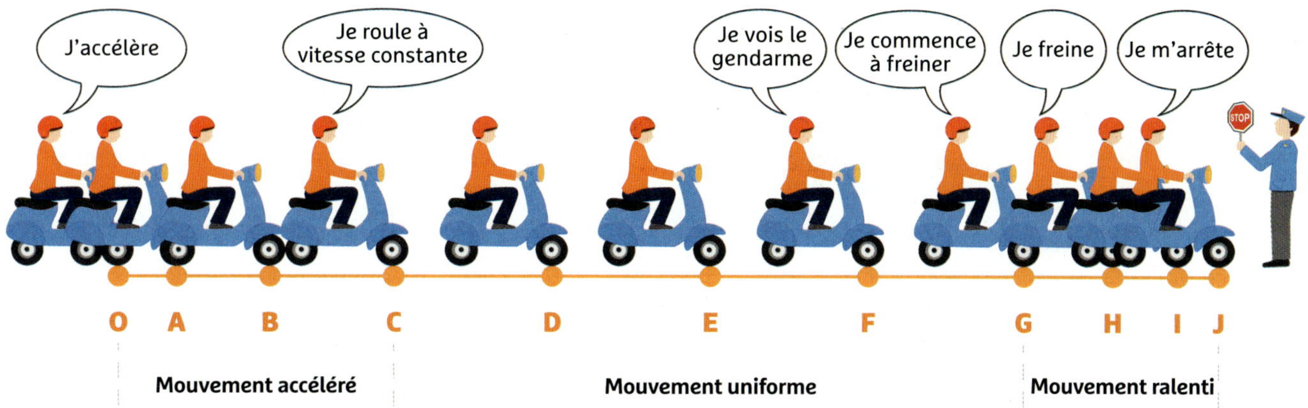

La vitesse d'un mouvement

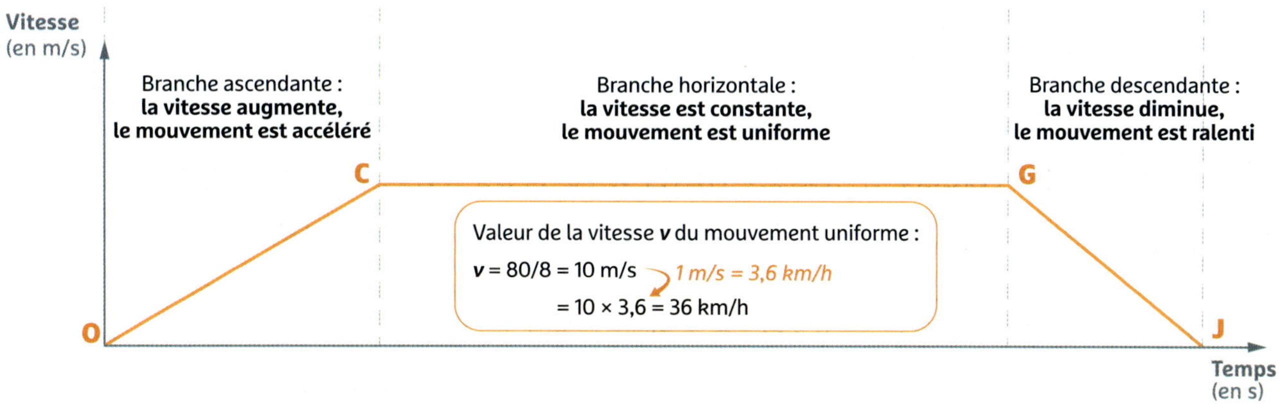

Je suis capable de

	Pour cela, je dois	Pour vérifier
→ **utiliser la relation liant la vitesse, la distance et la durée dans le cas d'un mouvement uniforme**	→ savoir mesurer la distance parcourue d et la durée de parcours t, puis appliquer la relation $v = \frac{d}{t}$ en faisant attention aux unités utilisées. → savoir calculer la longueur d'un cercle dans le cas d'un mouvement circulaire.	→ Activité 1
→ **caractériser un mouvement**	→ savoir reconnaître si le mouvement est rectiligne, circulaire ou quelconque. → savoir qu'un mouvement peut être uniforme, ralenti ou accéléré.	→ Activité 2

Exercices

Je vérifie mes connaissances

1 Une phrase

Reconstituez une phrase à l'aide des termes suivants :

Un objet — un mouvement uniforme — 2 mètres — chaque seconde — une distance de — qui parcourt — possède

2 Vrai ou faux ?

Un objet est en mouvement uniforme si :

a. la distance qu'il parcourt est proportionnelle à sa durée de parcours.

b. la distance parcourue pendant des intervalles de temps égaux successifs reste la même.

c. la valeur de sa vitesse reste la même au cours du temps.

3 Reconnaître un mouvement

Sur les schémas ci-contre, l'intervalle de temps entre deux positions est toujours identique.

Déterminez si le mouvement représenté sur chaque schéma est uniforme, ralenti ou accéléré.

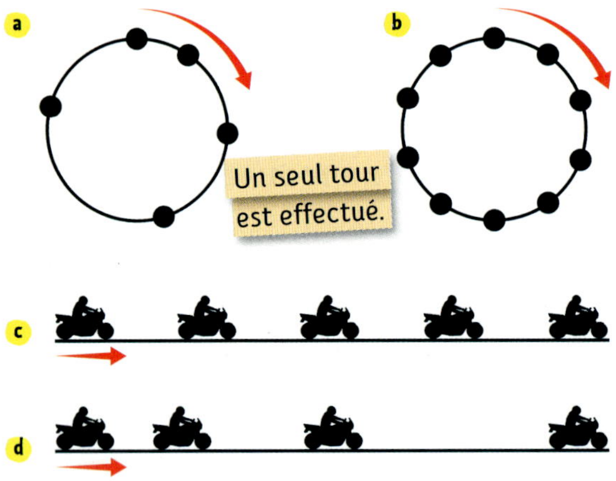

4 La relation correcte

À l'aide de quelle relation calcule-t-on la valeur de la vitesse d'un mouvement uniforme ?

- Le quotient $\frac{d}{t}$
- Le produit $d \times t$
- La somme $d + t$

J'utilise mes compétences

5 Pratiquer des démarches scientifiques

Calcul de vitesse

Associez les couples distance parcourue-durée à leur valeur de vitesse.

1 d = 61 m ; t = 5 s	**a** v ≈ 7 950 m/s — Vitesse d'un satellite
2 d = 2 400 m ; t = 66 s	**b** v = 12,2 m/s — Vitesse maximale atteinte par un homme
3 d = 167 km ; t = 21 s	**c** v = 36 m/s — Vitesse maximale autorisée sur autoroute

6 Pratiquer des démarches scientifiques

Vitesse sur l'autoroute

Un automobiliste actionne son régulateur de vitesse avant d'entrer sur une portion d'autoroute rectiligne de longueur 2 km. Il met 66 secondes pour parcourir cette distance.

a. Quelle est la vitesse de la voiture en m/s ?

b. Sur cette autoroute, la vitesse autorisée est limitée à 130 km/h. L'automobiliste est-il en infraction ? Justifiez la réponse.

7 Pratiquer des démarches scientifiques

Conversion

La vitesse d'un marcheur est environ égale à 1,5 m/s. Pour la convertir en km/h, on utilise un tableau de proportionnalité :

Distance (en m)	1,5	d
Durée (en s)	1	3600 (une heure)

a. Recopiez et complétez :

La distance d parcourue par le marcheur en 3600 secondes, c'est-à-dire en une . . . . . , correspond à la quatrième proportionnelle d :

$$d = \frac{(3600 \times .....)}{1} = 5400 \text{ m} = ... \text{ km.}$$

Le marcheur va donc à la vitesse de . . . . . km/h.

b. Convertissez avec la même méthode les vitesses suivantes.

- v = 20 m/s
- v = 250 m/s
- v = 30 km/h

8 Se situer dans l'espace et dans le temps

Vitesse de la Terre

Lorsque la Terre tourne autour du Soleil, elle parcourt 30 km en 1 s.

a. On considère que la Terre décrit un mouvement circulaire uniforme. Quelle est la vitesse de la Terre en m/s ?

b. Convertissez cette vitesse en km/h.

9 S'approprier des outils et des méthodes

Vitesse à l'équateur et à Paris

La Terre tourne autour de son axe avec une vitesse uniforme. Elle entraîne dans son mouvement tout ce qui se trouve à sa surface (objets, animaux, êtres humains). Rayon de la Terre = 6 371 km.
Périmètre = 2 x π x rayon.

a. Calculez la vitesse en km/s, puis en km/h, d'un être humain situé à l'équateur en train de faire la sieste.

b. Un Parisien a-t-il la même vitesse qu'un Guyanais ? Justifiez la réponse (on considère que les deux personnes sont au repos par rapport au sol).

10 Pratiquer des langages

Caractériser un mouvement

À quel type de mouvement correspond chacun des trois graphiques ? Justifiez les réponses.

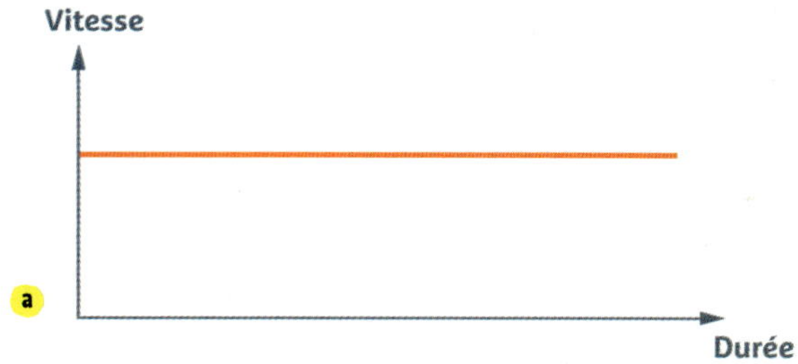

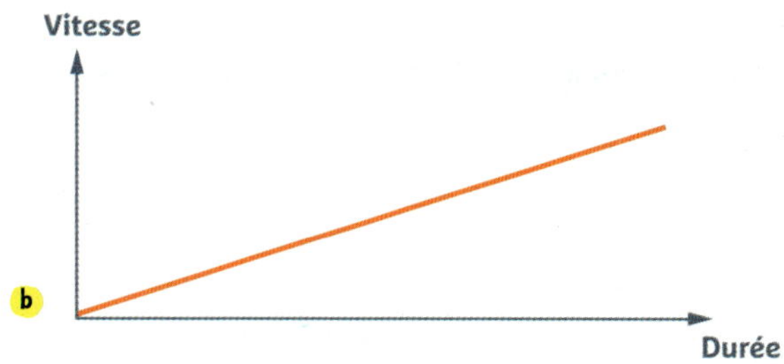

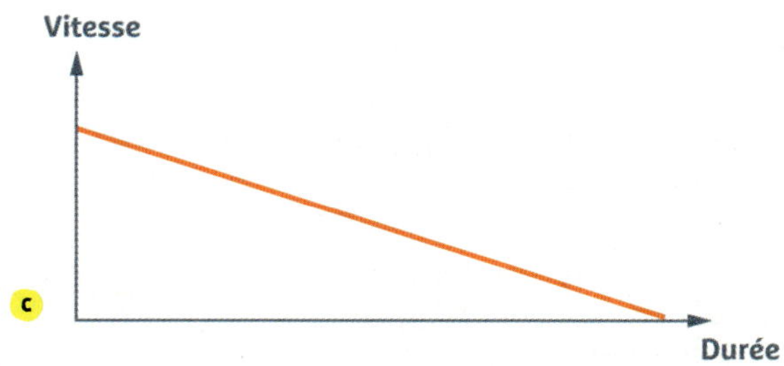

11 Concevoir, créer, réaliser

Grand huit

On vient de vous offrir un circuit électrique grand huit équipé d'une voiturette et de manettes pour régler sa vitesse. On aimerait que la voiturette décrive un mouvement uniforme.

Comment pouvez-vous vérifier que sa vitesse reste constante ?

Exercices

12 Pratiquer des langages

En ville

Alix possède depuis peu un scooter. Elle envisage d'aller chez son ami Evan qui se trouve dans la ville voisine. Le graphique qui suit permet de connaître sa vitesse au cours de son trajet.

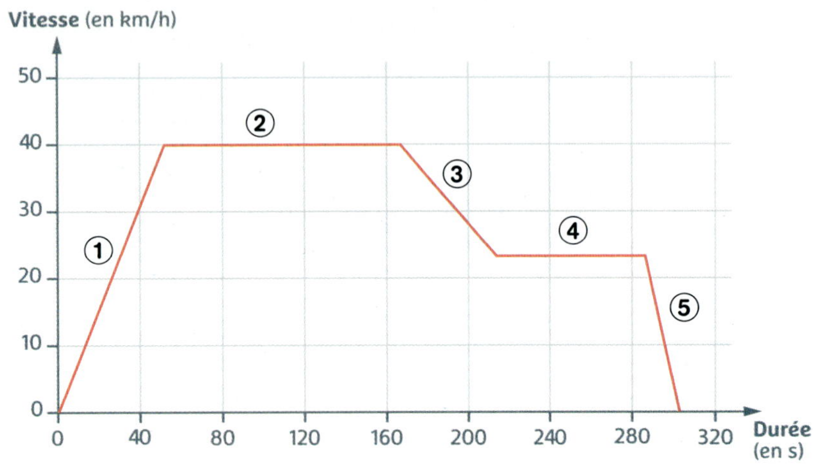

a. À quelle vitesse allait-elle à l'instant t = 40 secondes ?

b. Attribuez un des adjectifs suivants à chaque portion de courbe : uniforme, ralenti, accéléré. Justifiez chacune des réponses.

c. Alix a-t-elle dépassé les limitations de vitesse sachant que son trajet s'est déroulé exclusivement en agglomération (limitation à 50 km/h) ?

13 S'approprier des outils et des méthodes

Vitesses de pointe

a. Cherchez des valeurs de vitesses (animaux, moyens de transport, etc.) allant de quelques mm/s à des km/s.

b. Tracez une droite et reportez-y les valeurs de ces vitesses de la plus faible à la plus élevée.

14 Concevoir, créer, réaliser

Chronophotographie

Vous pouvez vous exercer à la technique de la chronophotographie en téléchargeant et en installant l'application « Motion shot » sur un smartphone.

a. Lisez au préalable les conseils de prise de vues qui figurent dans l'application.

b. Réalisez la chronophotographie d'une balle qui roule sur une table.

c. Observez la chronophotographie. Quel type de mouvement décrit la balle ? Justifiez la réponse.

d. Envoyez la capture d'écran à votre professeur via l'espace numérique de travail de votre collège.

15 Pratiquer des démarches scientifiques

Club et balle de golf

Le golf est un sport très technique : il faut donner au club la bonne trajectoire et la bonne vitesse pour que la balle atterrisse dans le trou ou s'en approche le plus possible.

Sur la photo ci-contre, déterminez la valeur de la vitesse de l'extrémité du club entre les positions A et B, et celle de la vitesse entre les positions C et D.

Photographies prises toutes les 0,015 s.
Échelle des longueurs : 1 cm pour 0,5 m.

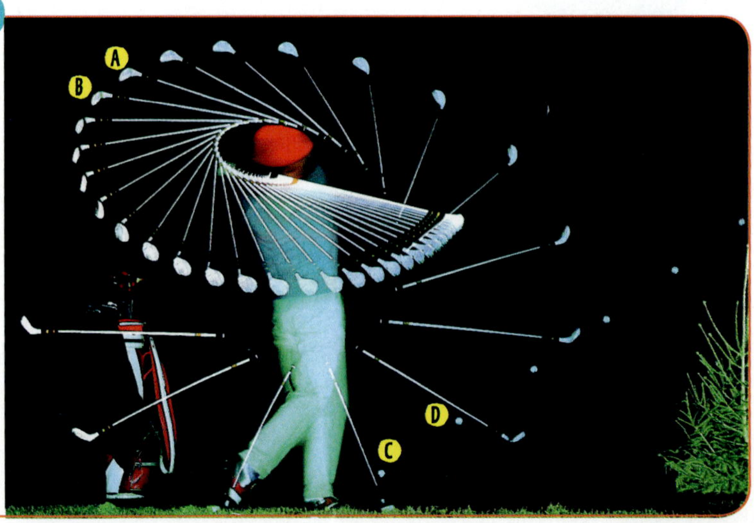

Je m'entraîne pour l'évaluation

16 La centrifugeuse des astronautes

Énoncé

La centrifugeuse reproduit les conditions vécues par un astronaute à bord d'une fusée Soyouz, quand elle monte à toute vitesse dans l'espace.

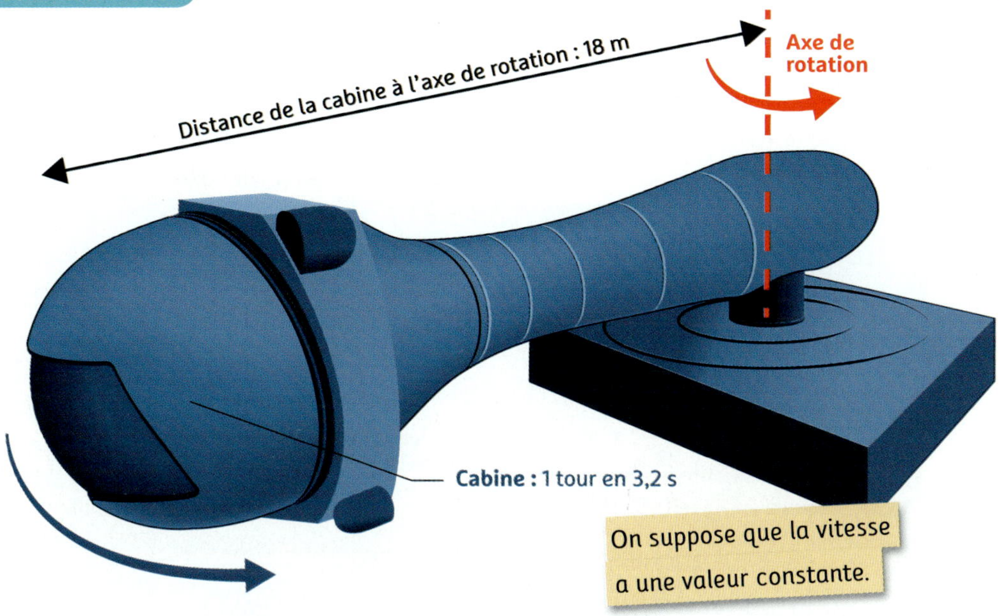

1 **La centrifugeuse des astronautes et ses caractéristiques.**

Longueur du cercle : $L = 2 \times \pi \times R$

Vitesse : $v = \frac{d}{t}$

2 **Deux relations utiles.**

Questions

1. Les mouvements

a. Dessinez la trajectoire de la cabine en mouvement par rapport au sol.

b. Décrivez le mouvement de la cabine quand elle est en mouvement, dans les conditions décrites sur le schéma.

c. Indiquez la valeur de la vitesse de la cabine quand elle n'est pas en mouvement.

2. La vitesse lors d'un mouvement uniforme

a. Calculez la distance parcourue par la cabine pour un tour.

b. Calculez la valeur de la vitesse de la cabine en mouvement.

c. Précisez si la distance parcourue par la cabine est proportionnelle à la durée du parcours.

3. La vitesse lors d'un mouvement non uniforme

On a représenté ci-dessous trois positions successives de la fusée Soyouz juste après le décollage. Elles sont espacées d'une même durée.

a. Décrivez le mouvement de la fusée juste après le décollage. Justifiez votre réponse.

b. Recopiez la figure ci-dessous en représentant la fusée par une croix et ajoutez la quatrième position où se situerait approximativement la fusée.

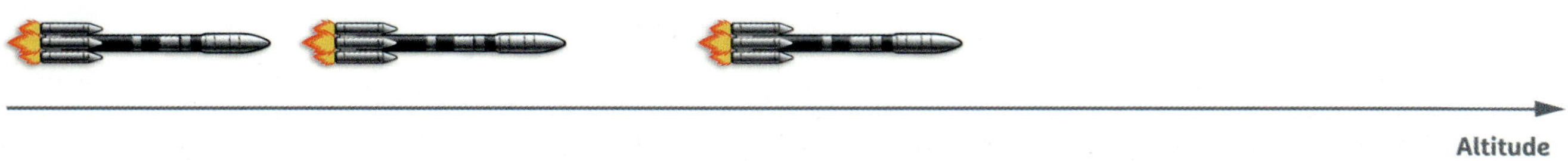

Accompagnement personnalisé

17 Je calcule la valeur de la vitesse d'un objet

Énoncé

Sur la chronophotographie ci-dessous, une voiture roule sur une portion d'autoroute rectiligne.

Durée entre deux éclairs de flash : 0,02 s.

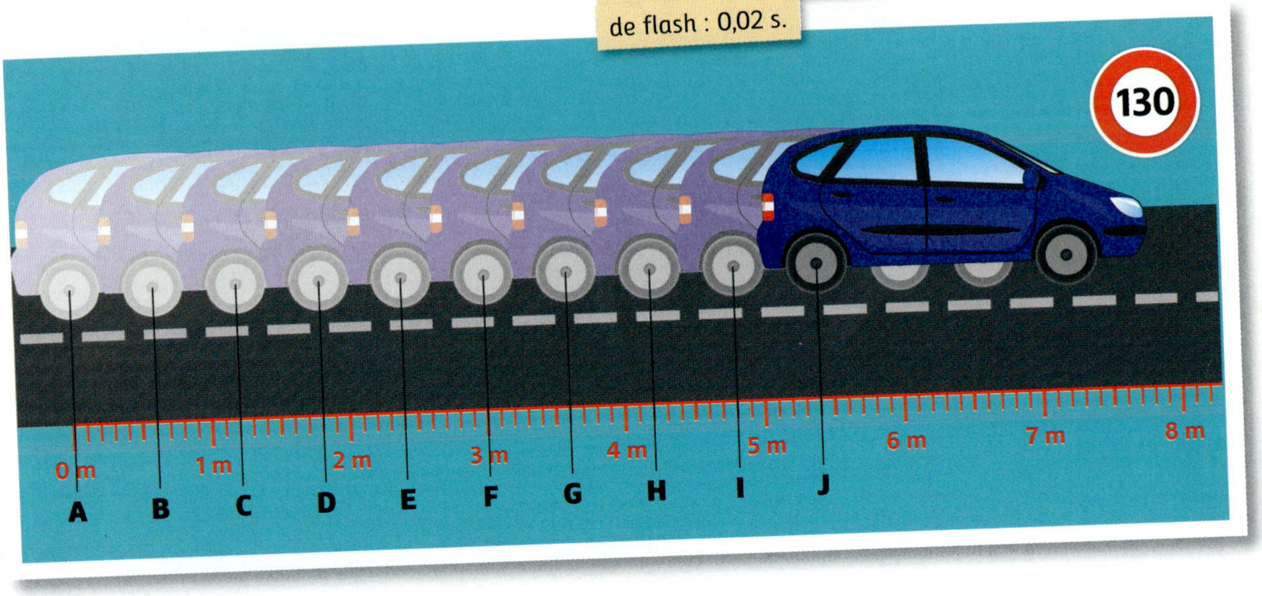

Questions

Pédagogie différenciée

Groupe 1

La voiture ci-dessus est-elle en excès de vitesse ?

Groupe 2

a. Comment varie la distance parcourue par la voiture en fonction de la durée de parcours ?

b. Comment peut-on qualifier ce mouvement ?

c. Calculez la vitesse de la voiture avec la relation $v = \frac{d}{t}$.

d. La voiture est-elle en excès de vitesse ?

Groupe 3

a. Mesurez la distance entre deux positions successives. La voiture a-t-elle un mouvement uniforme ? Justifiez la réponse.

b. Calculez la valeur de la vitesse en utilisant la relation $v = \frac{d}{t}$.

c. La voiture est-elle en excès de vitesse ?

Chapitre 7

Les interactions

▲ Tentative de « contre » au volley-ball.

Quelles interactions s'exercent sur le ballon ?

Activité 1

Qu'est-ce qu'une action mécanique ?

Objectif

Identifier les interactions mises en jeu (de contact ou à distance).

a

Auteur : l'épéiste
Receveur : l'épée

Effet : l'épée se déforme lorsque l'épéiste la tord.

Type d'action : action de contact

b

Auteur : la boule frappée par le joueur
Receveurs : les autres boules

Effet : lors du choc, certaines boules se mettent en mouvement.

Type d'action : action de contact

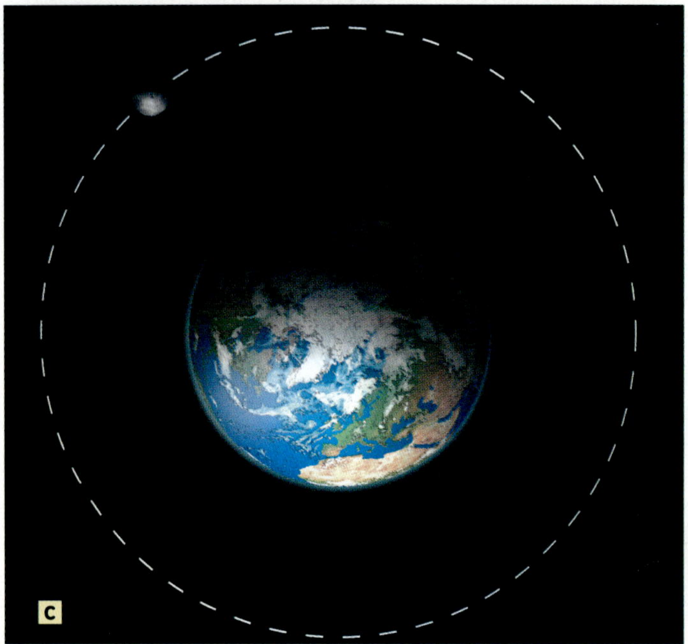

c

Auteur : la Terre
Receveur : la Lune

Effets : la Lune est retenue par la Terre. Il y a modification de la direction de son mouvement. La Lune aurait un mouvement rectiligne uniforme sans l'action de la Terre.

Type d'action : action à distance

d

Auteur de l'action : l'aimant
Receveur : la limaille de fer

Effets : la limaille d'acier est attirée par l'aimant.

Type d'action : action à distance

1 Les effets d'une action mécanique. Une action mécanique peut, par ses effets, déformer un objet, le mettre en mouvement ou modifier son mouvement.
Une action de contact nécessite un contact entre l'**auteur** et le **receveur**.
Une action à distance s'exerce à distance entre l'auteur et le receveur.

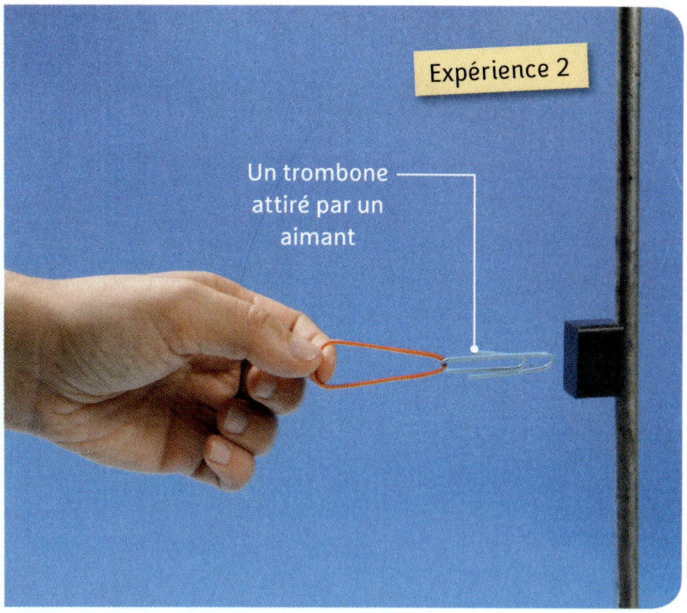

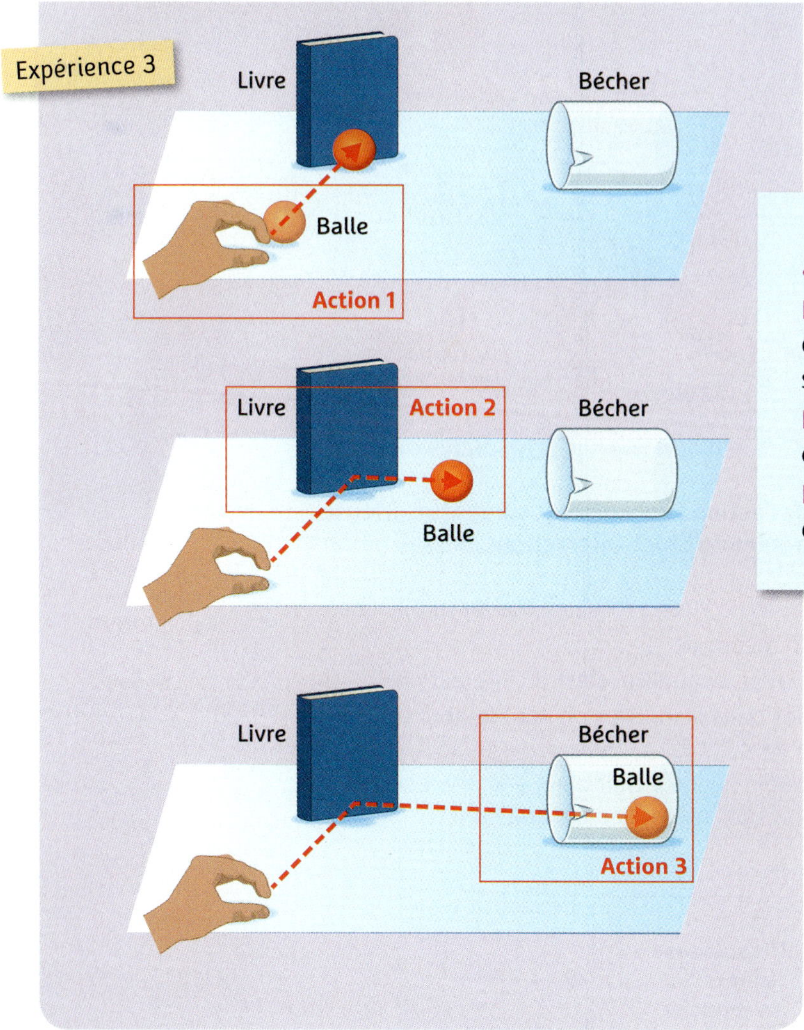

2 Des actions mécaniques.

J'expérimente

Expérience 1 : Frotter une paille en plastique bien sèche avec un chiffon bien sec puis l'approcher d'un filet d'eau.

Expérience 2 : Approcher un aimant d'un trombone en acier fixé à un élastique.

Expérience 3 : Viser de telle sorte que la balle aille dans le bécher.

Vocabulaire

Auteur : objet qui exerce l'action mécanique.

Receveur : objet qui subit l'action mécanique.

Travailler une compétence

[D4] Pratiquer des démarches scientifiques

1 **Doc. 1 et 2** Identifiez les auteurs et les receveurs des actions des expériences 1 et 2 du doc. 2.

2 **Doc. 2** Classez les actions des expériences 1 et 2 en action de contact ou en action à distance.

3 **Doc. 2** Pour chaque action de l'expérience 3, rassemblez dans un tableau les auteurs et receveurs ainsi que l'effet produit.

Activité 2

Comment représenter un diagramme objet-interactions ?

Objectif

Identifier les interactions mises en jeu (de contact ou à distance).

Pour représenter l'ensemble des actions qui agissent sur la kitesurfeuse, on trace son diagramme objet-interactions.

- On choisit l'objet d'étude : ici, la kitesurfeuse munie de sa planche.
- On écrit son nom dans un rectangle.
- On fait la liste des objets avec lesquels elle est en interaction.
- On trace ensuite des bulles dans lesquelles on écrit le nom des objets en interaction avec l'objet d'étude.
- On symbolise par une double flèche à trait plein une interaction de contact, ou en pointillés une interaction à distance.

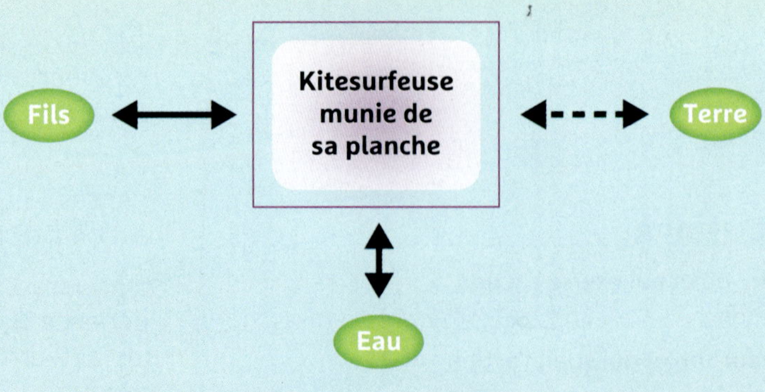

1 Les interactions qui s'exercent sur la kitesurfeuse tirée par une voile.

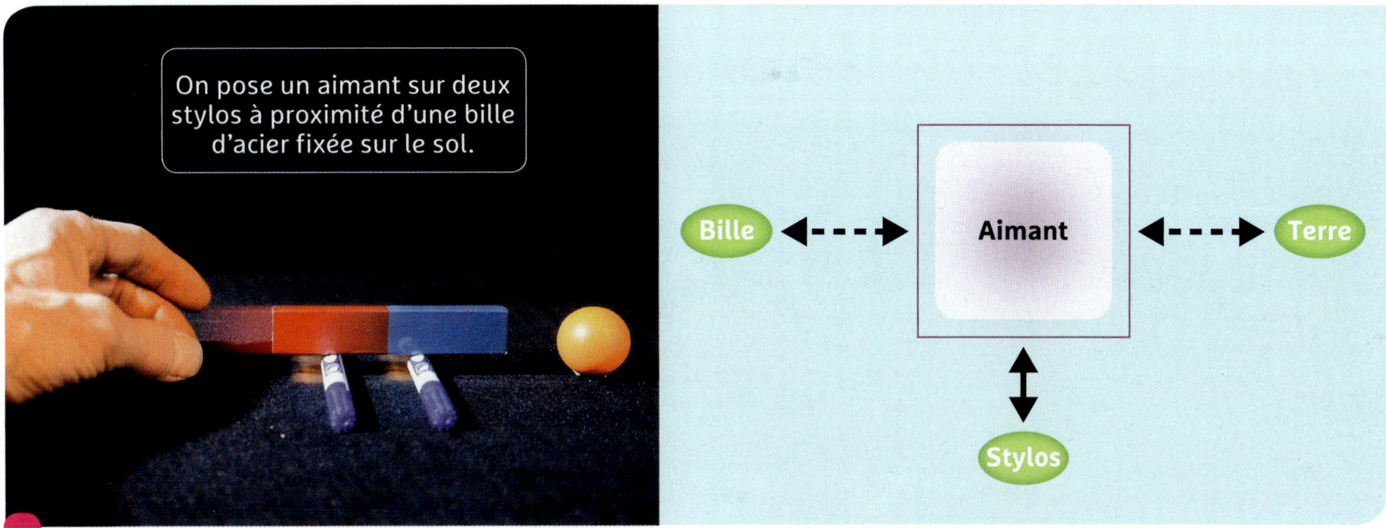

2 **Une expérience et son diagramme objet-interactions.**

3 **Enfant rebondissant sur la toile d'un trampoline.**

4 **Un jeune hockeyeur sur glace.** La crosse et la glace modifient le mouvement du palet.

Travailler une compétence

[D1.3] Pratiquer des langages

1 Doc. 1 et 2 Identifiez les interactions qui s'exercent sur l'aimant (auteur, receveur, effet) à partir du diagramme objet-interactions.

2 Doc. 3 et 4 Tracez les diagrammes objet-interactions de l'enfant lorsqu'il est en contact avec le trampoline, et du palet de hockey lorsqu'il est en contact avec la crosse.

Tâche complexe

Montagnes russes

Pour commencer

Un looping de montagnes russes.
Les wagons de montagnes russes n'ont pas de frein ni d'accélérateur classiques. Pourtant, pour fournir aux passagers des sensations fortes, il est nécessaire de propulser les wagons... et de pouvoir freiner pour éviter les accidents ! Il existe différents types de propulsion, dont la propulsion par électroaimants.

Mission

Comprendre les interactions agissant dans une montagne russe.

Consigne : À l'aide des documents, réalisez un diagramme objet-interactions qui vous servira de support pour expliquer le fonctionnement du manège lors de la propulsion et lors du freinage. Le wagon qui comporte les aimants sera l'objet d'étude.

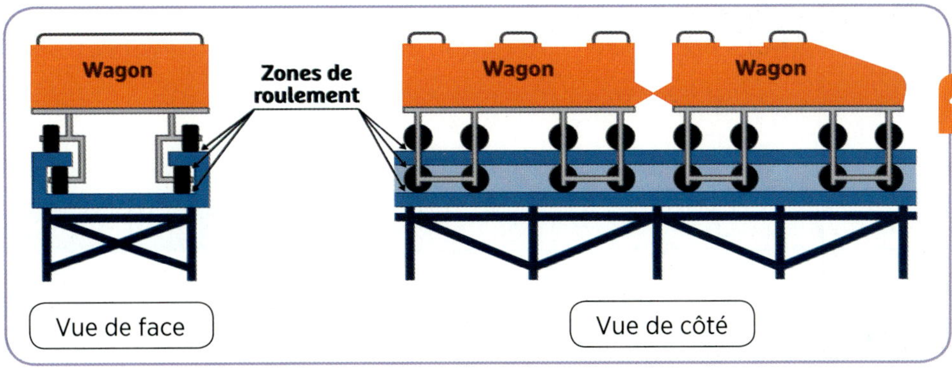

1 **Le contact entre le véhicule et la structure.**
Le véhicule est constamment en contact avec les rails. Ceux-ci permettent de le guider tout au long du parcours et de contrôler sa hauteur par rapport au sol.

- Propulsion et freinage sont assurés par un système électromagnétique : le moteur linéaire à induction.

Sur les rails, des boîtes contenant des électroaimants sont disposées dans les portions de propulsion et de freinage du circuit. Ces électroaimants sont des pièces métalliques qui deviennent des aimants puissants lorsqu'ils sont traversés par un courant électrique.

Sur le wagon sont fixés des aimants. Les électroaimants et les aimants entrent en interaction.

2 **Le moteur linéaire à induction.**

3 **Une expérience illustrant l'interaction entre les aimants.**

En fonction de la nature « nord » et « sud » des électroaimants, ceux-ci vont attirer ou repousser le véhicule.

- Dans les zones de propulsion, le moteur linéaire à induction entraîne le véhicule dans le sens du parcours pour lui donner de la vitesse.
- Dans les zones de freinage, le moteur linéaire à induction agit à l'opposé du sens du parcours. Cela provoque le ralentissement du véhicule.

J'expérimente

1. Expérimenter la situation du doc. 2 p. 113 en bloquant d'abord la bille d'acier, puis l'aimant.
2. Remplacer la bille par un autre aimant. Observer l'interaction en fonction des pôles des aimants.

J'ai réussi si...

- ☐ J'ai compris à quelles interactions est soumis le véhicule en phase de parcours normal (sans propulsion ni freinage).
- ☐ J'ai compris à quelles interactions est soumis le véhicule au moment de la propulsion.
- ☐ J'ai compris à quelles interactions est soumis le véhicule en phase de freinage.
- ☐ J'ai su nommer les interactions sur un diagramme.

? BESOIN D'UN COUP DE POUCE ?

→ Pour faire un diagramme objet-interactions, voir l'activité 2, p. 112.

Bilan

Les interactions

Je dois savoir

Activité 1

Action mécanique

- Une **action mécanique** est capable de déformer un objet, de faire varier la vitesse ou de modifier la direction ou le sens de son mouvement.

Elle s'exerce entre deux objets : l'**auteur** et le **receveur**.

– L'auteur est l'objet qui exerce l'action mécanique.
– Le receveur est l'objet qui la subit.

- Lorsque l'auteur touche le receveur lors de l'action, on parle d'**action de contact**.
- Lorsque l'auteur agit à distance sur le receveur, on parle alors d'**action à distance**.

Activité 2

Diagramme objet-interactions

- Une action mécanique ne s'exerce jamais seule. Lorsqu'un objet A agit sur un objet B alors l'objet B agit également sur l'objet A : on dit qu'il y a **interaction** entre les deux objets A et B.
- Un diagramme objet-interactions permet de visualiser toutes les actions liées à un objet donné (on l'appelle l'objet d'étude ou le système).
- Le diagramme objet-interactions comporte :

– le nom de l'objet d'étude dans un rectangle.
– les noms des objets qui sont en interaction avec lui, disposés dans des bulles autour de lui.
– les actions de contact ou à distance.

→ L'essentiel du cours en une animation

Je retiens les mots-clés

- **Action mécanique**
- **Action à distance**
- **Action de contact**
- **Auteur**
- **Interaction**
- **Receveur**

Dico du manuel p. 221

Je retiens par l'image

Actions de contact et à distance

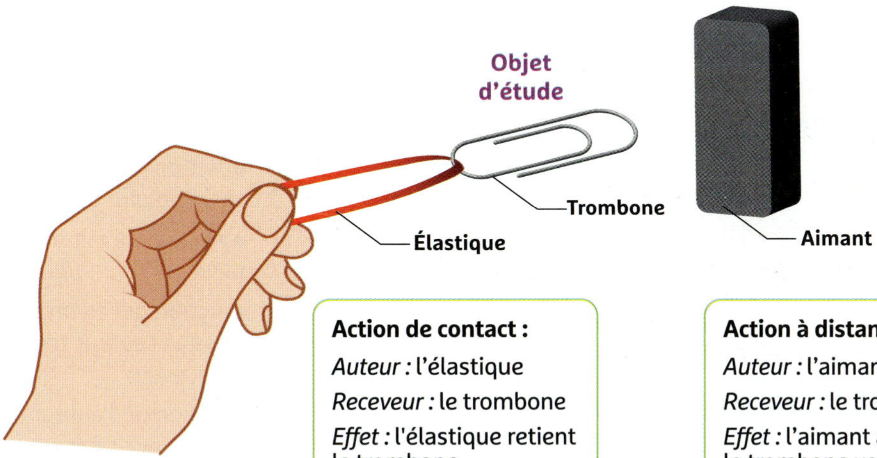

Action à distance :
Auteur : la Terre
Receveur : le trombone
Effet : la Terre attire le trombone vers le bas

Action de contact :
Auteur : l'élastique
Receveur : le trombone
Effet : l'élastique retient le trombone

Action à distance :
Auteur : l'aimant
Receveur : le trombone
Effet : l'aimant attire le trombone vers lui

Diagramme objet-interactions

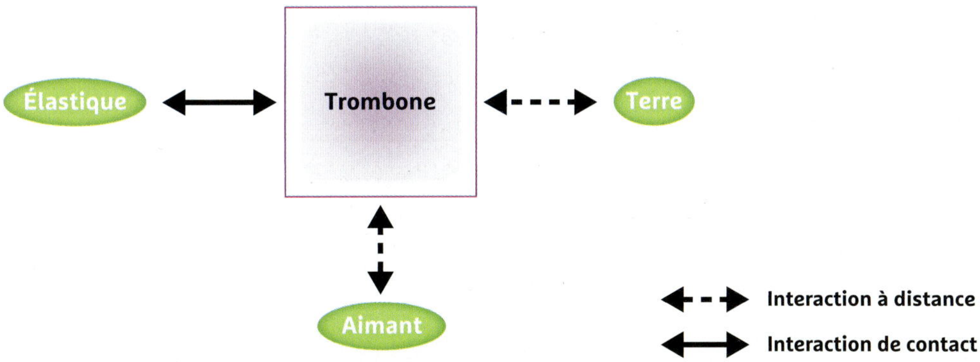

Je suis capable de

	Pour cela, je dois	Pour vérifier
→ **identifier les interactions mises en jeu (de contact ou à distance)**	→ savoir identifier l'auteur et le receveur de l'interaction, l'effet produit. → savoir distinguer action de contact et action à distance. → savoir schématiser une interaction par un diagramme objet-interactions.	→ Activités 1 et 2

Exercices

Je vérifie mes connaissances

1 Une phrase

Restituez une phrase correcte avec les mots suivants.

la direction ou le sens — est capable — un objet — de déformer — de son déplacement — la valeur de sa vitesse — de faire varier — ou — de modifier — une action mécanique

2 La bonne définition

Reliez le type d'action à sa définition.

Action de contact •	• Action qui modifie la trajectoire d'un objet.
Action à distance •	• Action qui fait augmenter la vitesse d'un objet.
	• Action qui se produit lorsque l'auteur touche le receveur.
	• Action où l'auteur agit sur le receveur sans contact entre eux.

3 Mots mélangés

Triez dans chaque catégorie :

Auteur — Receveur — Effet

a. Limaille de fer / attraction / aimant
b. Pâte à modeler / enfant / déformation
c. Lune / modification de sa trajectoire / Terre

4 Diagramme

Décrivez la situation d'interactions qui pourrait correspondre au diagramme objet-interactions suivant :

J'utilise mes compétences

5 Pratiquer des langages

Actions de contact ou à distance

1 **Planètes en orbite autour du Soleil.**

2 **Coup de pied au Taekwondo.**

3 **Cheveux chargés d'électricité statique.**

a. Citez les noms des auteurs et des receveurs des différentes actions mécaniques.

b. Classez les actions décrites en action de contact ou à distance.

c. Quels sont les effets produits par ces actions mécaniques ?

6 Pratiquer des démarches scientifiques

Crash test

Un crash test consiste à étudier le comportement de véhicules en cas de collision. Sur la photo ci-contre, la voiture située à gauche percute une voiture immobile (à droite).

a. Quel est l'auteur de cette action ?

b. Quel est le receveur de cette action ?

c. Quel est l'effet produit ?

7 S'approprier des outils et des méthodes

La boussole

Une boussole est un instrument qui permet de s'orienter. Son aiguille magnétique montée sur un pivot indique toujours le Nord géographique.

a. Recherchez comment fonctionne une boussole.

b. Quel objet agit sur l'aiguille ?

c. S'agit-il d'une action de contact ou à distance ?

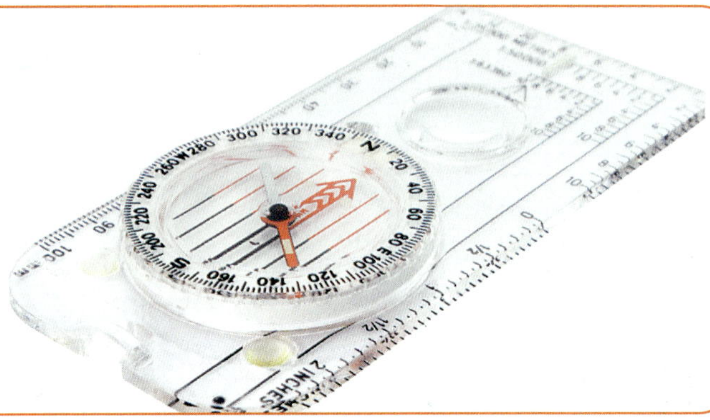

8 Pratiquer des langages

Définition d'une interaction

a. Complétez la phrase suivante en utilisant les mots suivants :

objet A — action mécanique — interaction — objet B — seule

Une action mécanique ne s'exerce jamais .... Lorsqu'un objet A exerce une ...... sur un objet B alors l'...... exerce une action mécanique sur l'...... en retour : on dit qu'il y a .... entre les deux objets A et B.

b. Pourquoi dit-on qu'il y a interaction entre la corde et la main ?

9 Mobiliser des connaissances

Rollerblade

Kenza tire sur la main de Marc.

Vrai ou faux ? Justifiez vos réponses.

a. Marc agit sur Kenza et la propulse vers l'avant.

b. Kenza agit sur Marc et le ralentit.

c. Kenza agit sur Marc et Marc agit sur Kenza.

Exercices

10 Pratiquer des démarches scientifiques

La gravitation universelle

La Terre et tous les astres exercent une interaction attractive vers le sol sur tous les objets qui sont situés dans leur voisinage. Cette interaction s'appelle la gravitation universelle.

a. Observez la photo du plongeur. La gravitation est-elle une action de contact ou à distance ?

b. Quel est l'auteur de cette action ? Quel est le receveur ?

c. Tracez le diagramme objet-interactions en prenant comme objet d'étude le plongeur (on néglige les frottements avec l'air).

d. Thomas Pesquet, en orbite à bord de l'ISS (la station spatiale internationale), était soumis à la gravitation exercée par la Terre. Tracez le diagramme objet-interactions dont Thomas Pesquet est l'objet d'étude. Comparez-le à celui du plongeur.

11 Pratiquer des démarches scientifiques

Le bon diagramme

Quel est le diagramme objet-interactions qui correspond à un parachutiste dont le parachute est ouvert ?

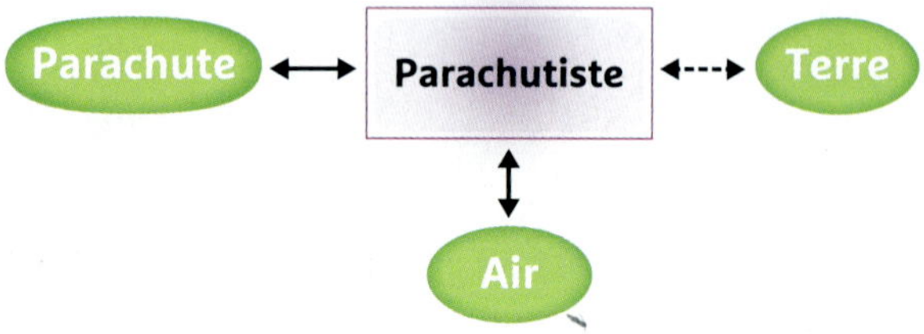

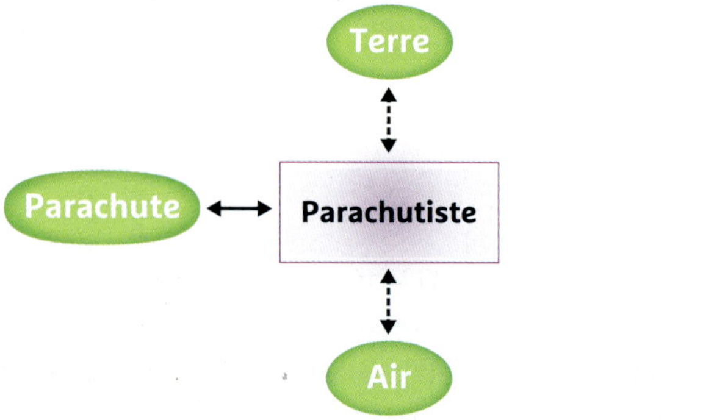

12 Pratiquer des démarches scientifiques

Diagrammes objet-interactions

Représentez le diagramme objet-interactions de chaque objet d'étude.

1 Le surfeur.

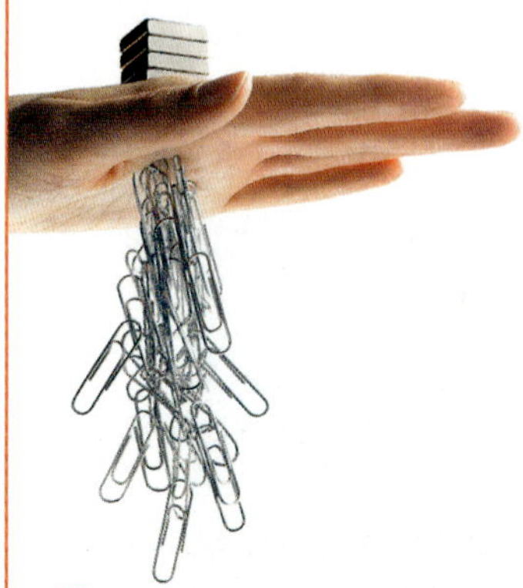

2 L'aimant.

3 Le ballon.

13 Mobiliser des connaissances

Expérience à faire à la maison

Coiffez-vous avec un peigne en plastique, puis approchez-le de petits morceaux de papiers. Faites le diagramme objet-interactions de cette expérience en prenant les morceaux de papiers comme objet d'étude.

14 Pratiquer des langages

Un paquet de chips qui résiste

On ouvre un paquet de chips en le comprimant avec les mains.

Tracez le diagramme objet-interactions en prenant le paquet de chips comme objet d'étude.

Je m'entraîne pour l'évaluation

15 Actions gagnantes

Énoncé

« Corner de la droite vers la gauche avec Antoine Griezmann pour le frapper, il est bien frappé... la tête et le deuxième but de l'équipe de France signé Paul Pogba contre l'Islande... 2-0 pour les Bleus ! », commentait le journaliste sportif lors du quart de finale France-Islande de l'Euro 2016.

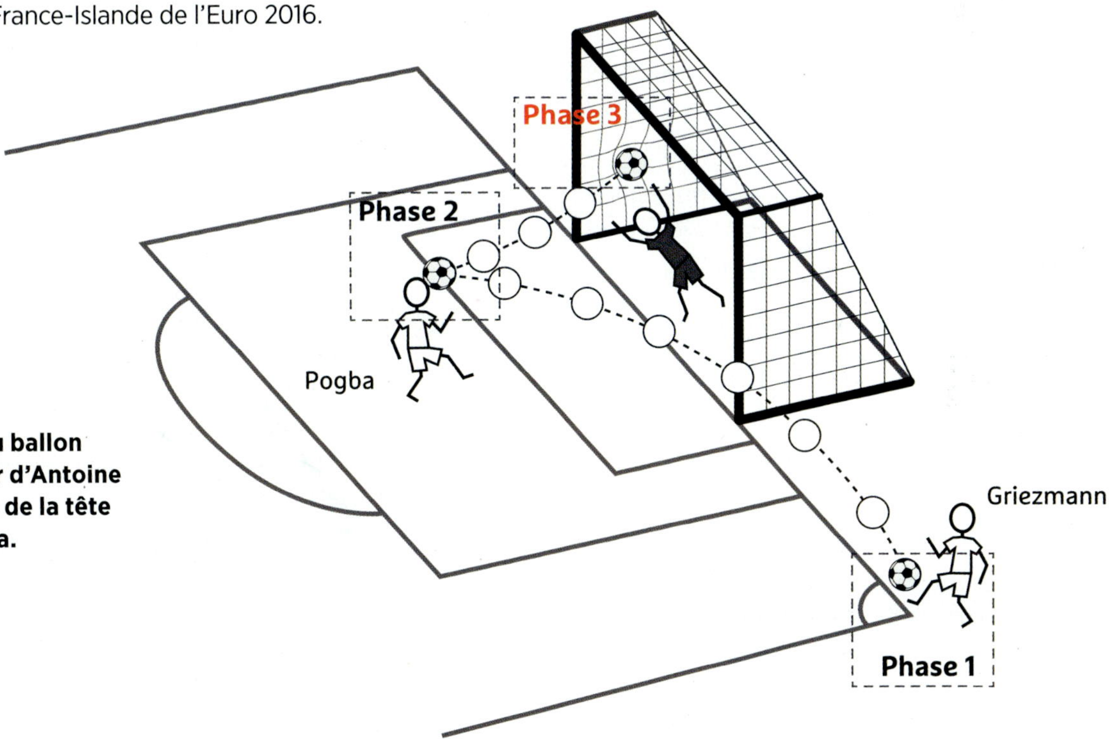

Trajectoire du ballon lors du corner d'Antoine Griezmann et de la tête de Paul Pogba.

Questions

1. Actions mécaniques

a. Donnez les noms de l'auteur et du receveur de chaque action mécanique qu'exerce successivement Griezmann, Pogba et les filets sur le ballon.

b. Quels sont les effets produits par chacune de ces actions mécaniques sur le ballon ?

2. Diagramme objet-interactions

a. Tracez le diagramme objet-interactions lors de la déviation du ballon par la tête de Pogba (phase 2). L'objet d'étude est le ballon.

b. Le diagramme serait-il le même si on prenait comme objet d'étude la tête de Pogba ? Justifiez votre réponse.

Accompagnement personnalisé

16 Je réalise un diagramme objet-interactions

Énoncé commun

Le vol à voile est un sport aéronautique qui consiste à faire voler un planeur, avion sans moteur qui possède de grandes ailes pouvant atteindre 26 mètres d'envergure.

Pour décoller, l'avion peut être tracté par un avion remorqueur ou s'envoler à la manière d'un cerf-volant en étant accroché à un câble qui s'enroule rapidement sur un treuil (doc. 2).

1 Un planeur en vol.

2 Le principe de décollage à l'aide d'un treuil.

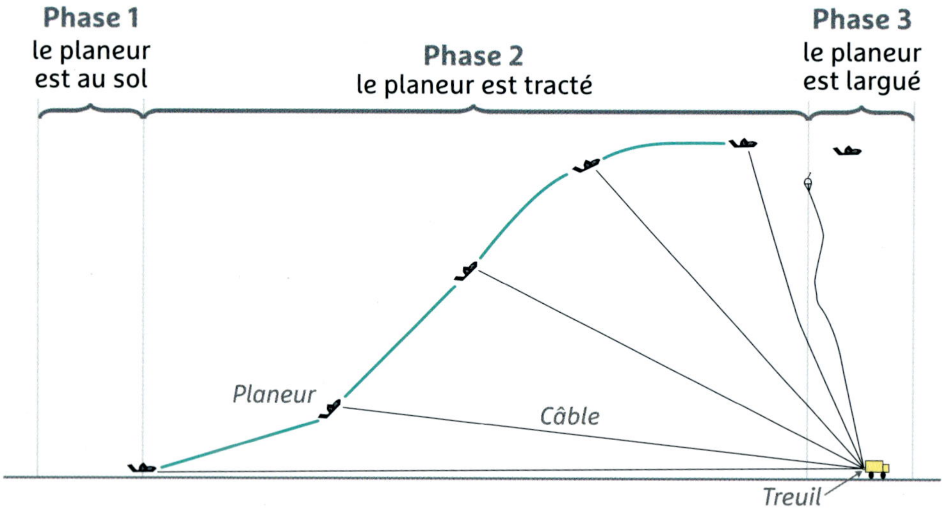

Questions

Pédagogie différenciée

Groupe 1

Réalisez un diagramme objet-interactions pour chaque phase de décollage à l'aide du treuil en prenant comme objet d'étude le planeur.

Groupe 2

a. Faites la liste des actions qui s'exercent sur le planeur dans chacune des phases de décollage à l'aide du treuil.

b. Réalisez les diagrammes objet-interactions correspondant à chaque phase. Le planeur est l'objet d'étude.

Groupe 3

a. Faites la liste des actions qui s'exercent sur le planeur dans chacune des phases de décollage à l'aide du treuil.

b. Complétez le diagramme objet-interactions ci-dessous qui correspond à la phase 1.

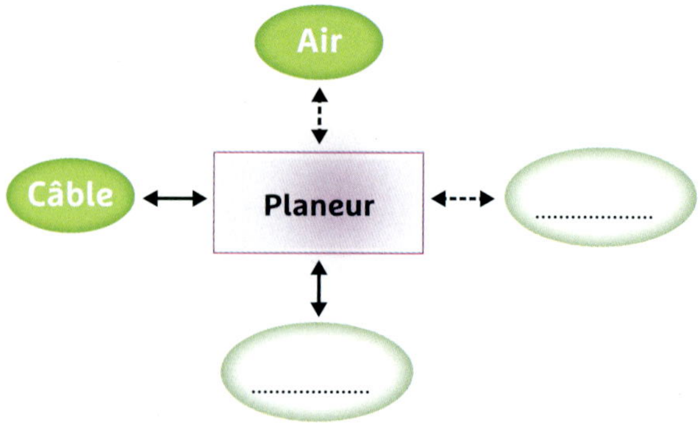

c. Réalisez le diagramme objet-interactions des phases 2 et 3.

Parcours artistique et culturel

Quand l'art se met en mouvement

Deux œuvres de l'artiste Alexander Calder :
"Red Sumac ci-dessus, mobile en acier créé en 1972,
et "Stabile-Mobile" ci-contre, conçu en 1965.

L'art cinétique est une forme d'art contemporain, dont les œuvres contiennent des parties en mouvement. Le mouvement peut être produit par le vent, un mécanisme motorisé ou le spectateur lui-même.

- **En quoi la science se met au service de l'art dans ces œuvres ?**
- **Le « land art » est un courant artistique récent. Recherchez quelques exemples d'œuvres (comme « Spiral Jetty » de Air Smithson). Comparez ensuite l'art cinétique et le land art.**
- **Recherchez d'autres œuvres du domaine de l'art cinétique, choisissez-en une et présentez-la en quelques lignes.**

Production attendue [Technologie – Arts plastiques]

Inspirez-vous de l'un de ces artistes pour créer votre propre œuvre d'art cinétique ou de land art.

EPI

Comprendre le système solaire

Disciplines concernées
Mathématiques, Histoire-Géographie-EMC, Arts plastiques, SVT

En physique-chimie
Caractériser le mouvement d'un objet. Décrire la structure du système solaire. Aborder les différentes unités de distance.
Notions abordées : modèle du rayon lumineux

La fascination pour les astres est ancestrale ; de tout temps, les astronomes n'ont cessé de scruter le ciel, d'observer le mouvement des astres afin de tenter de comprendre la structure de notre système solaire.

Production attendue

→ **Fabriquer une maquette du système solaire**

Comment réaliser ce projet: une démarche possible

Étape 1 **Étudier le système solaire dans différentes disciplines**

Mathématiques
- La proportionnalité et les pourcentages
- La géométrie et les échelles

Histoire-Géographie-EMC
- Les civilisations et les cultures de l'Antiquité
- La mythologie et les croyances

Art Plastiques
- L'esthétique de la maquette

SVT
- Le système solaire
- Les phénomènes géologiques

Le système solaire s'étend sur 15 000 milliards de kilomètres.

Étape 2 Rechercher une information

Une éclipse partielle de Lune.

Formez des groupes et recherchez sur Internet la réponse à l'une des questions suivantes :

a. En observant une éclipse partielle de Lune, Aristote déduit une caractéristique de la Terre : laquelle ? À quelle époque a-t-il fait cette découverte ?

b. Selon Giordano Bruno, à quel type d'astre correspond le Soleil ? Que lui est-il arrivé après avoir propagé cette information ? À quelle époque a-t-il vécu ?

c. Qu'a réussi à calculer Eratosthène ? À quelle époque a-t-il fait cette découverte ?

d. Qu'a observé Galilée grâce à sa lunette astronomique ?

e. Qu'a réussi à calculer Aristarque en observant une éclipse totale de Lune ? À quelle époque a-t-il fait cette découverte ?

f. Quelle différence y a-t-il entre la théorie de Copernic et le géocentrisme ?

g. Quelle est l'organisation du système solaire selon Ptolémée ?

h. Comment la planète Neptune fut-elle découverte ? Par qui ? À quelle époque a été faite cette découverte ?

Étape 3 Fabriquer une maquette 3D du système solaire

a. Élaborer un brouillon de la maquette.

b. Définir et se procurer le matériel nécessaire : boules de polystyrène, ballons, papier, fil, peinture…

Ressources pour cet EPI

- **Chapitres 5, 6, 7 et 10.**
- **Formation de la Terre, de la Lune, du système solaire (Extrait d'émission scientifique de France 5) :** https://www.youtube.com/watch?v=XkytOA9qeLM

Thème C

L'énergie et ses conversions

▲ Parc de panneaux photovoltaïques devant une éolienne.

Attendus de fin de cycle*

▶ Identifier les sources, les transferts, les conversions et les formes d'énergie

▶ Réaliser des circuits électriques simples et exploiter les lois de l'électricité

* *Bulletin officiel spécial*, n° 11, 26 novembre 2015.

Du cycle 3 au cycle 4

Pour chaque question, choisissez la bonne réponse à l'aide de vos connaissances

1 Identifier les formes d'énergie

Feu de camp et chamallows.

1 L'énergie apportée par le feu de camp permet :

a. de se déplacer et de s'éclairer.
b. de se nourrir et de communiquer.
c. de se chauffer et de s'éclairer.

2 Le feu engendre :

a. de l'énergie chimique et de l'énergie électrique ;
b. de l'énergie électrique et de l'énergie de mouvement ;
c. de l'énergie thermique et de l'énergie lumineuse.

3 Les chamallows apportent de l'énergie :

a. chimique.
b. électrique.
c. de mouvement.

2 Identifier les transferts et les conversions d'énergie

Une lampe à DEL à manivelle.

4 La main transfère à la manivelle de l'énergie :

a. thermique.
b. chimique.
c. de mouvement.

5 L'énergie transférée à la DEL est de l'énergie :

a. thermique.
b. électrique.
c. de mouvement.

6 Les DEL convertissent l'énergie reçue :

a. en énergie thermique.
b. en énergie lumineuse.
c. en énergie électrique.

3 Identifier les sources d'énergie

7 La source d'énergie de cet avion est :

a. le vent.
b. le pétrole.
c. le Soleil.

8 La source d'énergie de cet avion lui apporte de l'énergie :

a. chimique.
b. lumineuse.
c. électrique.

9 La source d'énergie de cet avion est :

a. renouvelable.
b. non renouvelable.
c. épuisable à l'échelle humaine.

L'avion solaire Solar Impulse 2 survolant San Francisco en avril 2016.

4 Réaliser des circuits électriques simples

Ce jeu d'adresse fonctionne avec des piles. Il consiste à suivre le chemin du fil de fer avec le crochet sans le toucher, sinon un bip retentit.

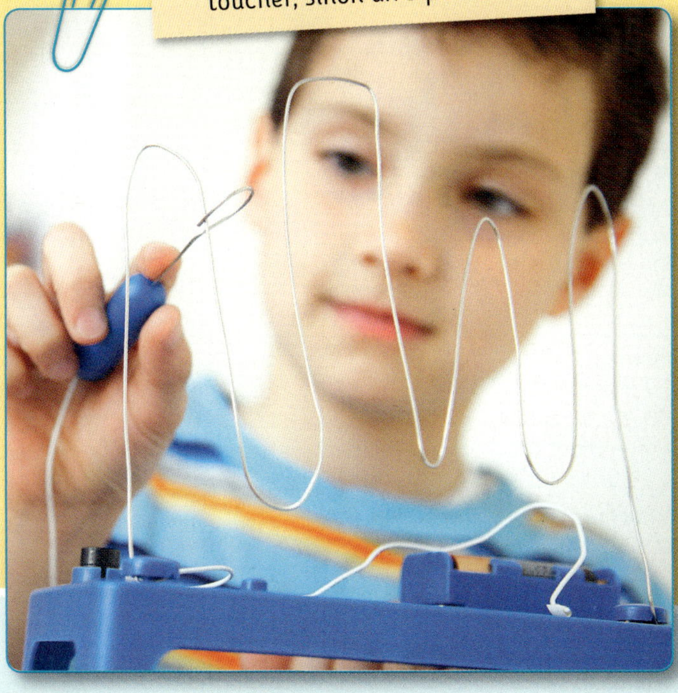

10 Le fil de fer et le crochet :

a. sont des bons conducteurs électriques.
b. sont des isolants électriques.
c. ne laissent pas passer le courant électrique.

11 Le(s) constituant(s) du jeu qui fourni(ssen)t l'électricité :

a. est le fil de fer.
b. est le crochet.
c. sont les piles.

12 Une personne est en danger de mort si elle touche :

a. le fil de fer de ce jeu.
b. une borne d'une pile de ce jeu.
c. une borne d'une prise de courant.

Compétences travaillées

● Dans les activités et tâches complexes ○ Dans les exercices

Chapitres	8	9
Mobiliser des connaissances [D4]		
• Identifier les sources, les transferts, les conversions et les formes d'énergie	○	
• Réaliser des circuits électriques simples et exploiter les lois de l'électricité		○
Pratiquer des démarches scientifiques [D4]		
• Identifier des questions de nature scientifique.	●	●
• Proposer une ou des hypothèses pour répondre à une question scientifique. Concevoir une expérience pour la ou les tester.		○
• Mesurer des grandeurs physiques de manière directe ou indirecte.		●
• Interpréter des résultats expérimentaux, en tirer des conclusions et les communiquer en argumentant.	●○	●○
• Développer des modèles simples pour expliquer des faits d'observations et mettre en œuvre des démarches propres aux sciences.		○
Concevoir, créer, réaliser [D5]		
• Concevoir et réaliser un dispositif de mesure ou d'observation.	●○	
S'approprier des outils et des méthodes [D2]		
• Effectuer des recherches bibliographiques		
• Utiliser des outils numériques pour mutualiser des informations sur un sujet scientifique.		
• Planifier une tâche expérimentale, organiser son espace de travail, garder des traces des étapes suivies et des résultats obtenus.		
Pratiquer des langages [D1]		
• Lire et comprendre des documents scientifiques. [D1.1]	●○	○
• Utiliser la langue française en cultivant précision, richesse de vocabulaire et syntaxe pour rendre compte des observations, expériences, hypothèses et conclusions. [D1.1]	●	●
• S'exprimer à l'oral lors d'un débat scientifique. [D1.1]		
• Passer d'une forme de langage scientifique à une autre. [D1.3]	●○	○
Mobiliser des outils numériques [D2]		
• Utiliser des outils d'acquisition et de traitement de données, de simulations et de modèles numériques.		○
• Produire des documents scientifiques grâce à des outils numériques, en utilisant l'argumentation et le vocabulaire spécifique à la physique et à la chimie.	○	
Adopter un comportement éthique et responsable [D3]		
• Expliquer les fondements des règles de sécurité en chimie, électricité et acoustique. Réinvestir ces connaissances ainsi que celles sur les ressources et sur l'énergie, pour agir de façon responsable.	●○	○
• S'impliquer dans un projet ayant une dimension citoyenne.	●○	
Se situer dans l'espace et dans le temps [D5]		
• Expliquer, par l'histoire des sciences et des techniques, comment les sciences évoluent et influencent la société.		
• Identifier les différentes échelles de structuration de l'Univers.	○	
Pratiquer des langues étrangères et régionales [D1]		
• Analyser des documents scientifiques authentiques en langue étrangère [D1.2]		

Chapitre 8

Sources et conversions d'énergie

▲ Traileurs en randonnée nocturne.

Où les traileurs puisent-ils leur énergie ?

Activité 1

Comment identifier des formes d'énergie ?

Objectif
Identifier différentes formes d'énergie.

L'être humain a besoin d'énergie pour vivre, se chauffer, se déplacer, s'éclairer… L'énergie n'est pas une chose que l'on peut toucher ; nous ne la percevons que par ses effets. Elle se manifeste lors de multiples transformations qui accompagnent notre quotidien. L'énergie est une grandeur physique qui s'exprime en joule (symbole J) dans le système international d'unités. L'énergie existe sous différentes formes : chimique, thermique, lumineuse… C'est par ses manifestations que l'on peut identifier la forme d'énergie.

1 L'énergie.

a. L'énergie thermique est liée à la chaleur. L'eau bouillante (100 °C) cuit les pâtes grâce à son énergie thermique.

b. L'énergie électrique est liée à l'électricité. La foudre qui correspond à une circulation violente d'électricité est une manifestation de l'énergie électrique.

c. L'énergie chimique est liée aux transformations chimiques. Les aliments qui permettent le bon fonctionnement des organes de notre corps possèdent de l'énergie chimique.

d. L'énergie lumineuse est liée à la lumière. Le flash d'un appareil photographique produit de l'énergie lumineuse.

2 Quelques formes d'énergie et leurs manifestations.

3 **Énergie cinétique et choc.** L'énergie cinétique d'un objet est liée au mouvement : elle se manifeste par un déplacement. Le crash test permet de voir que plus l'énergie cinétique est importante, plus le choc est violent.

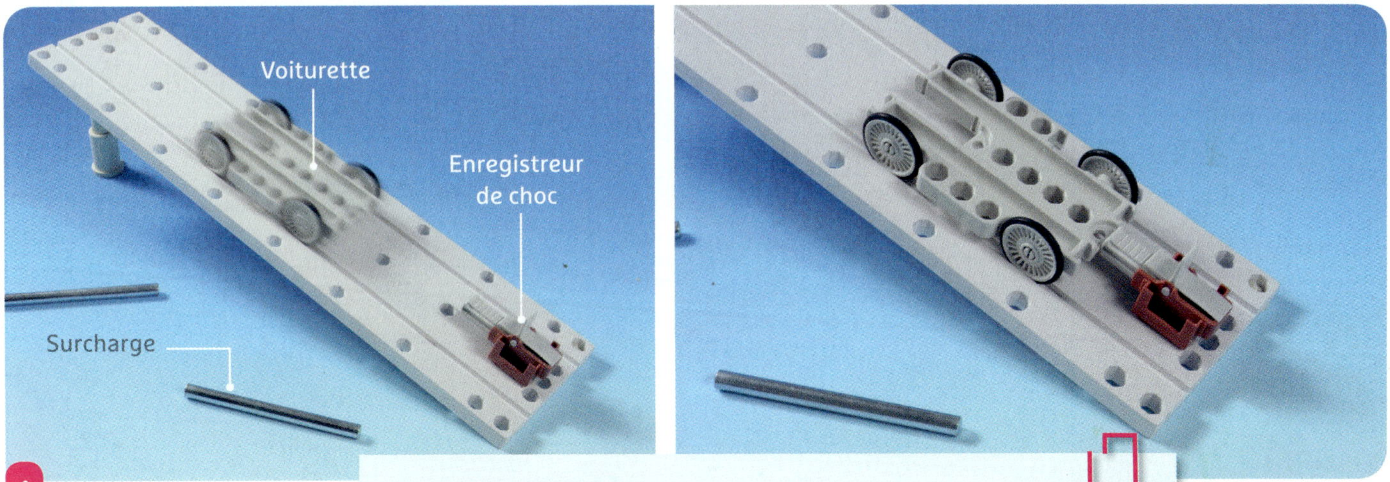

4 **Une expérience pour découvrir l'énergie cinétique.**

J'expérimente

1. Lâcher la voiturette du haut du plan incliné.
2. Mesurer le nombre de crans enfoncés sur l'enregistreur de choc.
3. Recommencer en changeant la masse de la voiturette.
4. Recommencer en changeant l'inclinaison du plan afin de faire varier la vitesse de la voiturette.

Voiturette	Sans surcharge	Avec surcharge	Avec surcharge
Inclinaison	Forte	Forte	Faible
Nombre de crans enfoncés	1 cran	4 crans	2 crans

5 **Résultats obtenus lors de l'expérience du doc. 4.**

Travailler une compétence

[D1.1] Pratiquer des langages

1. **Doc. 1** L'énergie est-elle de la matière ?
2. **Doc. 2 et 3** Construisez un tableau en faisant correspondre les formes d'énergie à leurs manifestations.
3. **Doc. 2** Quelles sont les unités utilisées pour exprimer des valeurs d'énergie ?
4. **Doc. 4 et 5** Indiquez de quelles grandeurs physiques dépend l'énergie cinétique d'un objet en mouvement.

Activité 2

Quelles sont les sources d'énergie ?

Objectif
Identifier les sources d'énergie.

Une source d'énergie est une matière (pétrole, gaz, bois, aliment, pile...) ou un phénomène (vent, marée, chute d'eau...) dont on peut obtenir de l'énergie. On distingue les sources d'énergie renouvelables, dont le renouvellement est assuré à l'échelle du temps humain, et les sources d'énergie non renouvelables.

1 La source d'énergie.

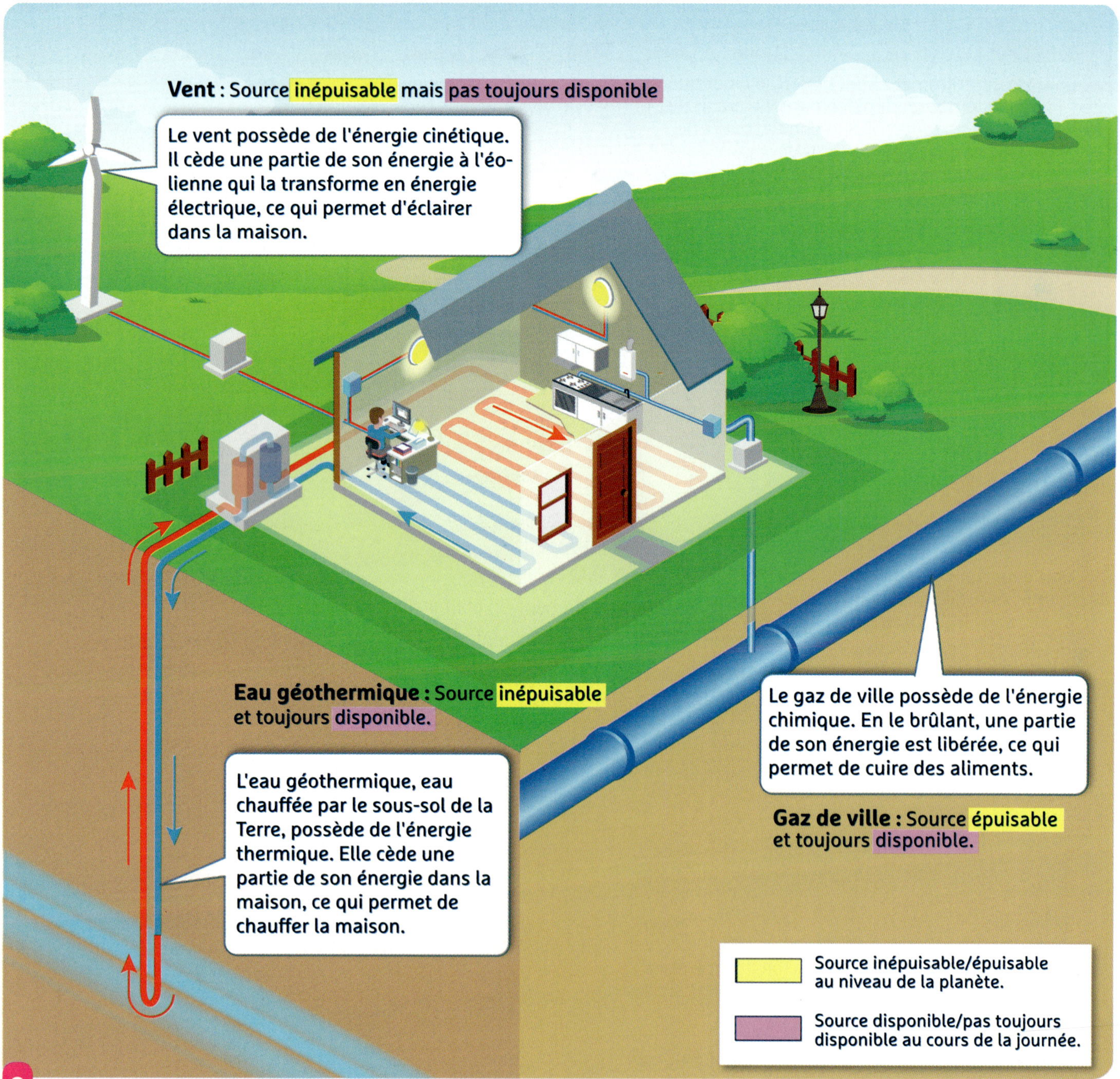

2 Des sources d'énergie pour cuisiner, se chauffer ou s'éclairer.

3 Les sources d'énergie utilisées par l'Homme dans le monde.

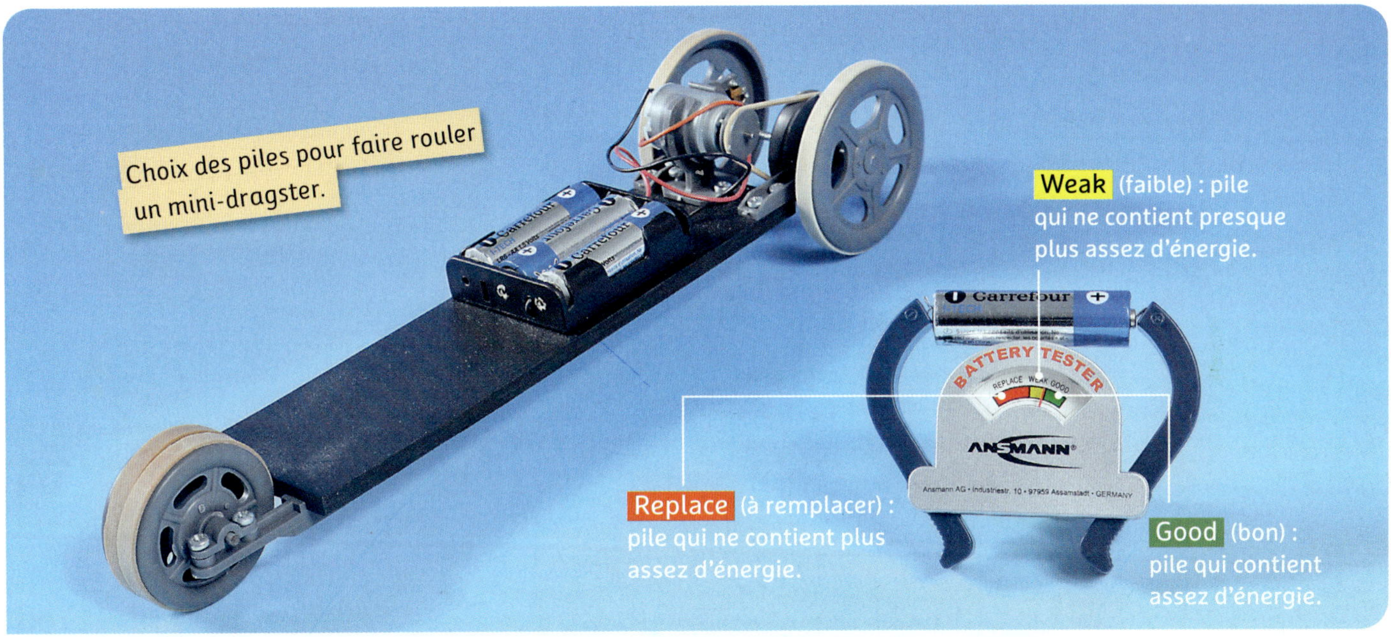

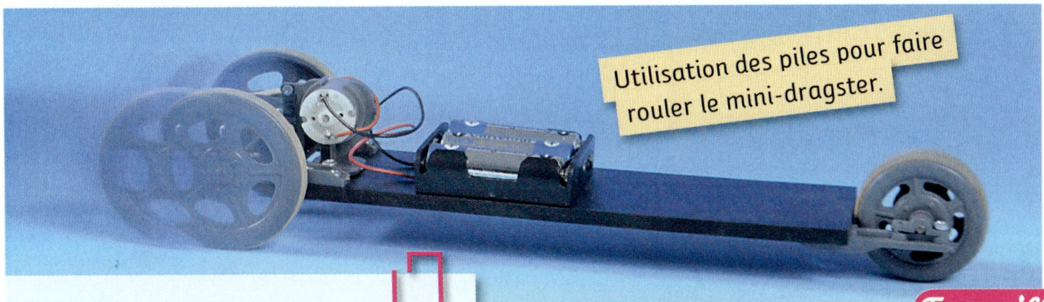

4 **La pile électrochimique est une source d'énergie qui permet d'alimenter le moteur électrique du mini-dragster.**

J'expérimente

1. Utiliser un testeur de piles pour repérer des piles non usées.
2. Insérer trois piles non usées dans le compartiment à piles du mini-dragster.
3. Faire rouler le mini-dragster.
4. Remplacer les piles par des piles usées. Observer.

Travailler une compétence

[D3] Adopter un comportement éthique et responsable

1. **Doc. 1 et 2** Citez les sources d'énergie utilisées pour éclairer et pour chauffer la maison, puis pour cuisiner.
2. **Doc. 2** Précisez pour chaque source d'énergie si elle est renouvelable ou non renouvelable.
3. **Doc. 3** Citez la principale source d'énergie qui permet de nous déplacer au quotidien. Quel est son inconvénient ?
4. **Doc. 4** Indiquez comment varie la quantité d'énergie dans les piles quand le mini-dragster se déplace.

Activité 3

Comment représenter une conversion d'énergie ?

Objectif
Identifier les sources, les transferts et les conversions d'énergie.

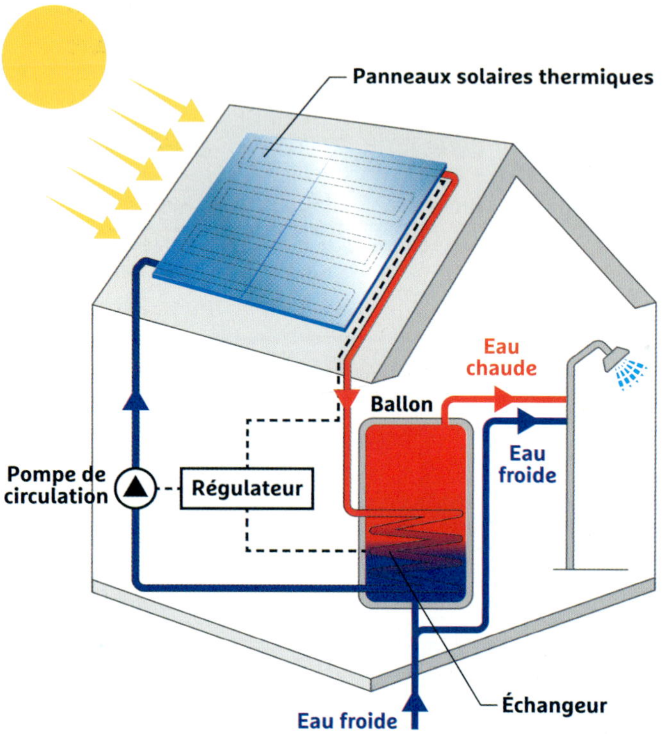

Le Soleil est la source d'énergie du système de chauffage ci-contre. Il donne de l'énergie lumineuse aux panneaux solaires thermiques : il y a transfert d'énergie. Les panneaux transforment l'énergie lumineuse reçue en énergie thermique pour chauffer de l'eau. Un type d'énergie est alors converti en un autre type d'énergie. Ces différentes étapes sont représentées dans le schéma de conversion d'énergie ci-dessous :

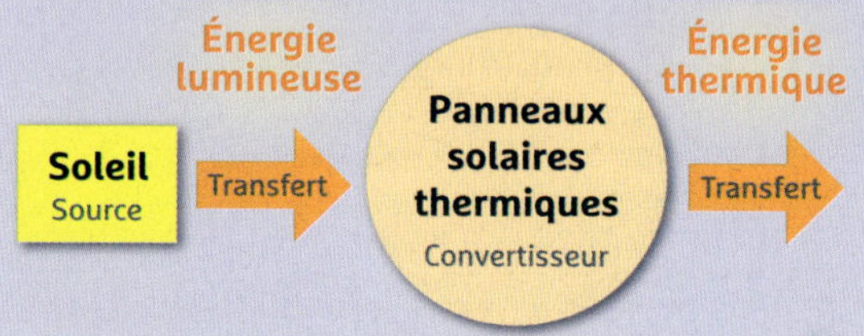

1 Le Soleil, source d'énergie renouvelable, permet d'obtenir de l'énergie thermique.

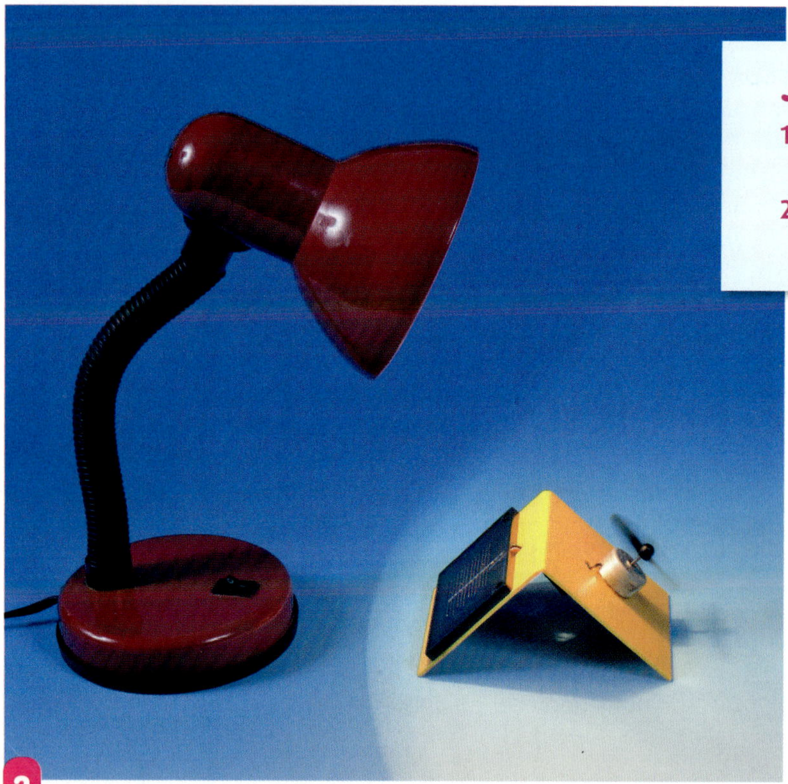

2 Obtenir de l'énergie électrique à partir du Soleil (représenté par la lampe).

J'expérimente

1. Relier un moteur électrique à un petit panneau photovoltaïque.
2. Placer le panneau sous la lumière d'une lampe, puis observer.

Travailler une compétence

[D1.3] Pratiquer des langages

1 Doc. 1 Citez la source d'énergie utilisée et la conversion d'énergie réalisée.

2 Doc. 2 Repérez les deux convertisseurs et les trois formes d'énergie présentes. Réalisez le schéma de conversion d'énergie en supposant que le Soleil est la source d'énergie.

3 Doc. 1 et 2 Une même source d'énergie permet-elle d'obtenir des formes d'énergie différentes ?

Activité 4

Qu'est-ce que la puissance ?

Objectif
Utiliser la relation liant puissance, énergie, durée.

La puissance est une grandeur physique qui correspond à une quantité d'énergie transférée par unité de temps. Elle s'exprime en watt (symbole W) dans le système international d'unités.
- Grille-pain : environ 1 000 W.
- Lampe halogène : environ 40 W.
- Lampe de laboratoire : environ 1 W. Elle brille beaucoup moins que la lampe halogène.

1 La notion de puissance.

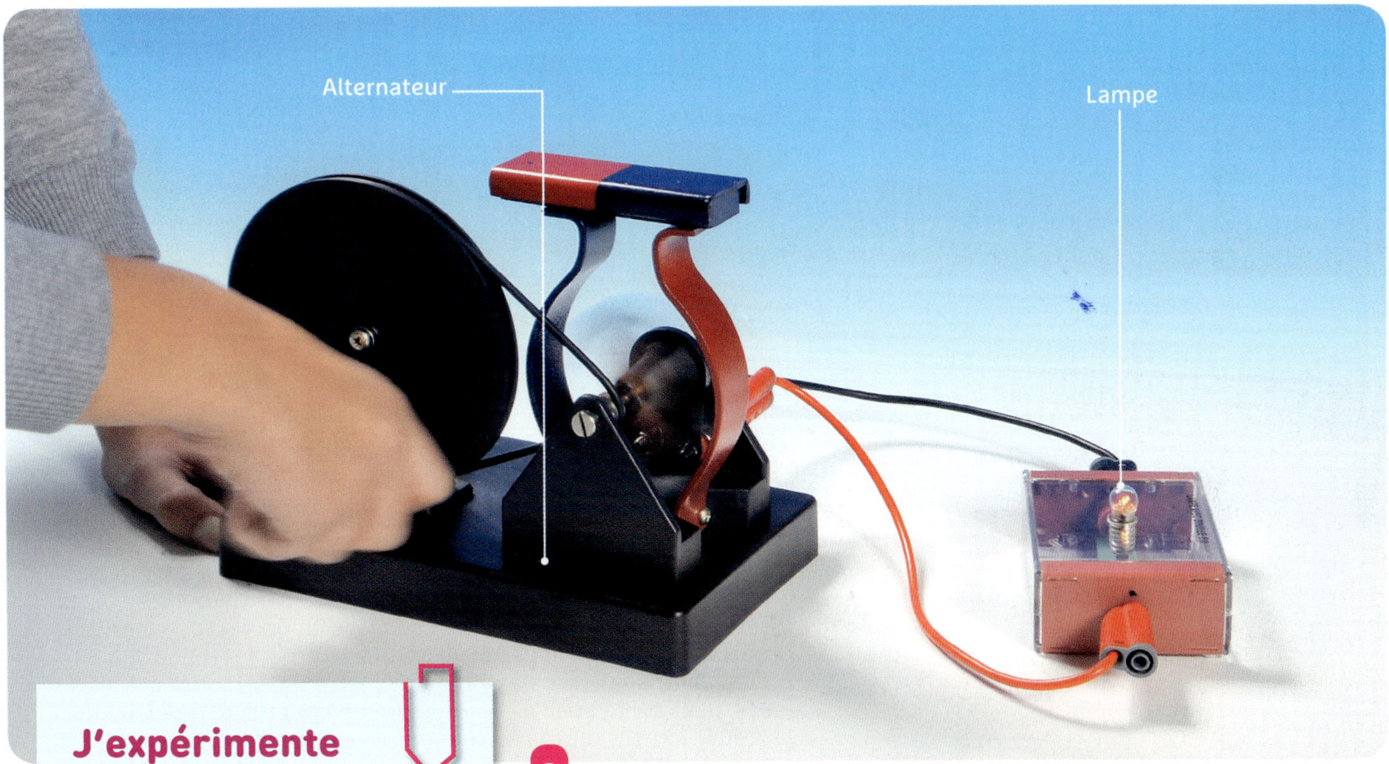

2 L'alternateur convertit l'énergie cinétique en énergie électrique.

J'expérimente

1. Relier une lampe à un alternateur.
2. Faire tourner l'alternateur doucement puis observer la lampe : elle brille faiblement.
3. Faire tourner l'alternateur rapidement puis observer la lampe : elle brille fortement.

Travailler une compétence

[D4] Pratiquer des démarches scientifiques

1. Doc. 1 Donnez le nom et le symbole de l'unité de la puissance dans le système international.
2. Doc. 2 Indiquez dans quel cas la quantité d'énergie électrique est transférée avec la plus grande puissance.

Tâche complexe

La centrale hydroélectrique

Pour commencer

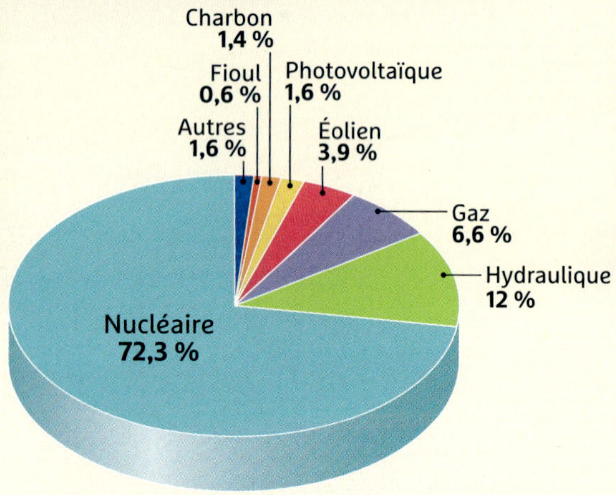

Répartition de la production d'électricité en France en 2016.

Un barrage hydraulique.
En France, l'exploitation des barrages est la deuxième source d'énergie électrique (après les centrales nucléaires), mais elle occupe la première place des sources d'énergies renouvelables. Les centrales hydroélectriques n'émettent pas de gaz à effet de serre et sont capables de produire de l'électricité rapidement à tout moment grâce aux grandes quantités d'eau stockée (c'est particulièrement important lors des pics de consommation : la nuit, en hiver... lorsqu'on a besoin de beaucoup d'électricité).

Mission

Comprendre le fonctionnement d'une centrale hydroélectrique.

Consigne : À l'aide des documents, construisez le schéma des conversions d'énergie dans une centrale hydroélectrique, puis expliquez à l'oral son fonctionnement. Précisez pourquoi on parle d'énergie renouvelable.

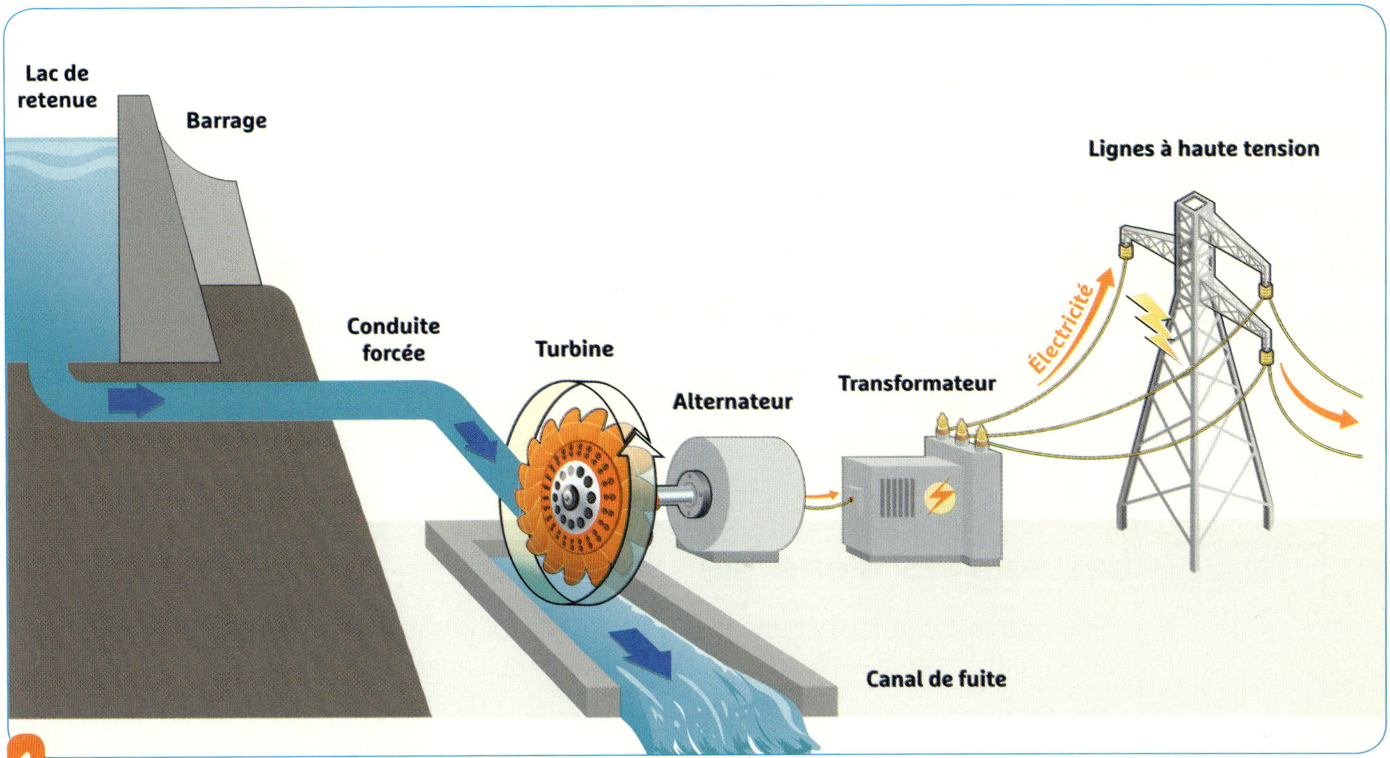

1 Coupe d'une centrale hydroélectrique.

- Les centrales hydroélectriques se trouvent à proximité d'un cours d'eau. Le barrage de la centrale retient une grande partie de l'eau acheminée par un ruisseau, une rivière ou un fleuve.

L'eau est ensuite « lâchée » pour tomber plus bas que le barrage : elle arrive donc avec une grande vitesse sur une turbine reliée à un alternateur.

L'alternateur permet de produire un courant électrique grâce à un aimant (le rotor) qui tourne dans une bobine de cuivre (le stator).

On dit que le barrage permet de stocker de l'énergie (énergie de position) et de la convertir en fonction de la demande en électricité des usagers.

2 Le fonctionnement d'une centrale hydroélectrique.

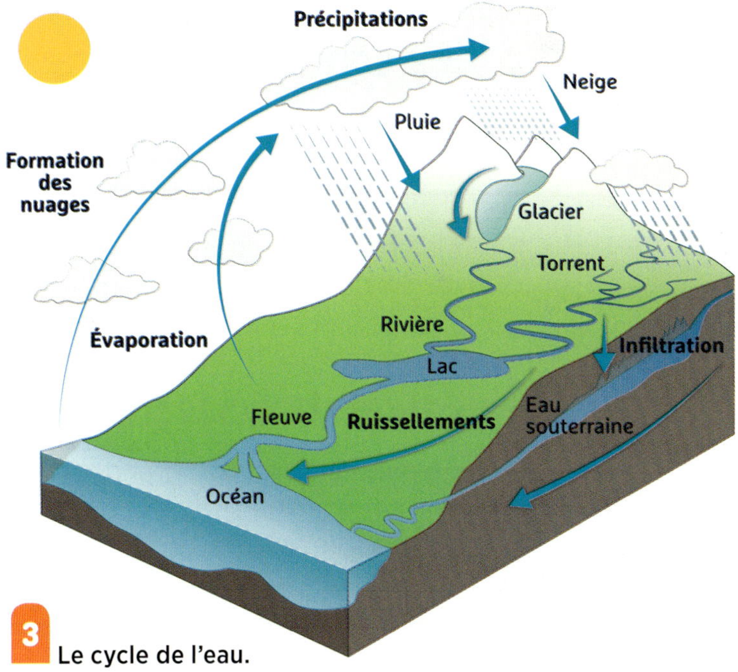

3 Le cycle de l'eau.

BESOIN D'UN COUP DE POUCE ?

→ Suivre le trajet de l'eau pour ne pas oublier d'étapes.

J'ai réussi si...

- ☐ J'ai su identifier les différentes formes d'énergie.
- ☐ J'ai compris comment ces formes d'énergie sont converties.
- ☐ J'ai su réaliser le schéma de conversion d'énergie dans une centrale hydroélectrique.

Bilan Sources et conversions d'énergie

Je dois savoir

Activité 1 L'énergie et ses formes

- L'**énergie** peut exister sous différentes formes (cinétique, thermique, électrique, chimique, lumineuse...). La **forme d'une énergie** peut être identifiée par sa manifestation. L'unité légale de l'énergie est le joule, de symbole J.

Activité 2 Les sources d'énergie

- Une **source** d'énergie est une matière (pétrole, biomasse, gaz naturel) ou un phénomène (vent, chute d'eau) dont on peut obtenir de l'énergie.
- On distingue les sources d'énergie renouvelables (soleil, vent, bois...), c'est-à-dire inépuisables à l'échelle humaine, et les sources d'énergie non renouvelables (gaz, pétrole, uranium...).

Activité 3 Les conversions d'énergie

- L'énergie peut se convertir d'une forme d'énergie à une autre et peut se transférer d'un objet à un autre. Par exemple, par le biais des panneaux solaires photovoltaïques, l'énergie lumineuse du Soleil peut se transformer en énergie électrique.
- Les **transferts** et les **conversions** d'énergie sont représentés dans un schéma de conversion d'énergie.

Activité 4 Notion de puissance

- La **puissance** est une grandeur physique qui est égale à la quantité d'énergie transférée par unité de temps. Elle correspond à un débit d'énergie. Son unité légale est le watt, de symbole W.

→ L'essentiel du cours en une animation

Je retiens les mots-clés

- Conversion
- Énergie
- Formes d'énergie
- Puissance
- Sources
- Transfert d'énergie

Dico du manuel p. 221

Je retiens par l'image

Les formes d'énergie

Énergie cinétique

Énergie thermique

Énergie électrique

Énergie chimique

Énergie lumineuse

Les sources, les transferts et les conversions d'énergie

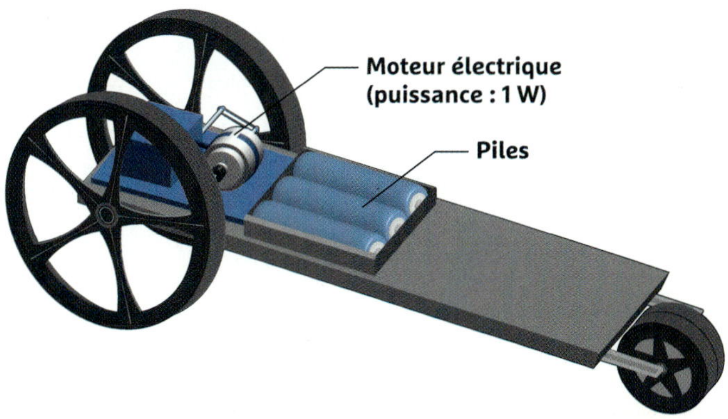

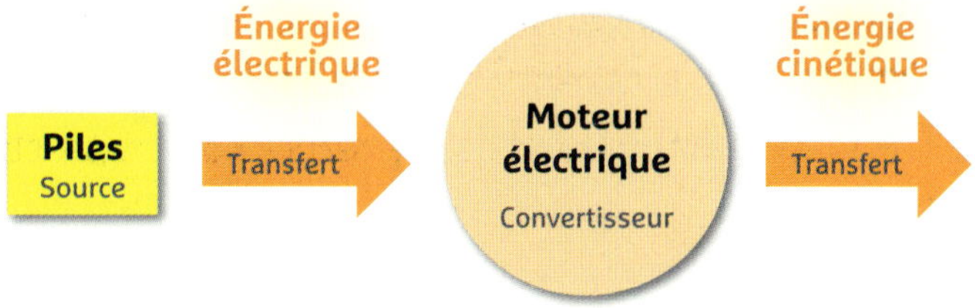

Je suis capable de

	Pour cela, je dois	Pour vérifier
→ **identifier différentes formes d'énergie**	→ connaître les différentes formes d'énergie. → savoir relier une manifestation d'énergie à sa forme.	→ Activité 1
→ **identifier les sources, les transferts et les conversions d'énergie**	→ reconnaître une source d'énergie. → identifier l'objet qui cède de l'énergie et celui qui la reçoit. → savoir identifier les formes d'énergie.	→ Activités 2 et 3
→ **utiliser la relation liant puissance, énergie, durée**	→ comprendre que la puissance est un débit d'énergie.	→ Activité 4

Exercices

Je vérifie mes connaissances

1 Analyser une photographie

Identifiez la forme d'énergie qui se manifeste dans chacune des situations.

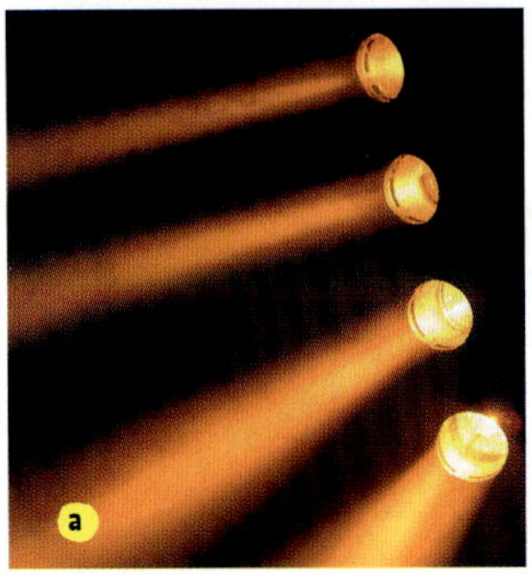

2 Le savez-vous ?

a. Qu'est-ce qu'une source d'énergie ?

b. Classez les sources d'énergie ci-dessous selon qu'elles sont renouvelables ou non renouvelables.

3 Construire une phrase

Décrivez le schéma de conversion d'énergie ci-dessous en utilisant les mots ci-contre.

pile — convertit — énergie lumineuse — lampe — énergie électrique — transfère

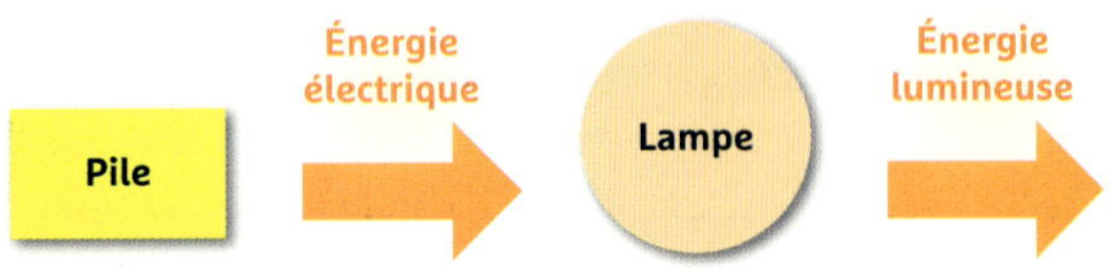

4 QCM

La lampe ayant la plus grande puissance est :

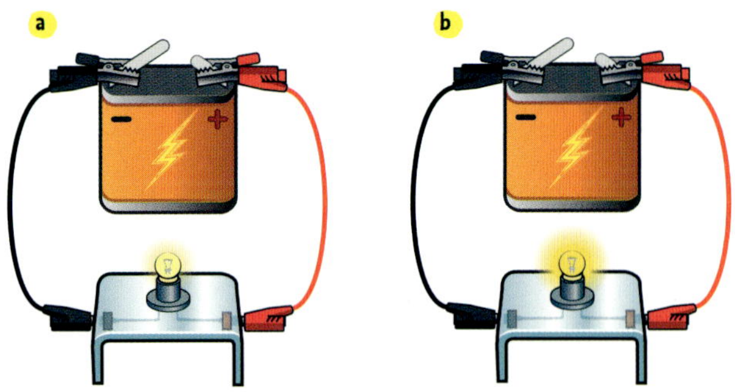

J'utilise mes compétences

5 Mobiliser des outils numériques

Les unités d'énergie

a. Donnez le nom et le symbole de l'unité légale d'énergie.

b. Recherchez sur Internet trois autres unités d'énergie et leur équivalence avec l'unité légale.

c. Envoyez vos résultats au professeur via l'espace numérique du collège.

6 Mobiliser des connaissances

Énergie cinétique

a. Pourquoi peut-on dire que ces animaux ont de l'énergie cinétique ?

b. Précisez les deux grandeurs physiques liées à l'énergie cinétique.

c. Classez ces animaux en fonction de leur énergie cinétique : de la plus petite à la plus grande.

7 Pratiquer des langages

Diagramme en anneau

Le diagramme ci-dessous représente la répartition de la consommation d'énergie électrique d'une habitation (hors chauffage, eau chaude et cuisson).

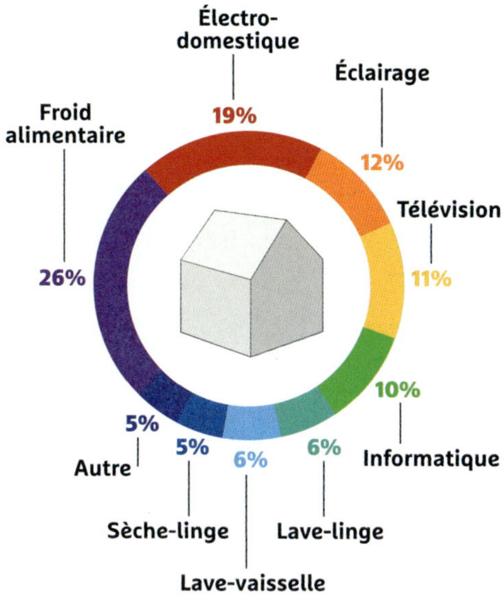

a. Quels appareils utilisent le plus d'énergie électrique ?

b. Comment pourrait-on utiliser moins d'énergie électrique ?

8 Pratiquer des démarches scientifiques

Vapeur d'eau

Au moment où la vapeur d'eau est évacuée d'une cocotte-minute, Baptiste place un moulin à vent dans le jet de la vapeur. Il observe alors la mise en rotation du moulin.

a. Pourquoi peut-on dire que le moulin à vent reçoit de l'énergie ?

b. D'où provient cette énergie ?

c. La vapeur d'eau peut-elle être considérée comme une source d'énergie ?

9 Mobiliser des connaissances

Deux bougies

Observez la bougie à diode électroluminescente (1) et la bougie en paraffine issue du pétrole (2).

a. Indiquez la forme d'énergie commune à ces deux bougies.

b. Indiquez la source d'énergie de chacune de ces deux bougies.

c. Ces sources d'énergie sont-elles des sources d'énergie renouvelables ?

10 Se situer dans l'espace et dans le temps

Station spatiale internationale

L'astronaute français Thomas Pesquet explique :
« Quand l'ISS (la station spatiale internationale) passe devant la Terre (par rapport au Soleil), on recharge les batteries et quand elle passe derrière, on décharge les batteries. »
La station tourne autour de la Terre avec une vitesse tellement grande que l'astronaute peut assister à 16 levers et couchers de Soleil dans une journée.

a. Quelle est la source d'énergie utilisée par l'ISS quand elle recharge les batteries ?

b. Quelle est la source d'énergie utilisée par l'ISS quand elle décharge les batteries ?

Exercices

11 Pratiquer des langages

Éoliennes offshore

La photo ci-contre montre des éoliennes en mer, dites éoliennes *offshore* en anglais.

a. D'où provient l'énergie transférée aux éoliennes ?

b. Réalisez le schéma de conversion d'énergie d'une éolienne en précisant la source d'énergie.

c. À votre avis, quels sont les avantages et les inconvénients de telles éoliennes ?

12 Adopter un comportement éthique et responsable

Le thermogénérateur

Emma réalise une expérience avec un thermogénérateur. Elle observe que si de l'eau chaude est versée dans un des récipients et de l'eau froide dans l'autre, alors l'hélice commence à tourner. Plus la différence de température est importante, plus l'hélice tourne rapidement.

a. Aidez Emma à compléter le schéma de conversion d'énergie qui permet d'interpréter ses observations.

b. L'eau chauffée par le sous-sol de la Terre peut-elle être une source d'énergie pour les habitations ?

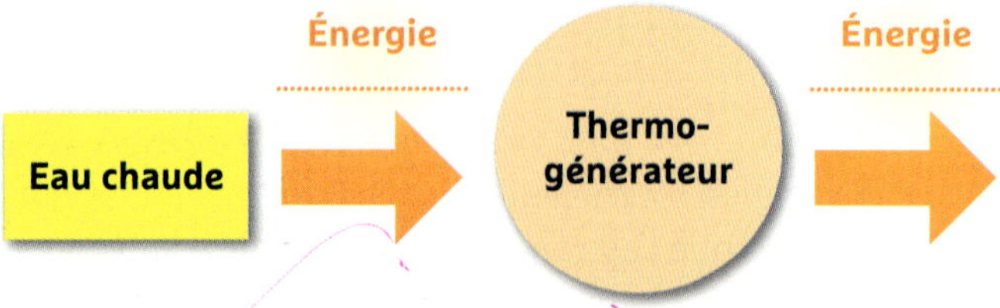

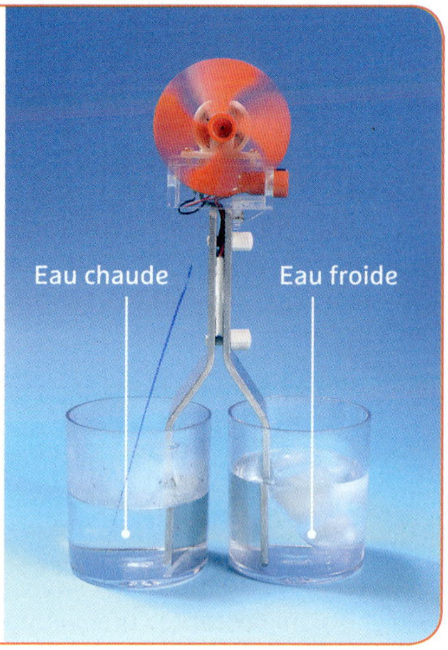

13 Mobiliser des connaissances

Transformer de l'énergie

Expliquez la réponse de Lucie.

14 Se situer dans l'espace et dans le temps

Histoire des sciences

James Watt (1736 – 1819) est un ingénieur écossais qui a beaucoup contribué à l'amélioration de la machine à vapeur. Il a introduit une unité, le cheval-vapeur, pour comparer la puissance fournie par les machines à vapeur à celle d'un cheval tirant une charge.

a. Quelle est l'unité légale de la puissance ?

b. Selon vous, pourquoi a-t-on choisi ce nom pour l'unité légale de la puissance ?

c. Recherchez la valeur d'un cheval-vapeur.

15 Adopter un comportement éthique et responsable

Bien choisir sa lampe

Voici des informations sur trois lampes qui brillent avec le même éclat.

Lampe à incandescence	Lampe fluocompacte	Lampe à LED

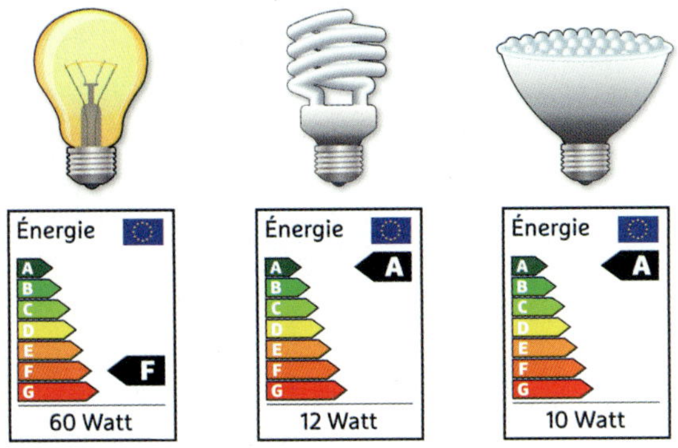

a. Pourquoi peut-on dire que ces lampes ont la même puissance lumineuse ?

b. Quelle lampe a la plus petite puissance électrique ?

c. Quelle lampe est la plus gourmande en énergie électrique ?

d. Expliquez pourquoi les lampes à incandescence ne sont plus commercialisées depuis 2012.

Je m'entraîne pour l'évaluation

16 De l'énergie pour un trail

Énoncé

Sophie pratique le trail, un sport de course à pied sur une longue distance. Elle s'exerce en milieu naturel, généralement sur des chemins de terre et des sentiers de randonnée en plaine, en forêt ou en montagne.

1 Sophie consulte une carte pour s'orienter.

Barre énergétique. Elle contient du sucre et des extraits de fruits.

Pile. Elle contient des substances chimiques dont des métaux.

2 Des sources d'énergie.

Questions

1. Les formes d'énergie

a. Indiquez la forme d'énergie qui permet d'éclairer dans le doc. 1.

b. Expliquez pourquoi Sophie ne possède pas d'énergie cinétique dans la situation du doc. 1.

2. Les sources d'énergie

a. Recopiez et reliez les sources d'énergie du doc. 2 à leur utilisation.

Barre énergétique •	• Faire fonctionner la lampe frontale
Piles •	• Faire courir Sophie

b. Indiquez la source d'énergie du doc. 2 qui n'est pas renouvelable.

3. Les conversions d'énergie et la puissance

La lampe frontale de Sophie possède deux positions : position 1 (éclairage modéré) et position 2 (éclairage fort).

Recopiez et complétez le schéma de la conversion d'énergie de la lampe de Sophie ci-dessous. Indiquez dans quelle position (1 ou 2), les diodes électroluminescentes (DEL) de la lampe reçoivent la plus grande puissance.

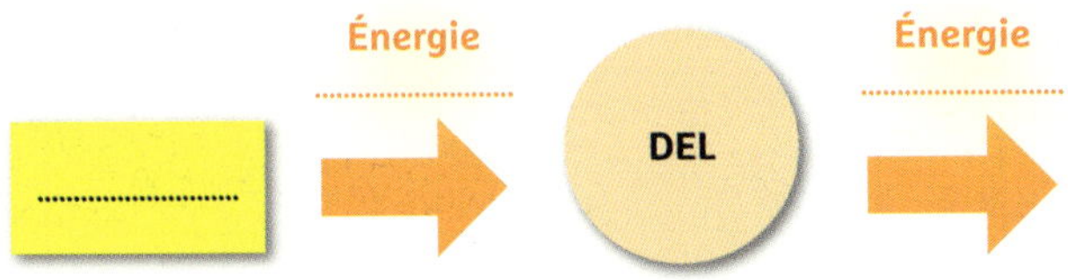

Accompagnement personnalisé

17 Je réalise un schéma de conversion d'énergie

Énoncé commun

Le Soleil est une source d'énergie renouvelable. Il peut faire fonctionner une voiture solaire dont le toit est équipé de photopiles.

Questions

Groupe 1

Réalisez le schéma de conversion d'énergie de la voiture solaire.

Groupe 2

a. Identifiez les deux formes d'énergies.

b. Réalisez le schéma de conversion d'énergie pour la photopile.

Groupe 3

a. Identifiez la source d'énergie, puis les éléments qui convertissent l'énergie pour permettre à la voiture d'avancer.

b. Nommez la forme d'énergie obtenue.

c. Complétez le schéma de conversion d'énergie ci-dessous :

Coup de pouce

→ Énergie électrique : énergie liée à la circulation de l'électricité.

→ Énergie lumineuse : énergie liée à la lumière.

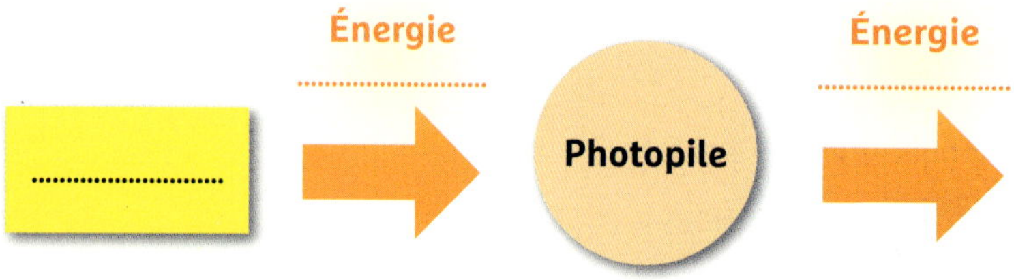

Chapitre 9

Les circuits électriques

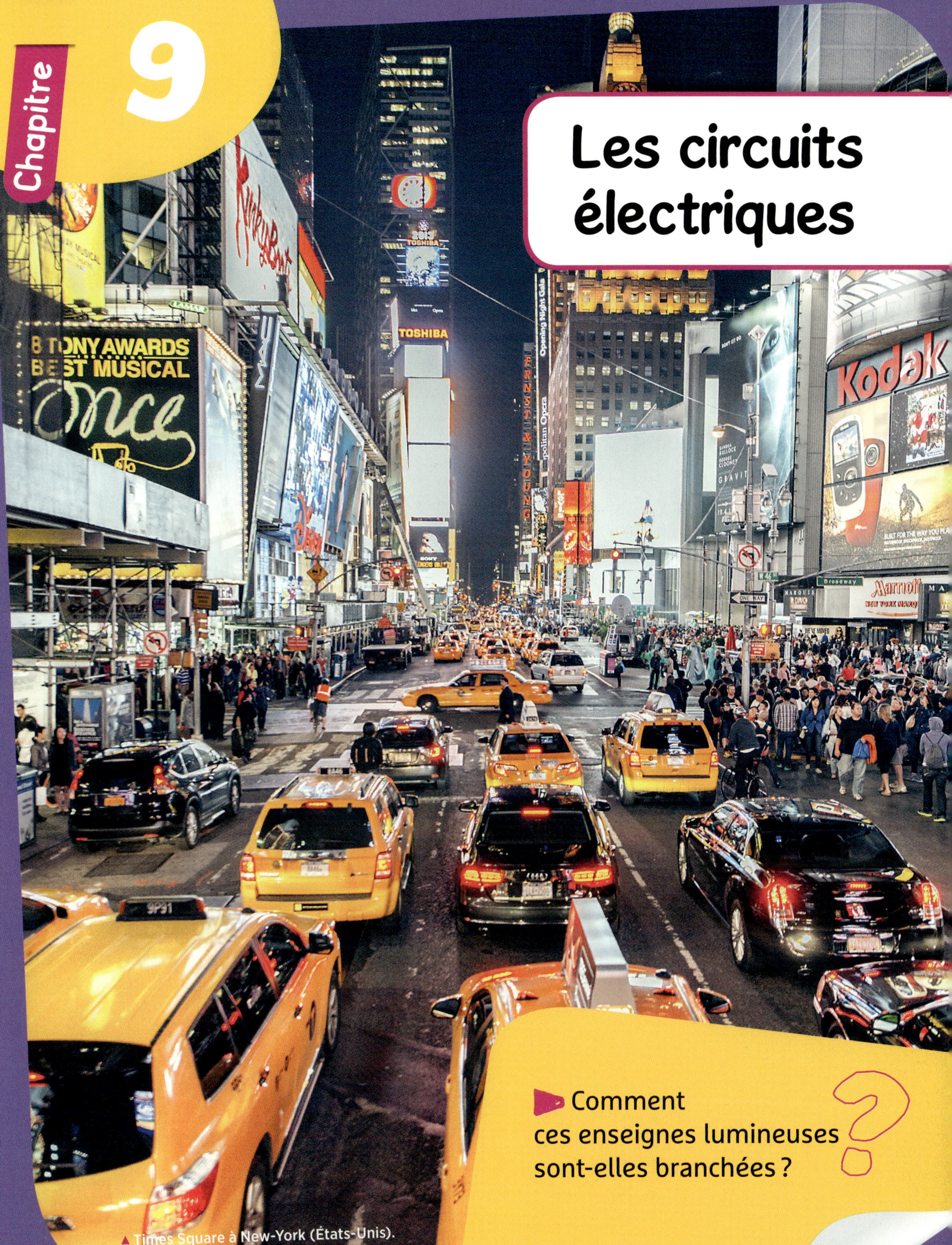

▲ Times Square à New-York (États-Unis).

▶ Comment ces enseignes lumineuses sont-elles branchées ?

Activité 1

À quelle condition un circuit électrique fonctionne-t-il ?

Objectif
Réaliser un circuit électrique répondant à un cahier des charges.

1 **Une lampe de chevet, un circuit électrique simple.** La prise de courant du secteur transfère de l'énergie électrique au reste du circuit : c'est le générateur. La lampe utilise l'énergie électrique reçue pour fonctionner : c'est un récepteur.

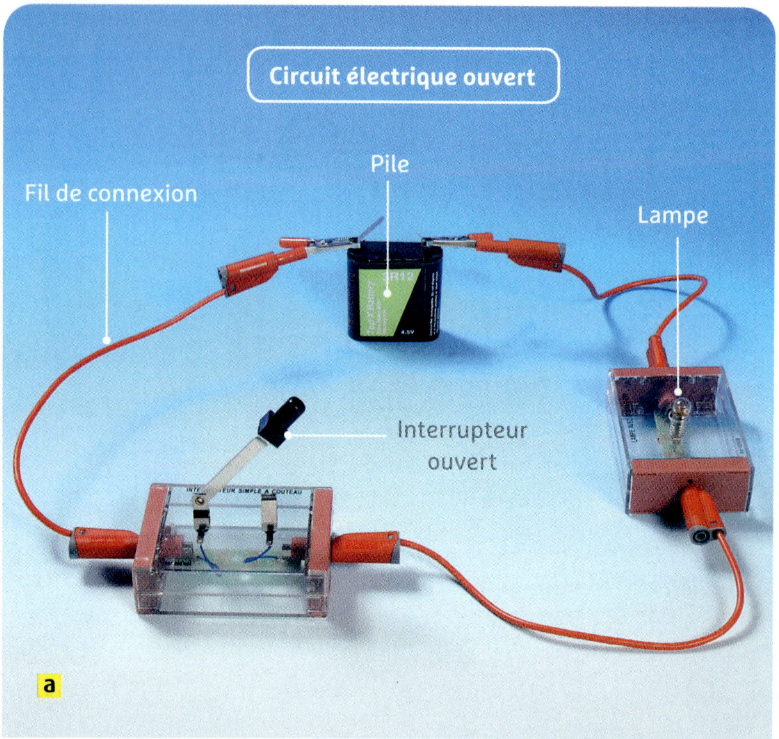

2 **Un circuit électrique simple.** Un circuit électrique est constitué d'un générateur relié à un ou plusieurs récepteurs par des fils de connexion. La pile, la lampe et l'interrupteur comportent deux bornes : ce sont des dipôles. Leurs bornes sont reliées par des fils de connexion conducteurs.

Je conçois une expérience

Réaliser un circuit électrique permettant l'allumage commandé d'une lampe.

3 **Distinction entre générateur et récepteur.** Il existe une tension aux bornes de la pile, une lampe branchée à ses bornes peut alors recevoir du courant.

J'expérimente

1. Réaliser un circuit électrique avec une pile, un interrupteur et une lampe.
2. Retirer un dipôle du circuit et mesurer la tension à ses bornes.
3. Recommencer avec les autres dipôles du circuit.

Une prise de courant du secteur est un générateur très dangereux. La tension à ses bornes est de 230 V. Le contact du corps humain avec une seule des bornes de la prise peut provoquer une électrisation, c'est-à-dire le passage du courant dans le corps humain, voire une électrocution, qui est la mort par électrisation.

Attention, il ne faut jamais faire d'expériences avec une prise de courant du secteur.

? BESOIN D'AIDE ?

→ Pour mesurer une tension électrique, voir la fiche 12, p. 213.

Travailler une compétence

[D5] Concevoir, créer, réaliser

1. **Doc. 1 et 2** Dans les circuits du doc. 2, déterminez les dipôles qui sont des générateurs et ceux qui sont des récepteurs.
2. **Doc. 3** Comment peut-on distinguer un générateur d'un récepteur ?
3. Rédigez une conclusion pour expliquer à quelle condition un circuit électrique peut fonctionner.

Activité 2

Comment le courant électrique circule-t-il ?

Objectif
Vérifier une loi de l'électricité.

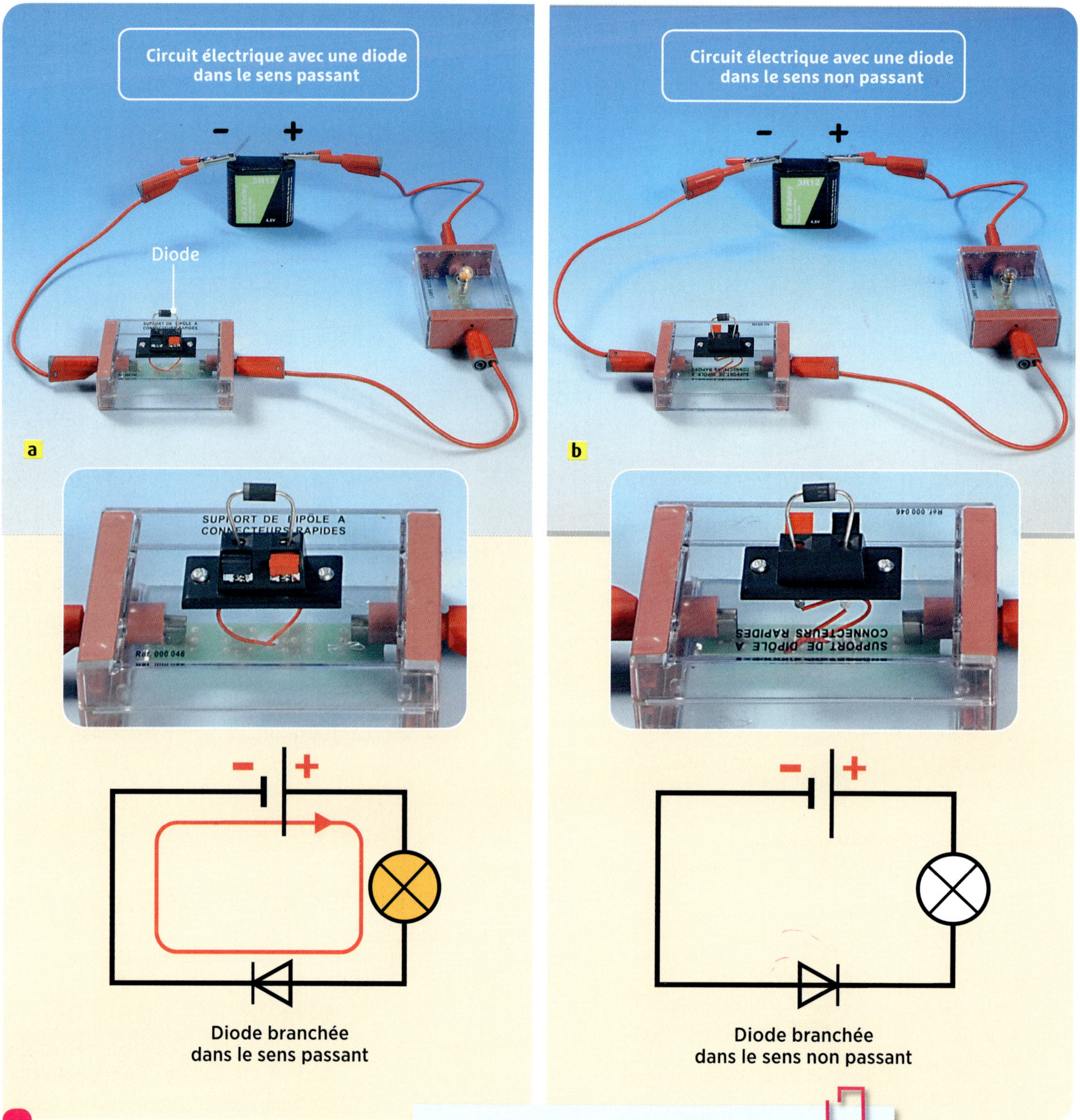

1 **Circuit électrique avec une diode.**
Le courant électrique a un sens de circulation. Les scientifiques ont choisi de représenter le sens du courant à l'extérieur du générateur de sa borne positive à sa borne négative : c'est une **convention**.

J'expérimente

1. Réaliser un circuit comportant une pile, une lampe témoin du passage du courant et une diode. Observer.

2. Inverser le sens de branchement de la diode. Observer à nouveau.

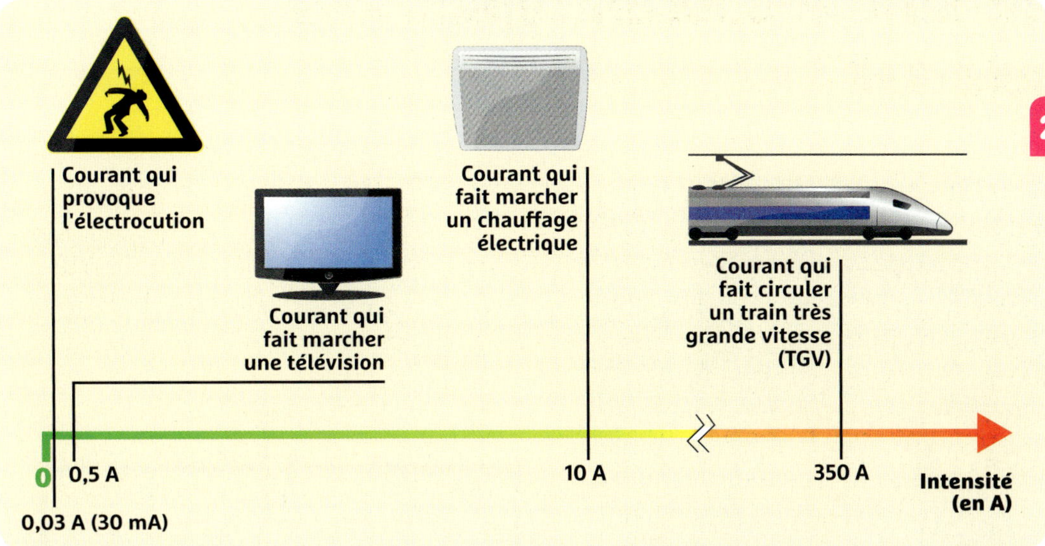

2 **L'intensité du courant.**
Si l'intensité du courant augmente dans une lampe, alors cette lampe brille plus.

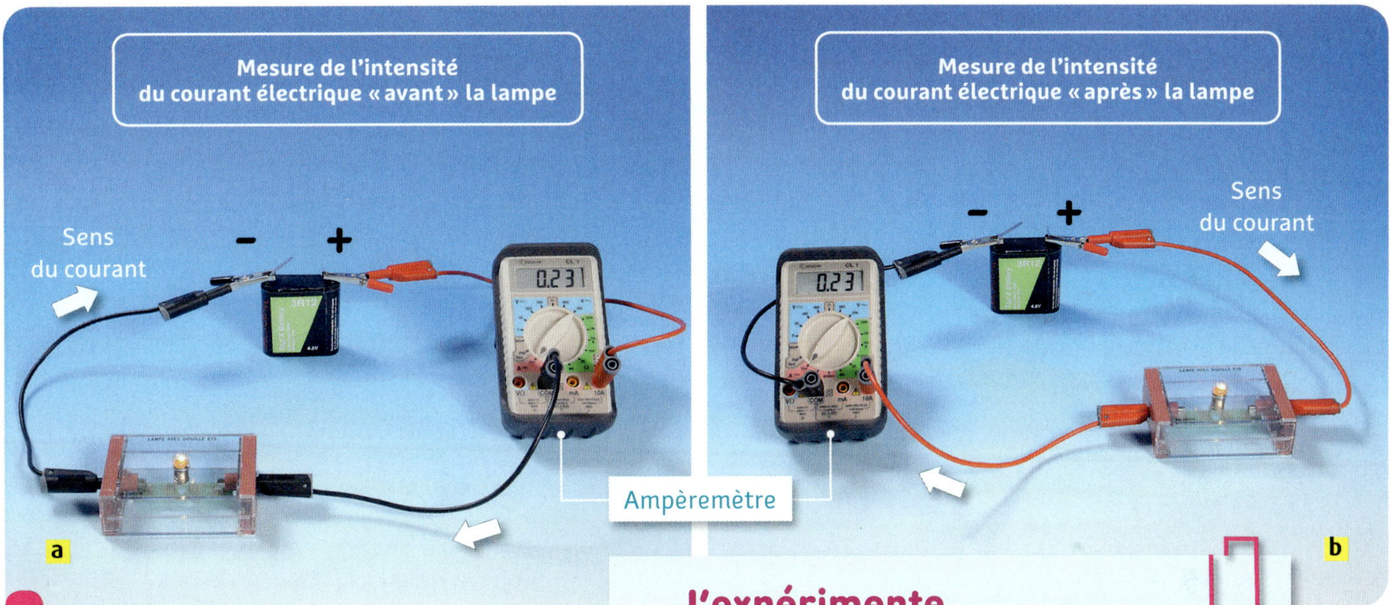

3 Mesure de l'intensité du courant.

J'expérimente

1. Réaliser un circuit électrique avec une pile et une lampe.
2. Mesurer l'intensité du courant « avant » la lampe.
3. Mesurer l'intensité du courant « après » la lampe.

Vocabulaire

Convention : ce qui est admis d'un commun accord.

Diode : dipôle qui ne laisse passer le courant que dans un sens.

Travailler une compétence

[D4] Pratiquer des démarches scientifiques

1. Doc. 1 Le courant électrique a-t-il un sens de circulation ? Exploitez les observations de l'expérience pour le montrer.
2. Doc. 2 et 3 Le courant s'use-t-il dans un circuit électrique, c'est-à-dire son intensité diminue-t-elle le long du circuit électrique ?

? BESOIN D'AIDE ?

→ Pour lire un schéma normalisé, voir la fiche 10, p. 211.

Activité 3

Quels sont les deux types de circuits électriques ?

Objectif
Réaliser un circuit avec des dipôles en série, des dipôles en dérivation.

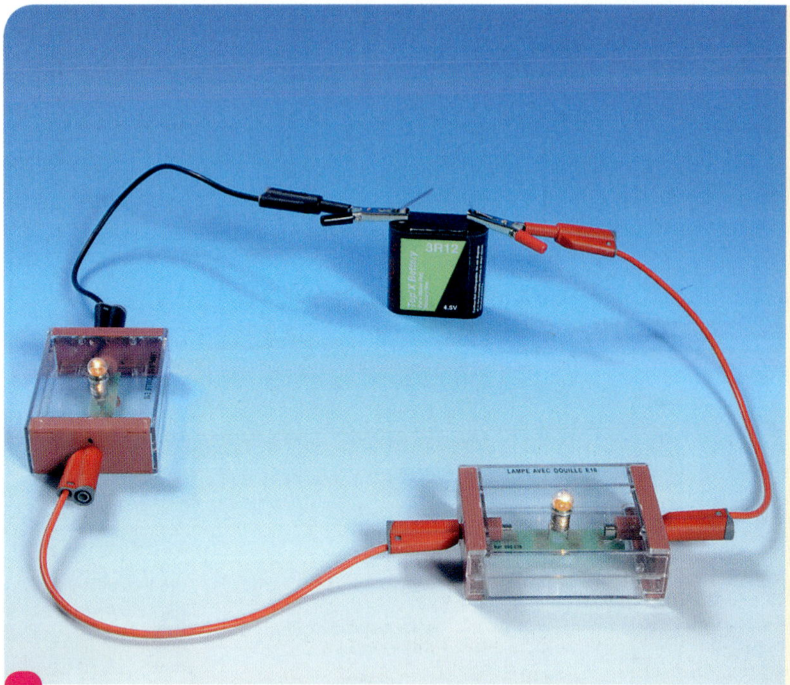

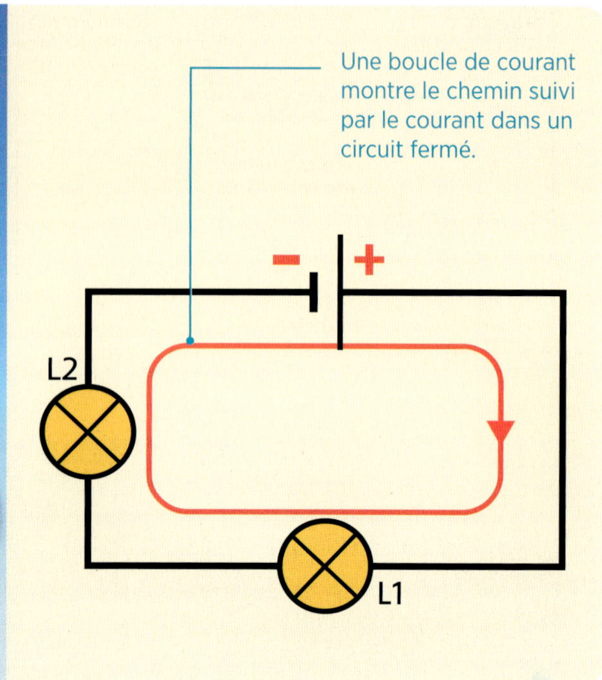

1 **Circuit avec deux lampes branchées en série.**
Dans un circuit en série les dipôles sont branchés les uns à la suite des autres. Le circuit forme une seule boucle.

2 **Dévissage d'une des deux lampes du circuit du doc. 1.**

J'expérimente

1. Réaliser un circuit avec deux lampes branchées en série (doc. 1).
2. Dévisser une lampe et observer la lampe qui reste sur le circuit.
3. Revisser la première lampe, puis dévisser la seconde lampe.

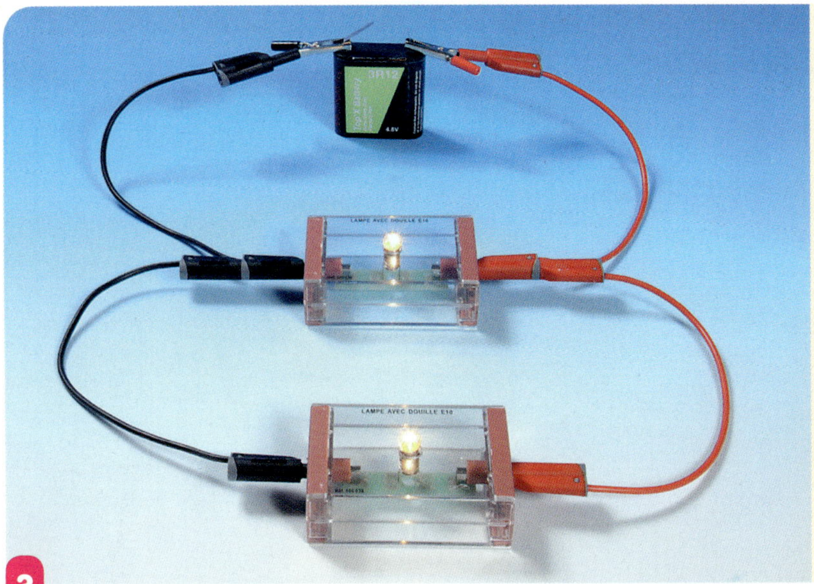

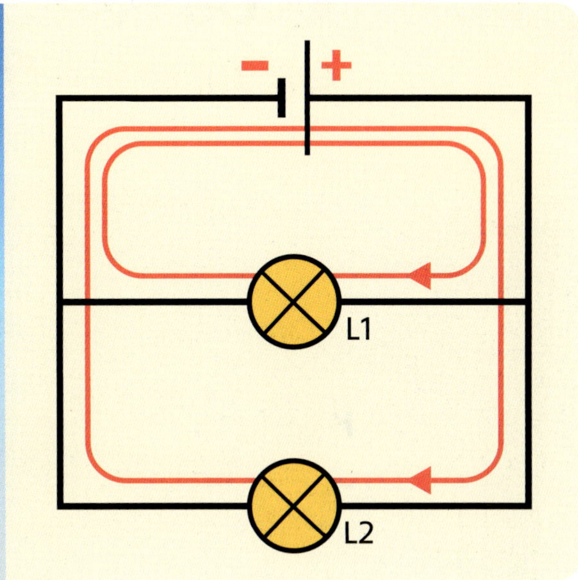

3 **Circuit avec deux lampes branchées en dérivation.**
Deux dipôles sont branchés en dérivation quand leurs bornes sont reliées deux à deux. Le circuit forme plusieurs boucles.

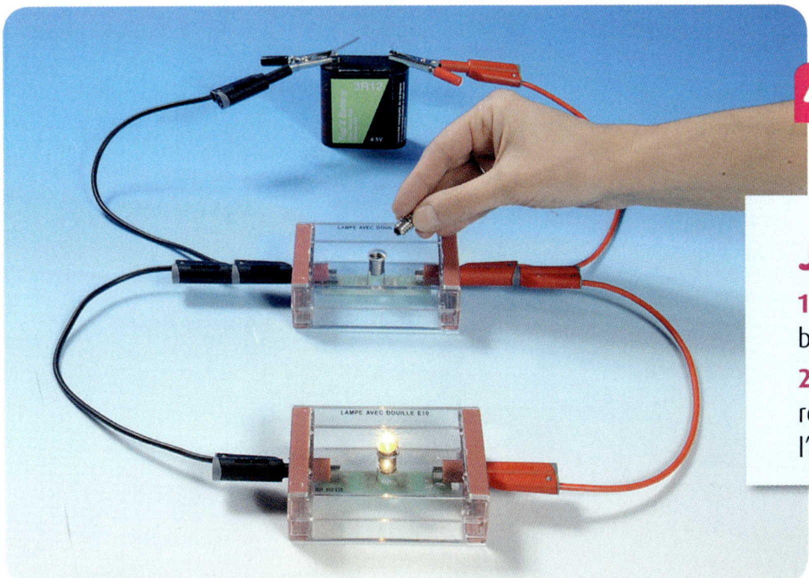

4 **Dévissage d'une des deux lampes du circuit du doc. 3.**

J'expérimente

1. Réaliser un circuit avec deux lampes branchées en dérivation (doc. 3).

2. Dévisser une lampe et observer la lampe qui reste sur le circuit. Recommencer en dévissant l'autre lampe.

5 **Un lustre dont une ampoule ne fonctionne pas.**
Un lustre contient un circuit électrique permettant de relier chaque ampoule à l'interrupteur.

Travailler une compétence

[D1.1] Pratiquer des langages

1 Doc. 1 à 4 Rédigez un compte-rendu de vos observations lorsqu'on dévisse une lampe dans chacun des circuits étudiés.

2 Doc. 2 et 4 Expliquez où circule le courant dans chaque type de circuit quand une des deux lampes est dévissée ou non.

3 Doc. 5 Quel type de circuit électrique est utilisé dans le lustre ?

Tâche complexe

Un détecteur de présence fait maison

Pour commencer

Un détecteur de présence simple à fabriquer.
Pour être alarmé dès que sa sœur écoute à sa porte, Shibli a développé un système de détection de présence avec des objets courants trouvés dans sa maison.

Mission

Comprendre comment fonctionne un détecteur de présence fait maison.

Consigne : À l'aide des documents, expliquez pourquoi et comment le détecteur de présence de Shibli fonctionne. Précisez la nature des composants du système.

Matériel :
- des trombones
- des fils électriques
- 1 ampoule
- 1 pile de 4,5 V
- des pailles
- une feuille d'aluminium

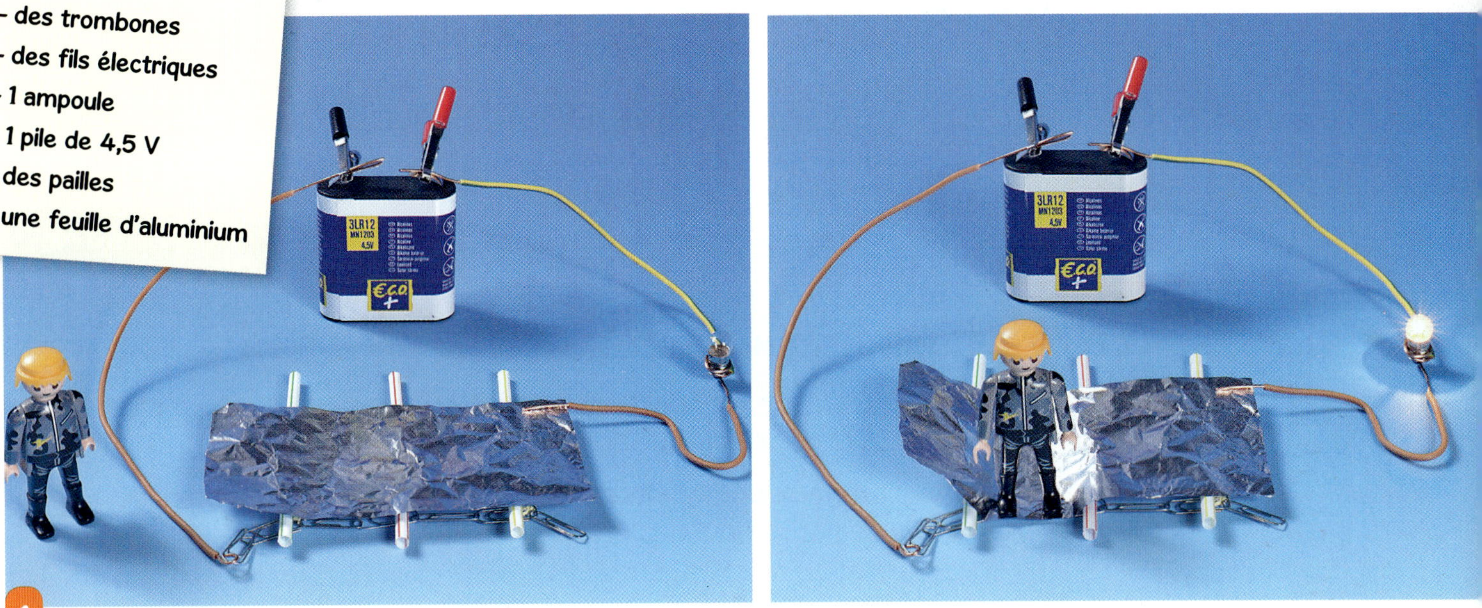

1 **Le détecteur de présence.** Shibli place la chaîne de trombones par terre, puis les pailles par dessus, qu'il recouvre de la feuille d'aluminium. Il installe la pile et la lampe dans sa chambre.

- Lorsqu'un matériau est conducteur, il laisse passer le courant électrique. L'argent, le cuivre et l'or sont conducteurs par exemple. Le fait que le courant électrique puisse traverser un matériau est appelé la conductivité électrique.

2 **Matériau conducteur.**

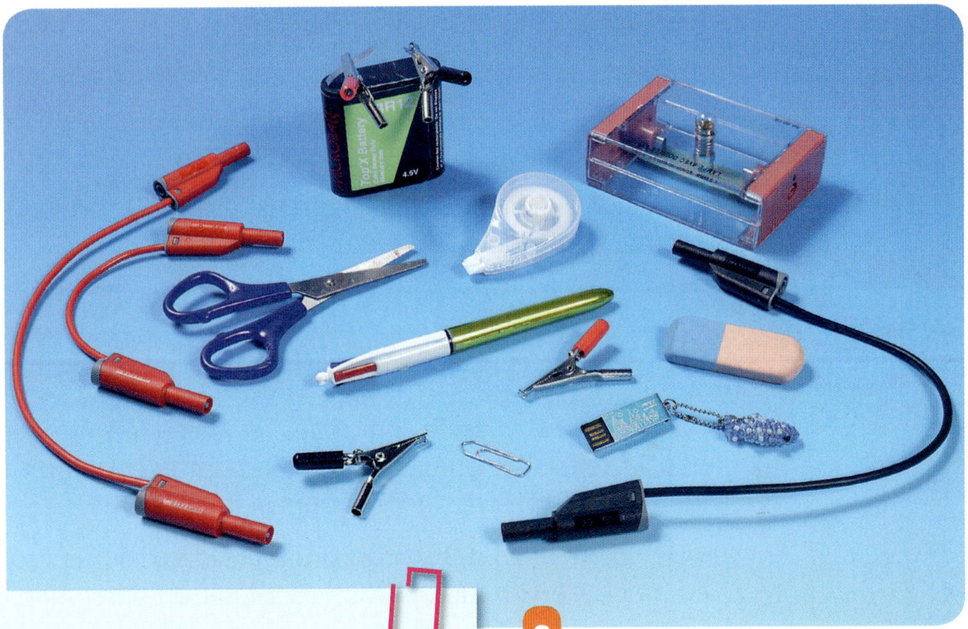

3 **Tester les matériaux conducteurs de sa trousse.**

Je conçois une expérience

1. Se munir d'une pile, d'une lampe, de fils électriques et d'objets provenant d'une trousse.

2. Tester la conductivité de différents objets de la trousse pour savoir quels matériaux sont conducteurs.

J'ai réussi si...

- ☐ J'ai su m'exprimer de manière claire et scientifique.
- ☐ J'ai compris à quelle condition le courant circule dans un circuit.
- ☐ J'ai su déterminer expérimentalement si un matériau conduit le courant.

? BESOIN D'UN COUP DE POUCE ?

→ La lampe ne brille que quand la feuille d'aluminium est en contact avec les trombones.

Bilan Les circuits électriques

Je dois savoir

Activité 1 Le circuit électrique simple

- Un circuit électrique simple est constitué de **dipôles** : un **générateur**, un **récepteur** et un interrupteur. Le circuit électrique doit être fermé pour fonctionner.
- La tension qui existe aux bornes du générateur permet au dipôle branché à ses bornes d'être traversé par un courant.

Activité 2 La circulation du courant électrique dans un circuit

- Le courant électrique a un sens de circulation. Par convention, à l'extérieur du générateur, on représente le courant électrique de sa borne positive vers sa borne négative.
- La diode est un dipôle sensible au sens du courant : elle ne laisse passer le courant que dans un sens.
- Dans un circuit électrique, l'**intensité** du courant électrique est la même « avant » et « après » un dipôle.

Activité 3 Dipôles en série et dipôles en dérivation

- Des dipôles en **série** sont reliés les uns à la suite des autres. Ils forment une seule boucle. Dans un circuit série, quand un récepteur n'est pas traversé par un courant, les autres s'arrêtent de fonctionner.
- Des dipôles en **dérivation** ont leurs deux bornes reliées deux à deux. Ils forment au moins deux boucles. Dans un circuit en dérivation, quand un récepteur n'est pas traversé par un courant, les autres peuvent continuer de fonctionner.

→ L'essentiel du cours en une animation

Je retiens les mots-clés

- **Dérivation**
- **Dipôle**
- **Générateur**
- **Intensité**
- **Récepteur**
- **Série**

Dico du manuel p. 221

Je retiens par l'image

Circuit simple et sens du courant

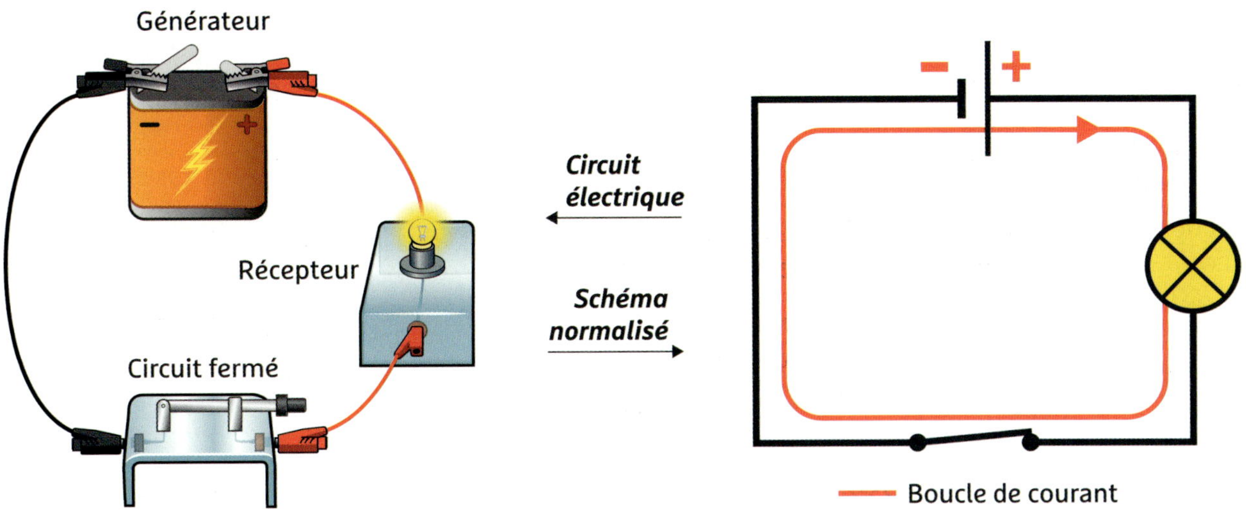

Circuit en série et circuit en dérivation

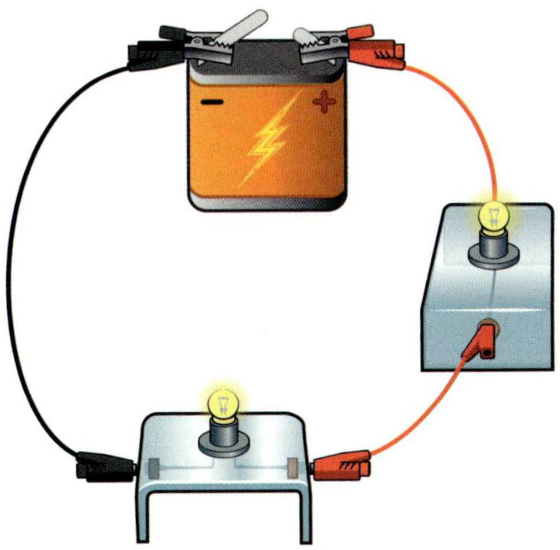

Circuit en série : une boucle

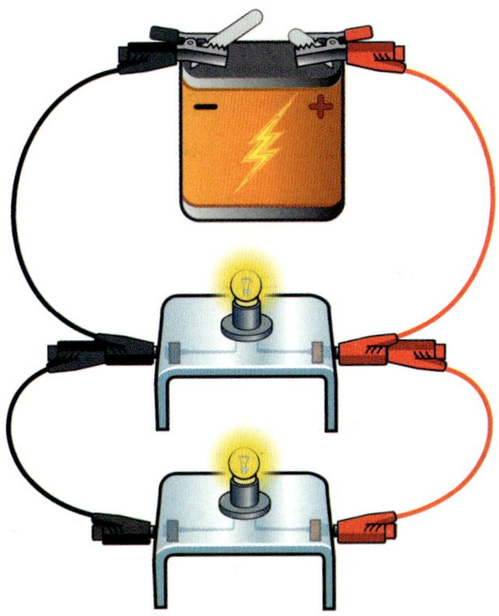

Circuit en dérivation : plusieurs boucles

Je suis capable de

	Pour cela, je dois	Pour vérifier
→ **réaliser un circuit électrique répondant à un cahier des charges**	→ connaître le rôle de chaque dipôle. → savoir connecter des dipôles en série et des dipôles en dérivation.	→ Activité 1 → Activité 3
→ **vérifier une loi de l'électricité**	→ savoir que le courant a un sens de circulation. → savoir que l'intensité du courant est la même avant et après un dipôle. → utiliser un ampèremètre.	→ Activité 2

Exercices

Je vérifie mes connaissances

1 Qui est qui ?

Dans un circuit électrique simple, parmi les dipôles ci-contre, qui :

a. fournit de l'énergie électrique ?

b. reçoit de l'énergie électrique ?

c. commande le passage du courant ?

- récepteur
- lampe
- interrupteur
- moteur
- générateur
- pile

2 QCM

Choisissez la proposition correcte.

Par convention, à l'extérieur du générateur, le courant circule :

a de la borne négative à la borne positive.

b de la borne positive à la borne négative.

c dans le sens des aiguilles d'une montre.

3 Identifier

a. Dans quel circuit tous les dipôles sont-ils branchés en série ?

b. Dans quel circuit tous les dipôles sont-ils branchés en dérivation ?

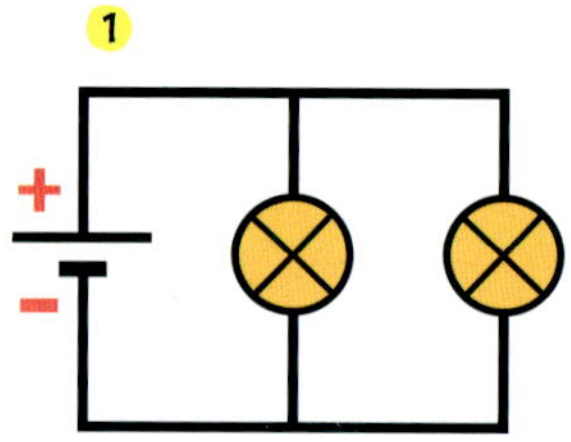

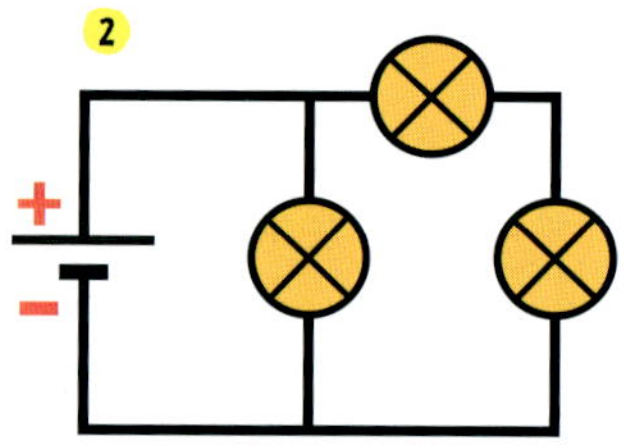

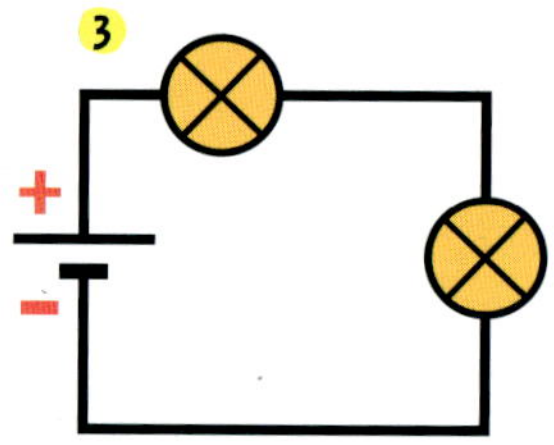

J'utilise mes compétences

4 Mobiliser des connaissances

Coup de pub !

Expliquez pourquoi cette publicité n'est pas réaliste.

5 Adopter un comportement éthique et responsable

Interdiction formelle

a. Expliquez pourquoi le professeur impose cette interdiction à ses élèves.

b. Quelle grandeur électrique délivrée par la prise de courant permet aux appareils électriques de la maison de fonctionner ?

6 Mobiliser des outils numériques

Circuit en ligne

a. Allez sur le site *PCCL – Physique Chimie au Collège et au Lycée* : physiquecollege.free.fr et cherchez l'animation de 5e : 01. Un circuit électrique simple/vocabulaire.

b. Faites briller la lampe et faites une capture d'écran.

c. Envoyez la capture d'écran à votre professeur via l'espace numérique du collège.

7 Pratiquer des démarches scientifiques

Générateurs *versus* récepteurs

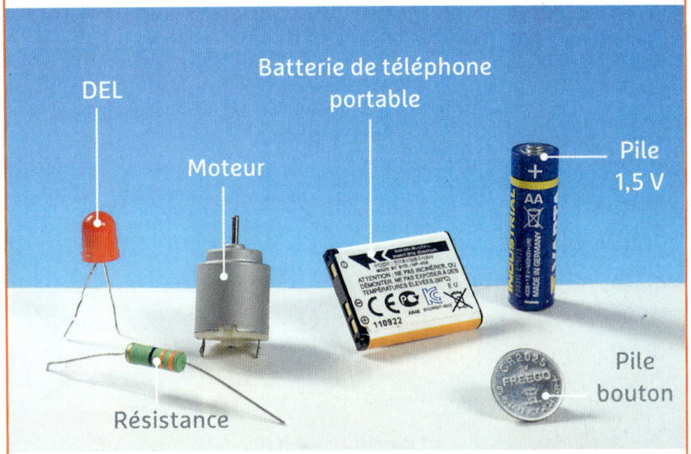

a. Générateur ou récepteur ? Formulez une hypothèse sur le type de chaque dipôle de la photo ci-dessus.

b. Proposez une expérience pour vérifier l'hypothèse.

8 Pratiquer des langages

Expérience à faire à la maison

Une télécommande contient des piles permettant de faire fonctionner une diode électroluminescente (DEL) infrarouge : celle-ci émet de la lumière infrarouge (pour commander le poste de télévision par exemple) quand elle reçoit de l'énergie électrique.

Expliquez, en utilisant un vocabulaire précis, le résultat de l'expérience ci-contre.

Expérience

1. Inverser le sens de branchement des piles dans la télécommande d'une télévision.
2. Observer que la télécommande ne commande plus la télévision.

9 Mobiliser des connaissances

Sens de branchement

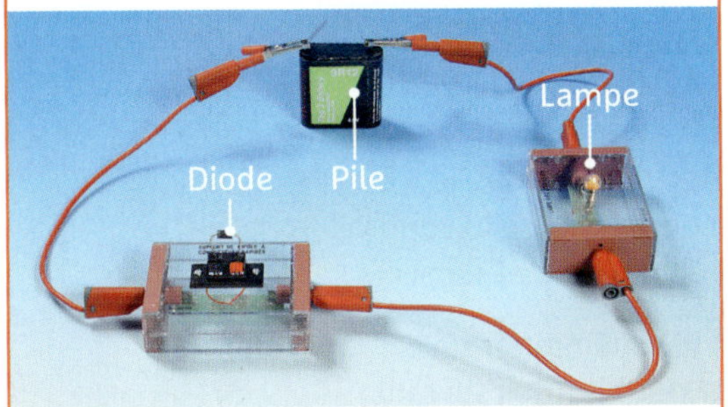

Observez le circuit ci-dessus.
La lampe brille-t-elle encore si on inverse le sens de branchement de :

a. la lampe ? **b.** la diode ? **c.** la pile ?

10 Pratiquer des démarches scientifiques

Découvrir une nouvelle loi de l'électricité

Thomas, 5e C : expérience

du lundi 16 janvier 2017

Si je place une diode « avant » une lampe, j'observe que la lampe brille exactement de la même façon que lorsqu'elle était placée « après la lampe ».

a. L'intensité du courant dépend-elle de l'ordre des dipôles dans un circuit ?

b. Réalisez les schémas normalisés des deux circuits décrits par Thomas. Ajoutez sur chaque circuit la boucle de courant et le sens conventionnel du courant.

c. Quel appareil de mesure permettrait de montrer la loi électrique découverte par Thomas ?

Exercices

11 Mobiliser des connaissances

La lampe est-elle mal vissée ?

Expliquez qui a raison.

12 Pratiquer des langages

C'est logique

Observez les circuits des doc. 1 à 4 de l'activité 3 p. 152-153.

a. **Quel type de circuit illustre la fonction logique ET ?**

b. **Quel type de circuit illustre la fonction logique OU ?**

c. **Un générateur unique fait circuler l'électricité de toute une maison. Déduisez-en comment sont branchés les appareils électriques domestiques.**

Coup de pouce

L'électricité circule dans la pile si...

→ Fonction logique ET : ... l'électricité circule dans la lampe 1 ET dans la lampe 2.

→ Fonction logique OU : ... l'électricité circule dans la lampe 1 OU dans la lampe 2.

13 Concevoir, réaliser, créer

Bout d'Art

La longueur d'un ruban à diodes électroluminescentes peut être ajustée à souhait.

Expliquez pourquoi, selon vous, on peut couper ce ruban à la longueur voulue.

14 Créer, concevoir, réaliser

Pile ronde

Eliott ne sait pas distinguer la borne positive de la borne négative sur une pile ronde.

À l'aide d'un interrupteur, d'une lampe et d'une diode, comment peut-il identifier la polarité de chaque borne de la pile ?

15 Pratiquer des langages

Cahier des charges

Grand-mère Tartine oublie toujours d'éteindre la lampe de sa cave. Elle voudrait installer un voyant en haut des escaliers.

Réalisez le schéma normalisé répondant au cahier des charges suivant :

– les deux lampes sont commandées par un seul interrupteur.

– si une lampe ne fonctionne plus, l'autre reste allumée.

Je m'entraîne pour l'évaluation

16 L'éclairage d'une voiture

Énoncé

Une voiture contient de nombreux circuits électriques comme les circuits de démarrage ou d'éclairage.

Tous sont alimentés par la batterie dont la tension est de 12 volts.

1 **Le circuit d'éclairage des feux arrière d'une voiture.**

La batterie permet, entre autres, d'alimenter les feux arrière. Elle fournit une tension de 12 V.

Démarreur

Les feux arrière ont une tension de 12 V chacun. L'intensité qui les traverse est de 0,4 A.

La carcasse est métallique donc elle laisse circuler le courant électrique. Elle permet le retour du courant électrique à la borne - de la batterie.

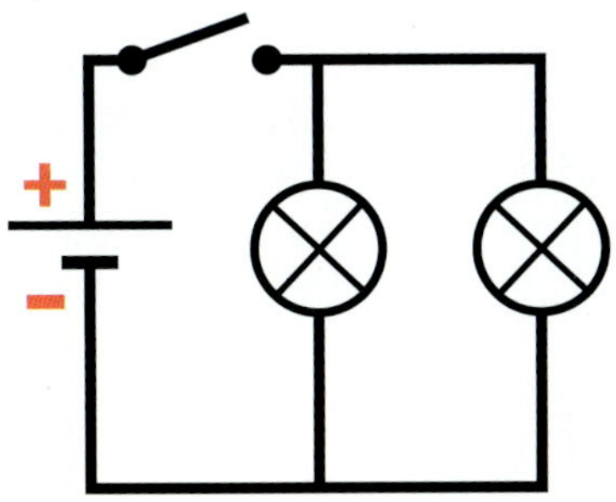

2 **Schéma normalisé du circuit d'éclairage des feux arrière.**

Questions

1. Le circuit électrique

a. Citez le générateur et les récepteurs du circuit d'éclairage des feux arrière d'une voiture.

b. La carcasse métallique joue-t-elle le rôle d'un fil de connexion ?

2. Les deux types de circuit

a. Citez deux dipôles branchés en série dans le circuit du doc. 2.

b. Expliquez pourquoi, si un feu arrière ne fonctionne plus, l'autre continue de fonctionner.

3. Le sens du courant

Léa réalise l'expérience suivante en classe :

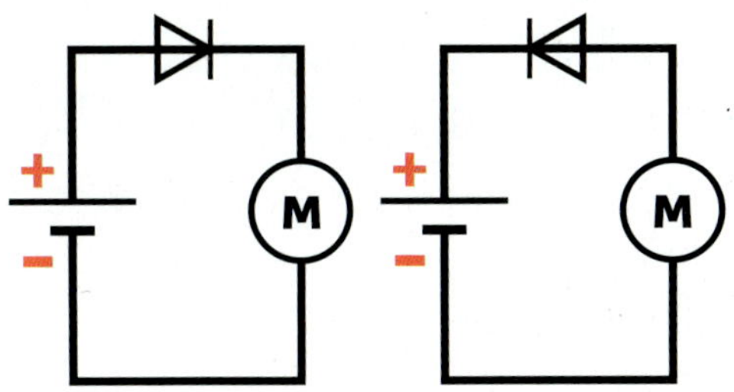

Le moteur tourne

Le moteur ne tourne pas

a. Rédigez un compte rendu des observations de Léa.

b. Recopiez le schéma du doc. 2 en ajoutant une diode pour que le courant ne circule pas même si l'interrupteur est fermé.

c. Expliquez pourquoi il serait dangereux que les voitures aient un tel circuit.

Accompagnement personnalisé

Classe inversée

17 Je réalise un schéma de conversion d'énergie

Un circuit électrique simple avec un moteur

Énoncé

Joanne réalise l'expérience ci-dessous.

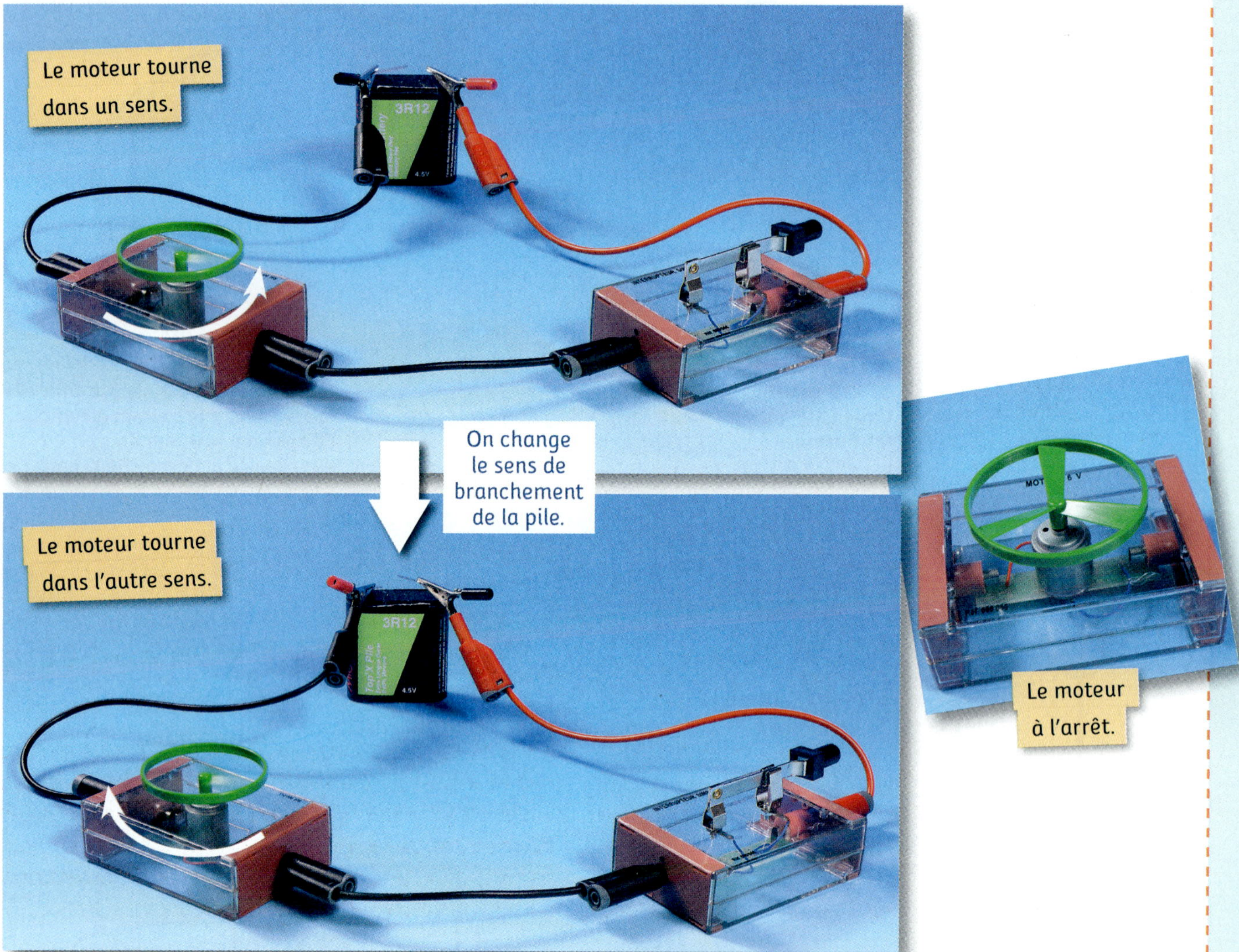

Questions

a. Réalisez les schémas normalisés des deux circuits.

b. Que montre l'expérience faite par Joanne ?

Coup de pouce

→ Pour faire un schéma normalisé, voir la fiche 10, p. 211.

c. Recopiez et complétez le schéma de conversion ci-dessous :

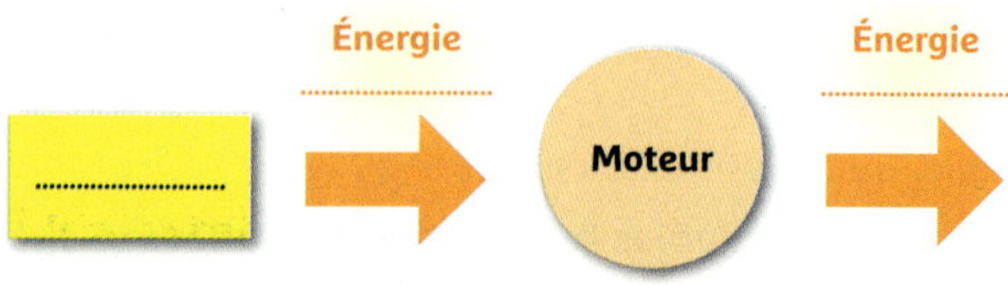

d. Y a-t-il conversion d'énergie si le circuit est ouvert ?

Parcours citoyen

Les lampes « basse consommation », une idée lumineuse ?

Comparaison entre une lampe à incandescence (à gauche) et une lampe dite « basse consommation » (à droite).

Depuis quelques années, les lampes à incandescence ont disparu des rayons des magasins au profit des lampes dites « basse consommation » ou « à économie d'énergie ». Plus chères à l'achat, leur durée de vie est jusqu'à 15 fois plus longue qu'une lampe classique. Il en existe plusieurs types : les lampes halogènes, les lampes fluocompactes, les DEL (diodes électroluminescentes)... Elles présentent toutefois quelques inconvénients. Les lampes fluocompactes contiennent du mercure, un polluant pour l'environnement en cas de rejet dans la nature ou de casse. Elles doivent donc faire l'objet d'un recyclage spécifique.

- **Quels types de lampes « basse consommation » existe-t-il ?**
- **Citez deux avantages d'une lampe « basse consommation » par rapport à une lampe à incandescence.**
- **La cuisine de Céline est éclairée par une lampe fluocompacte. Malheureusement, sa lampe ne fonctionne plus et elle ne sait pas quoi en faire. Proposez une solution à Céline.**

Production attendue [Mathématiques – Technologie]

Réalisez un comparatif entre les lampes à incandescence et les différentes lampes « basse consommation ».

EPI

Initiation aux calligrammes

Disciplines concernées
Arts plastiques, Histoire-Géographie, Français, Anglais – Allemand

En physique-chimie
Identifier les sources, les transferts, les conversions et les différentes formes d'énergie.
Notions abordées : sécurité en chimie, électricité et optique

Le dessin est un langage universel qui peut être compris par des personnes qui ne parlent pas la même langue. Ainsi, de nos jours, les pictogrammes de sécurité en chimie ou bien les panneaux de signalisation routière utilisent une représentation compréhensible de tous afin de signaler des dangers particuliers. Les calligrammes, quant à eux, sont des « textes, le plus souvent poétiques, dont les mots sont disposés de manière à représenter un objet qui constitue le thème du passage ou du poème ».

Production attendue

→ **Créer un calligramme**

Comment réaliser ce projet : une démarche possible

Étape 1 **Étudier les calligrammes dans différentes disciplines**

Arts plastiques
- L'art, un moyen d'expression sans cesse renouvelé

Histoire-Géographie-EMC
- La Première Guerre mondiale par le biais de Guillaume Apollinaire

Français
- Le calligramme
- L'écriture d'un poème

Anglais – Allemand
- La découverte d'auteurs
- La traduction de calligrammes

Étape 2 Lire un pictogramme

a. Formez des groupes et recherchez sur Internet la signification des pictogrammes suivants.

b. Formulez des messages et inventez les nouveaux pictogrammes correspondants.

Étape 3 Analyser un calligramme

Formez des groupes et analysez les calligrammes suivants :

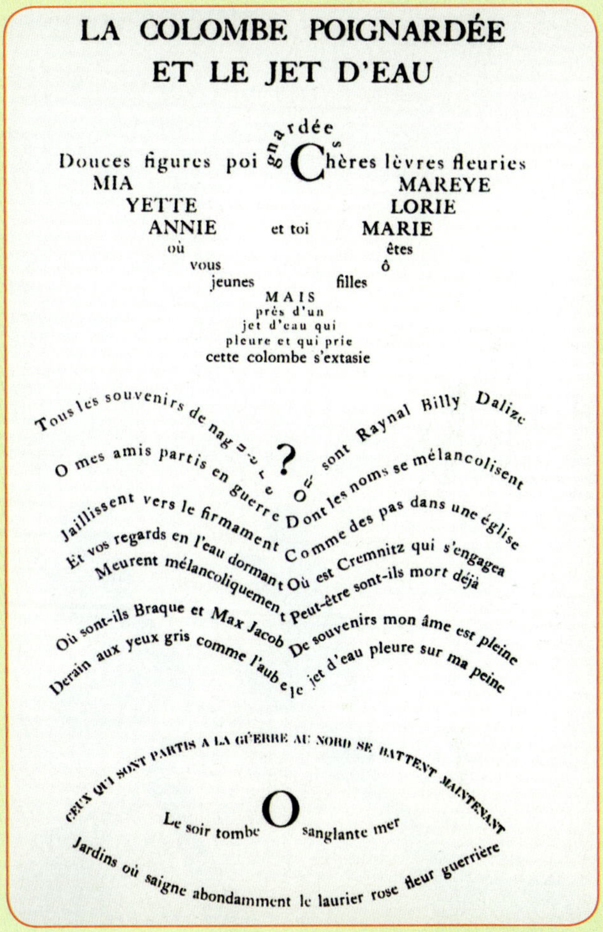

«La colombe poignardée et le jet d'eau» de Guillaume Apollinaire.

Étape 4 Créer un calligramme

Illustrez le thème de l'énergie à l'aide d'un calligramme (exemples : éolienne, moulin à vent, volcan en éruption, etc.).

Ressources pour cet EPI

- → **Chapitre 8 essentiellement, puis par extension les chapitres 10, 3 et 5.**
- → **Tutoriel : calligramme sur photoshop :** https://www.youtube.com/watch?v=_7FEL6run_s

Thème D

Des signaux pour observer et communiquer

▲ Théâtre d'ombres, théâtre Sovanna Phum au Cambodge.

Attendus de fin de cycle*

Bulletin officiel spécial, n° 11, 26 novembre 2015.

Du cycle 3 au cycle 4

Pour chaque question, choisissez la bonne réponse à l'aide de vos connaissances

1 Les signaux chez l'Homme

1 Pour caractériser un signal, il faut :

a. une source, une information véhiculée et un récepteur.
b. une source et un récepteur seulement.
c. une source et une information véhiculée seulement.

2 Un homme est incapable d'émettre des signaux :

a. visuels.
b. sonores.
c. radio.

3 Sur la photo ci-contre, on sait que la personne envoie un signal :

a. grâce à ses expressions.
b. grâce à sa tenue vestimentaire.
c. par le son qu'elle émet.

4 Sur la photo, la personne envoie un signal :

a. de colère.
b. de joie.
c. de surprise.

2 Les signaux dans le monde animal

5 Les animaux utilisent des signaux pour :

a. s'alimenter.
b. communiquer.
c. dormir.

6 Sur la photo, le chat :

a. envoie un signal visuel.
b. envoie un signal radio.
c. n'envoie aucun signal.

7 Sur la photo, l'information véhiculée :

a. est un message d'accueil.
b. est un message d'agressivité.
c. est une invitation au jeu.

8 Sur la photo, le récepteur de l'information :

a. est un chat.
b. est un chien.
c. est inconnu.

3 Les différentes formes de signaux

9 Les feux tricolores de circulation sont des signaux :

a. sonores.
b. radio.
c. lumineux.

10 Un crissement de pneus lors d'un freinage tardif :

a. est un signal sonore.
b. est un signal olfactif.
c. n'est pas un signal.

11 Lorsqu'un chien renifle sur le sol, il est à la recherche de signaux :

a. olfactifs.
b. radio.
c. lumineux.

12 Au collège, la sonnerie à la fin des cours :

a. est un signal radio.
b. est un signal sonore.
c. n'est pas un signal.

4 Reconnaître les signaux émis ou reçus par les objets techniques

13 La clé de la photo ci-contre émet un signal :

a. lumineux.
b. radio.
c. sonore.

14 Sur la photo, l'information véhiculée par le signal est :

a. « tourner les roues de la voiture ».
b. « ouvrir le capot de la voiture ».
c. « ouvrir les portes de la voiture ».

15 Sur la photo, le signal de commande à distance est envoyé :

a. par la clé vers un récepteur dans la voiture.
b. par le conducteur vers un récepteur dans la voiture.
c. par le conducteur vers la clé.

16 Les signaux que nos sens sont incapables de percevoir sont les signaux :

a. sonores.
b. olfactifs.
c. radio.

Compétences travaillées

• Dans les activités et tâches complexes • Dans les exercices

Chapitres	10	11
Mobiliser des connaissances [D4]		
• Caractériser différents types de signaux (lumineux, sonores, radio...)	• exercices	• exercices
• Utiliser les propriétés de ces signaux		• exercices
Pratiquer des démarches scientifiques [D4]		
• Identifier des questions de nature scientifique.	• activités	• activités
• Proposer une ou des hypothèses pour répondre à une question scientifique. Concevoir une expérience pour la ou les tester.	• exercices	• exercices
• Mesurer des grandeurs physiques de manière directe ou indirecte.		
• Interpréter des résultats expérimentaux, en tirer des conclusions et les communiquer en argumentant.	• activités • exercices	• exercices
• Développer des modèles simples pour expliquer des faits d'observations et mettre en œuvre des démarches propres aux sciences.	• activités • exercices	
Concevoir, créer, réaliser [D5]		
• Concevoir et réaliser un dispositif de mesure ou d'observation.	• exercices	• exercices
S'approprier des outils et des méthodes [D2]		
• Effectuer des recherches bibliographiques		
• Utiliser des outils numériques pour mutualiser des informations sur un sujet scientifique.		• exercices
• Planifier une tâche expérimentale, organiser son espace de travail, garder des traces des étapes suivies et des résultats obtenus.		
Pratiquer des langages [D1]		
• Lire et comprendre des documents scientifiques. [D1.1]	• activités • exercices	• activités • exercices
• Utiliser la langue française en cultivant précision, richesse de vocabulaire et syntaxe pour rendre compte des observations, expériences, hypothèses et conclusions. [D1.1]		
• S'exprimer à l'oral lors d'un débat scientifique. [D1.1]		
• Passer d'une forme de langage scientifique à une autre. [D1.3]	• exercices	• activités • exercices
Mobiliser des outils numériques [D2]		
• Utiliser des outils d'acquisition et de traitement de données, de simulations et de modèles numériques.		
• Produire des documents scientifiques grâce à des outils numériques, en utilisant l'argumentation et le vocabulaire spécifique à la physique et à la chimie.		
Adopter un comportement éthique et responsable [D3]		
• Expliquer les fondements des règles de sécurité en chimie, électricité et acoustique. Réinvestir ces connaissances ainsi que celles sur les ressources et sur l'énergie, pour agir de façon responsable.	• exercices	
• S'impliquer dans un projet ayant une dimension citoyenne.		
Se situer dans l'espace et dans le temps [D5]		
• Expliquer, par l'histoire des sciences et des techniques, comment les sciences évoluent et influencent la société.		• activités
• Identifier les différentes échelles de structuration de l'Univers.		
Pratiquer des langues étrangères et régionales [D1]		
• Analyser des documents scientifiques authentiques en langue étrangère [D1.2]		

Chapitre 10

Caractériser le son et la lumière

La lumière et le bruit du volcan peuvent-ils parvenir jusqu'à l'ISS ?

▲ Vue de l'éruption du pic Sarytchev (Russie) depuis la station spatiale internationale (ISS).

Activité 1

Quelles sont les sources de lumière et de son ?

Objectif

Distinguer une source primaire (objet lumineux) d'un objet diffusant.

1 Exemples de **sources primaires** de lumière.

Le son produit par le choc du bâton sur la plaque fait vibrer des couches d'air jusqu'au film plastique qui vibre à son tour et fait bouger le sucre. La propagation d'un son correspond donc à un transfert d'énergie de vibration de la source sonore vers un récepteur susceptible de vibrer.

2 Exemples de sources sonores.

Certaines sources sonores ou lumineuses puissantes sont dangereuses. Protégez vos yeux et vos oreilles !

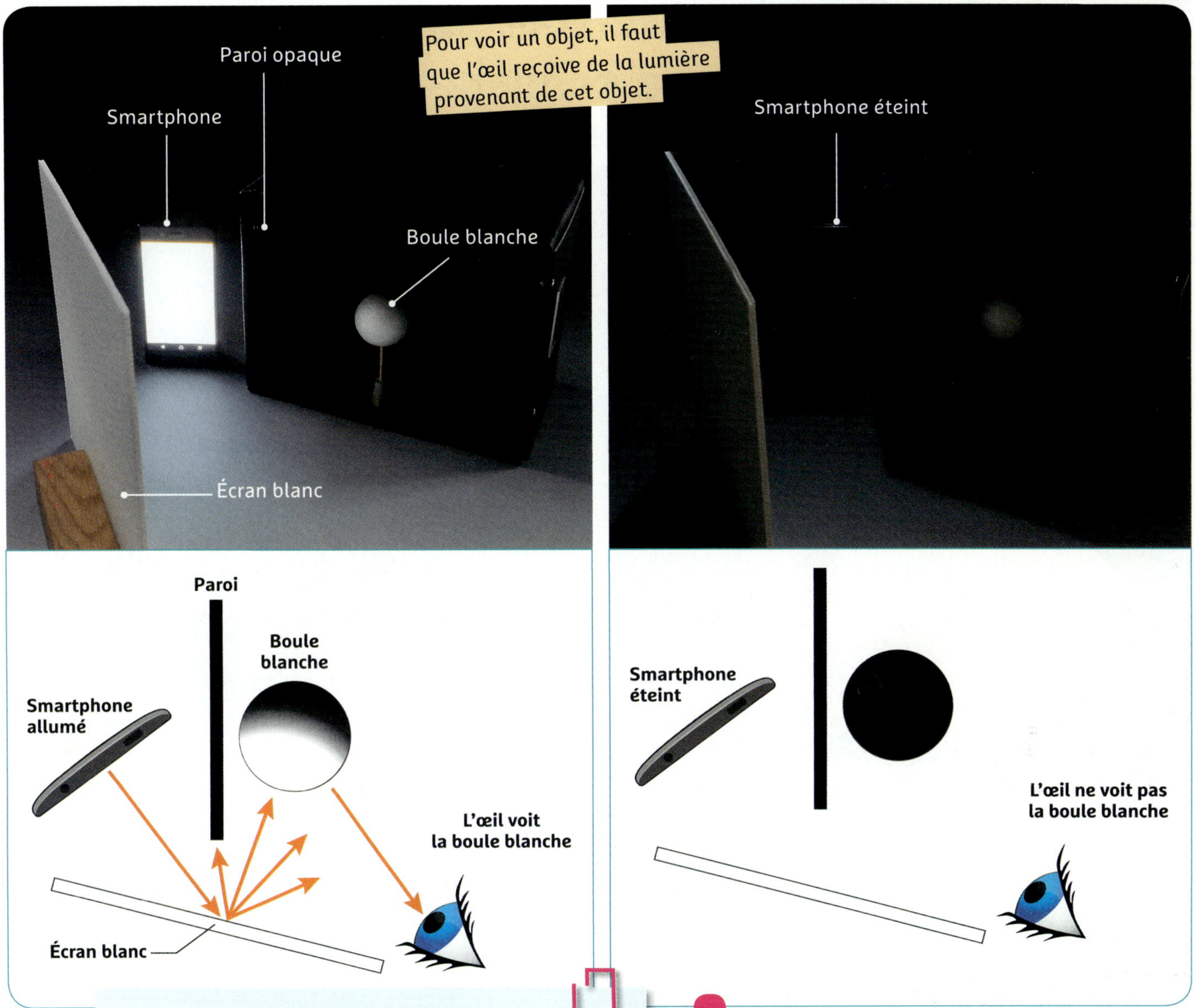

J'expérimente

1. Régler la luminosité du smartphone à son maximum. Disposer l'écran blanc de manière à éclairer la boule blanche.
2. Éteindre le smartphone et observer la boule.

3 **Éclairer une boule blanche avec un écran diffusant.** La boule blanche placée dans la boîte noire n'est pas éclairée par l'écran du smartphone. On peut l'éclairer à l'aide d'un écran blanc car celui-ci diffuse la lumière du smartphone.

Vocabulaire

Source primaire de lumière : objet lumineux qui produit la lumière qu'il émet.

Objet diffusant : objet qui, quand il est éclairé, renvoie de la lumière dans toutes les directions.

Travailler une compétence

[D4] Pratiquer des démarches scientifiques

1. Doc. 1 et 2 Quelles sont les formes d'énergie transférées par une source primaire de lumière et par une source sonore ?
2. Doc. 3 Identifiez la source primaire et les objets diffusants.
3. Doc. 3 À votre avis, qu'observerait-on si on remplaçait l'écran blanc par un miroir ?

Activité 2

Dans quels milieux le son et la lumière se propagent-ils ?

Objectif
Décrire les conditions de propagation d'un son.

1 **Propagations comparées de la lumière et du son dans une boîte à vide.** Un smartphone émettant de la musique est enfermé dans une boîte à vide en plastique transparent.

J'expérimente

1. Retirer de l'air de la boîte à l'aide de la pompe. Observer et écouter (schéma étape A).
2. Faire ensuite entrer de l'air dans la boîte et constater qu'on entend la musique plus fort (schéma étape B).

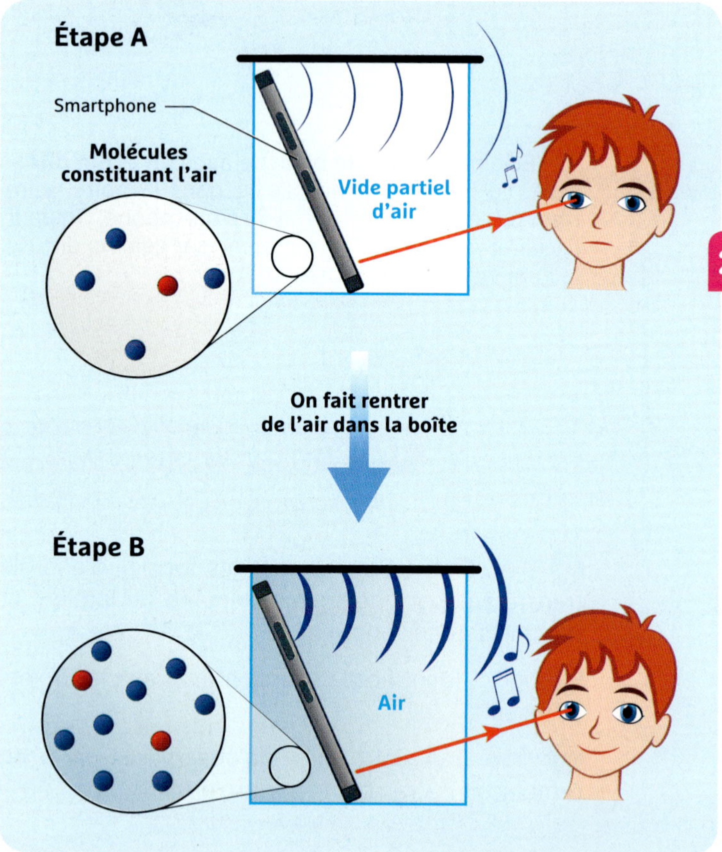

2 **Comprendre ce qui se passe dans la boîte à vide.**

Travailler une compétence

[D1.1] Pratiquer des langages

1. **Doc. 1** Désignez le récepteur de lumière et celui du son.
2. **Doc. 2** En raisonnant sur la quantité de molécules, interprétez les résultats de l'expérience pour le son.
3. **Doc. 1 et 2** Citez des milieux traversés par la lumière entre la source et le récepteur. Que se passerait-il si la boîte à vide était opaque ?

Activité 3

Comment la lumière se propage-t-elle ?

Objectif
Exploiter expérimentalement le modèle du rayon lumineux.

- Le trajet de la lumière est invisible dans l'air mais il devient visible dans un milieu diffusant comme l'eau colorée ou la fumée.

1 **Visualiser le trajet de la lumière.**

J'expérimente

1. Verser un peu de fluorescéine dans une cuve transparente remplie d'eau.
2. Avec un laser orienté vers la cuve, observer que la lumière parvient à traverser l'eau.
3. Observer le trajet de la lumière dans l'eau.

Attention ! Ne jamais regarder ni directement la lumière d'un laser, ni par réflexion dans un miroir, il y a danger de perdre la vue.

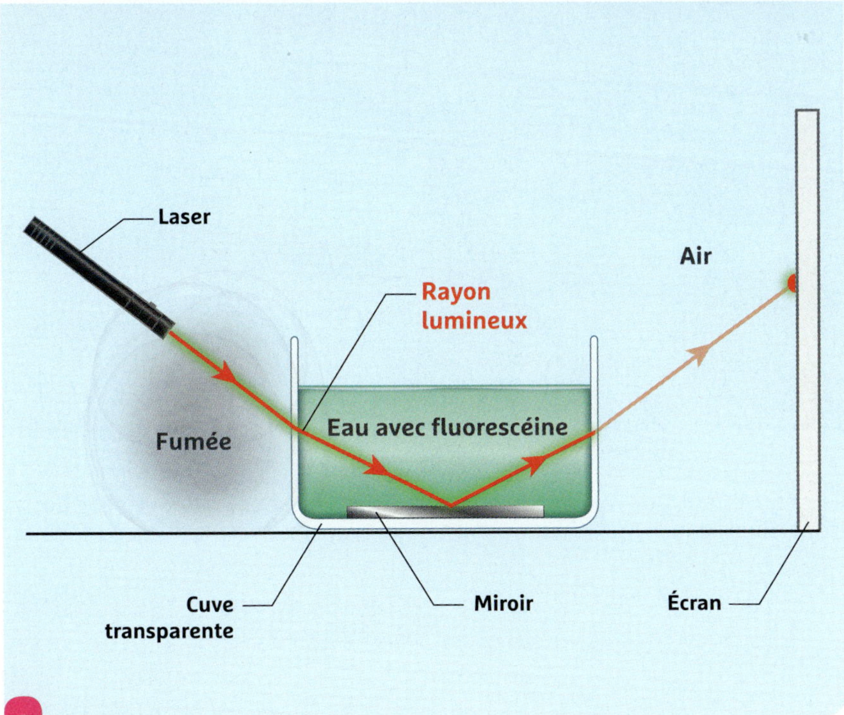

2 **Modélisation du trajet de la lumière.** On modélise le trajet de la lumière par une ligne appelée rayon lumineux. Le sens de la propagation de la lumière est représenté par une flèche allant de la source vers l'objet éclairé. Le modèle du rayon lumineux est très utile pour schématiser.

Travailler une compétence

[D4] Pratiquer des démarches scientifiques

1. Doc. 1 Pourquoi le trajet de la lumière est-il invisible dans l'air ? Énoncez une hypothèse.
2. Doc. 1 et 2 Décrivez le trajet de la lumière dans un milieu transparent.
3. Doc. 2 Que se passe-t-il lorsque le rayon lumineux rencontre un miroir ou lorsqu'il passe d'un milieu à un autre ?
4. Doc. 2 Quel peut être l'intérêt de modéliser le trajet de la lumière par un rayon lumineux ?

Tâche complexe

Son et lumière sous l'eau

Pour commencer

Un spectacle musical insolite.
Jouer de la musique sous l'eau est un véritable défi ! Il faut pouvoir exploiter des instruments existants ou créer de nouvelles machines aptes à produire de beaux sons dans l'eau. Il faut chanter, souffler, et bien sûr remonter à la surface pour reprendre sa respiration...

Mission

Montrer qu'un concert sous l'eau peut être un spectacle sonore et visuel.

Consigne : À l'aide des documents, préparez un exposé de 5 minutes où vous montrerez expérimentalement que la lumière et le son se propagent dans l'eau.

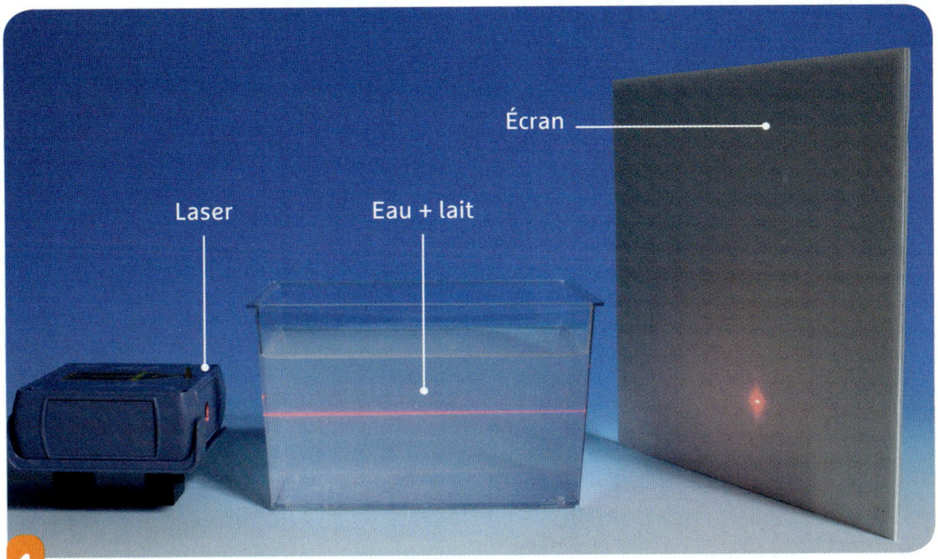

1 **Propagation de la lumière dans l'eau.**

J'expérimente

1. Enfermer le mécanisme d'une carte musicale dans une boîte étanche lestée. Vérifier qu'on entend la musique.

2. Laisser lentement descendre la boîte dans un vase haut rempli d'eau et écouter.

2 **Propagation du son dans l'eau.** Lors des épreuves de natation synchronisée, des haut-parleurs sont installés en dehors de l'eau mais aussi au fond du bassin pour que les nageuses puissent entendre la musique tout au long de leur représentation.

3 **Descente dans l'eau de la boîte étanche.**

BESOIN D'UN COUP DE POUCE ?

→ Voir les expériences effectuées dans les activités 2 et 3, p. 174 et 175.

J'ai réussi si...

- ☐ J'ai montré que la lumière se propage dans l'eau.
- ☐ J'ai mis en évidence la propagation rectiligne de la lumière.
- ☐ J'ai montré que le son se propage dans l'eau.

Bilan Caractériser le son et la lumière

Je dois savoir

Activité 1 Sources lumineuses et sonores

- Il existe deux types de sources de lumière : les **sources primaires** et les **objets diffusants**.

– Les sources primaires produisent la lumière qu'elles envoient. Les étoiles (comme le Soleil), les lampes, les lasers, les DEL sont des sources primaires de lumière.

– Les objets diffusants renvoient dans toutes les directions une partie de la lumière qu'ils reçoivent. En l'absence de lumière reçue, ils n'émettent aucune lumière. La Lune, les planètes, l'écran de cinéma, les objets clairs éclairés sont des objets diffusants.

- Le son est un phénomène vibratoire qui va de la source vers un récepteur comme l'oreille.
- Lors de la **propagation** de la lumière ou d'un son, il y a **transfert d'énergie**.

Activité 2 Milieux de propagation de la lumière et du son

- Les milieux traversés par la lumière sont appelés **milieux transparents**, comme le **vide**, l'air, l'eau ou le verre.
- Le son ne peut se propager que dans des milieux matériels comme l'air, l'eau ou le bois.

Activité 3 La propagation rectiligne de la lumière

- Le trajet de la lumière devient «visible» dans un milieu diffusant (fumée, brouillard, etc.).
- La lumière se propage en ligne droite dans un milieu transparent et homogène : on dit qu'il y a propagation rectiligne de la lumière. On modélise le trajet de la lumière par un **rayon lumineux**.

Un rayon lumineux est représenté par un segment fléché qui indique le sens de propagation de la lumière (de la source vers l'objet éclairé).

→ L'essentiel du cours en une animation

Je retiens les mots-clés

- Milieu transparent
- Objet diffusant
- Propagation
- Rayon lumineux
- Source primaire
- Transfert d'énergie
- Vide

Dico du manuel p. 221

Je retiens par l'image

Sources de lumière

De la source au récepteur

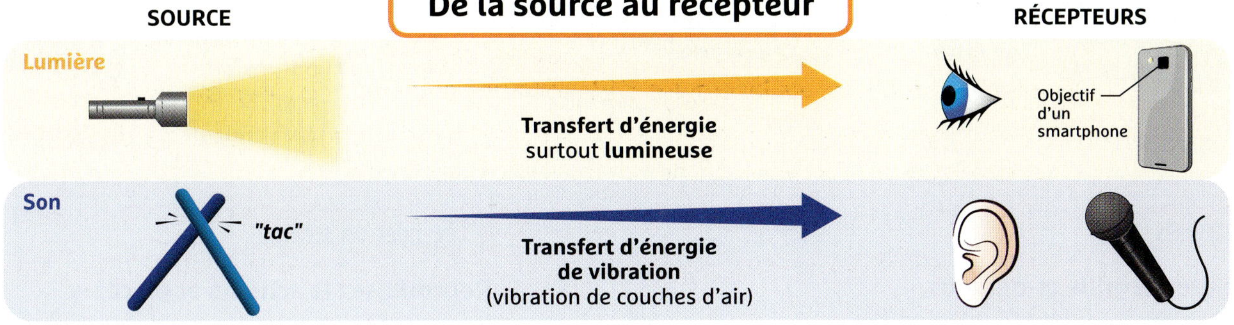

Propagation de la lumière et du son

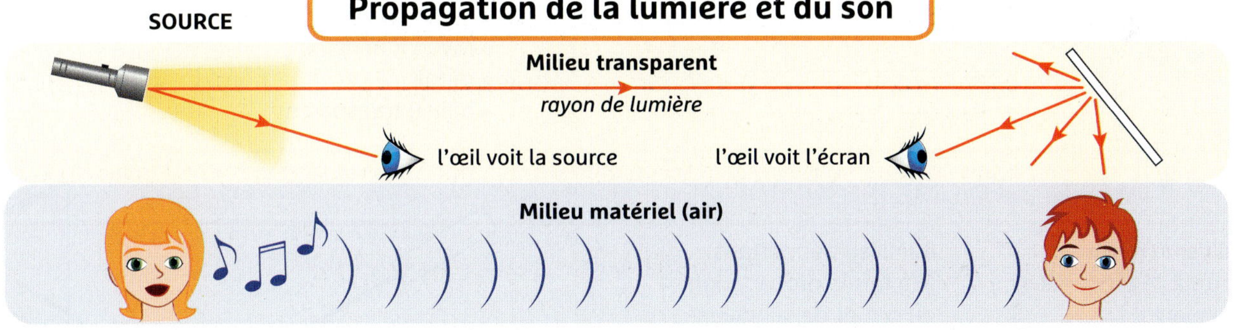

Je suis capable de

	Pour cela, je dois	Pour vérifier
→ **distinguer une source primaire (objet lumineux) d'un objet diffusant**	→ connaître les définitions d'une source primaire et d'un objet diffusant.	→ Activité 1
→ **décrire les conditions de propagation d'un son**	→ savoir qu'il y a transfert d'énergie de la source sonore vers un récepteur. → savoir dans quels types de milieux le son se propage.	→ Activité 2
→ **exploiter expérimentalement le modèle du rayon lumineux**	→ savoir qu'il y a transfert d'énergie de la source de lumière vers un récepteur. → savoir que la lumière se propage en ligne droite. → savoir décrire le trajet d'un rayon lumineux.	→ Activité 3

Exercices

Je vérifie mes connaissances

1 QCM

Choisissez la bonne proposition.

a Une source primaire de lumière :
- envoie seulement la lumière qu'elle reçoit.
- produit la lumière qu'elle émet.
- ne produit jamais de lumière.

b Un objet diffusant :
- absorbe toute la lumière qu'il reçoit.
- produit la lumière qu'il émet.
- renvoie la lumière qu'il reçoit.

c Le laser est dangereux pour l'œil :
- toujours
- parfois
- jamais

d Le son correspond à un transfert :
- d'énergie
- d'information
- de matière

2 Mots croisés

Complétez la grille ci-dessous et découvrez un mot-clé du chapitre.

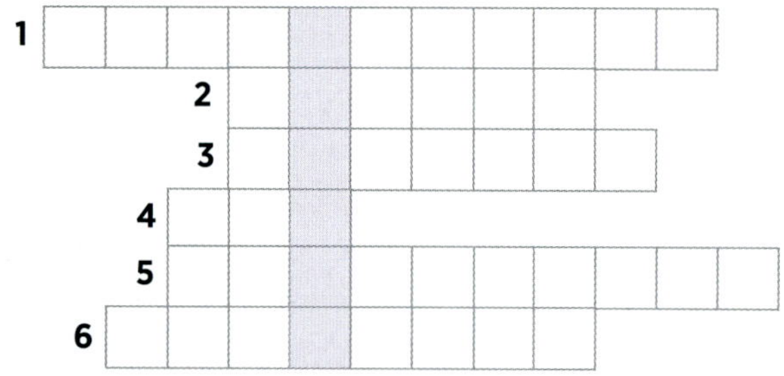

1. Qualifie un milieu permettant la propagation de la lumière.

2. Se dit d'une source émettant du son.

3. Est bloquée par un milieu opaque.

4. Milieu permettant à la fois la propagation du son et de la lumière.

5. Ils reçoivent le son ou la lumière émis par une source.

6. Le son ne peut se propager que dans ce type de milieu.

3 Légender un schéma

Reproduisez le schéma et placez-y les termes :

- source laser
- écran opaque
- rayon lumineux
- miroir
- milieu transparent

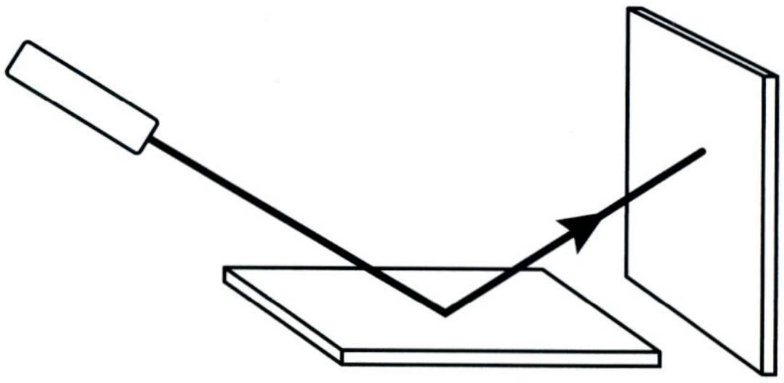

J'utilise mes compétences

4 Mobiliser des connaissances

Identification de sources

Sur la photo, repérez (en justifiant) :

a. une source primaire de lumière.

b. un objet diffusant.

c. un milieu diffusant.

5 Pratiquer des langages

Sources

Classez, dans un tableau, les objets suivants en deux catégories que vous préciserez :

- étoile
- écran de cinéma
- planète
- flamme
- laser
- phares allumés
- surligneur fluo
- phares éteints
- écran de télévision allumé
- poisson bioluminescent

6 Adopter un comportement éthique et responsable

Règles de sécurité

Quelle règle de sécurité n'est pas respectée par Sacha lors de l'utilisation du laser ?

7 Concevoir, créer, réaliser

Rôle d'un écran diffusant

Figurine **Écran opaque** **Lampe** **Écran diffusant**

a. Pourquoi la figurine n'est-elle pas éclairée par la lampe ?

b. Recopiez le dessin en déplaçant l'écran diffusant pour qu'il éclaire la figurine.

c. Tracez le trajet de la lumière qui explique pourquoi la figurine est alors éclairée.

8 Pratiquer des démarches scientifiques

Rôle d'un écran noir

Julie a l'idée de remplacer l'écran blanc par un écran noir dans le dispositif du doc. 3 de l'activité 1, p. 172-173.

Quand le smartphone sera allumé, que constatera-t-on ? Faites une hypothèse, puis réalisez le schéma indiquant le trajet de la lumière.

9 Pratiquer des langages

Sources et récepteurs

Repérez sur la photo des sources sonores et des sources lumineuses.

Pour chaque catégorie, précisez le(s) récepteur(s).

10 Pratiquer des démarches scientifiques

Le chemin de la lumière

a. Quel est le dessin qui représente le trajet suivi par la lumière ?

b. Argumentez par une phrase utilisant le vocabulaire adapté.

Exercices

11 Mobiliser des connaissances

Milieux de propagation

Reliez la lumière et le son aux milieux dans lesquels ils peuvent se propager.

Lumière •	• Verre
	• Métal
Son •	• Air
	• Vide

12 Pratiquer des langages

Résultats d'expérience

En s'appuyant sur l'expérience de l'activité 2 page 174, expliquez comment on peut prouver que l'air est bien de la matière. Répondez en utilisant la conjonction « donc ».

13 Pratiquer des démarches scientifiques

Esprit critique

Observez attentivement le dessin, puis, en raisonnant sur les propriétés de la lumière et du son, indiquez en justifiant :

a. une erreur commise par le dessinateur.

b. ce qui, en revanche, est correct du point de vue scientifique.

14 Mobiliser des connaissances

Le fonctionnement d'un stéthoscope

Le stéthoscope, inventé en 1817 par le médecin René Laennec, permet d'ausculter un patient en écoutant les bruits du corps. Son premier stéthoscope était un cylindre de bois percé d'un canal, muni d'un trou d'un côté pour l'oreille et d'un entonnoir de l'autre en contact avec le thorax du malade.

La conception de l'instrument lui aurait été inspirée par un jeu d'enfance qui consiste à gratter l'extrémité d'une planche avec un clou permettant ainsi à son camarade d'entendre le signal à l'autre bout de la planche.

Quelle propriété du bois Laennec a-t-il exploitée pour fabriquer son premier stéthoscope ?

15 Pratiquer des démarches scientifiques

Schéma normalisé du rayon lumineux

a. Recopiez et complétez le schéma en traçant un rayon lumineux entre le feu d'artifice et un récepteur de lumière.

b. Une autre source primaire est présente sur le dessin. Tracez un rayon lumineux entre cette source et un autre récepteur.

16 Pratiquer des démarches scientifiques

Boîte percée

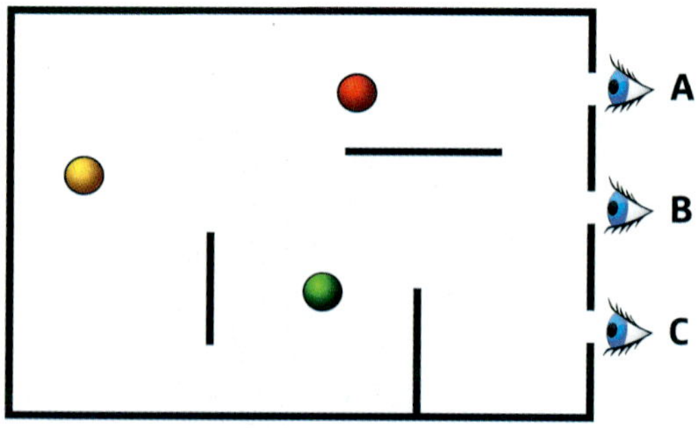

Dans une boîte labyrinthe munie de cloisons opaques se trouvent trois boules : une rouge, une jaune et une verte.

a. Depuis quelle(s) ouverture(s) peut-on voir les trois boules. Justifiez la réponse.

b. Quelle propriété de la lumière a été exploitée ici ?

17 Pratiquer des démarches scientifiques

La fibre optique

Une élève place une extrémité d'une fibre optique devant une lampe et l'autre extrémité près de sa joue.

a. En observant la photo, précisez le chemin pris par la lumière.

b. Expliquez pourquoi le résultat de l'expérience semble en contradiction avec vos connaissances sur la propagation de la lumière.

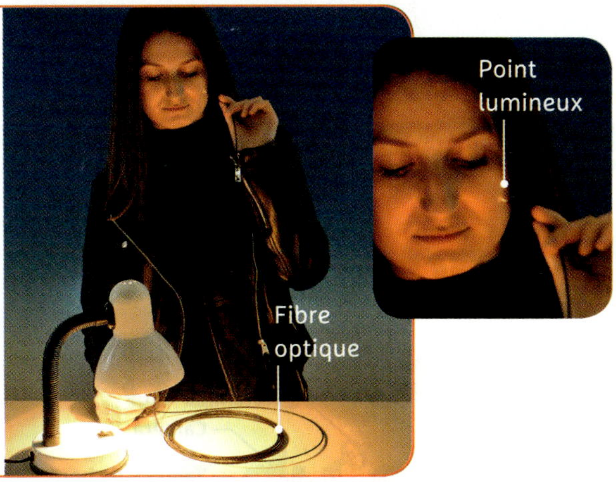

Je m'entraîne pour l'évaluation

18 Des volcans observés depuis l'espace

Énoncé

Observer les volcans depuis l'espace (depuis un satellite ou depuis la station spatiale internationale (ISS)) permet de mieux comprendre leur mécanisme.

1 Le volcan Augustine en éruption (Alaska), vu depuis le satellite Landsat 8.

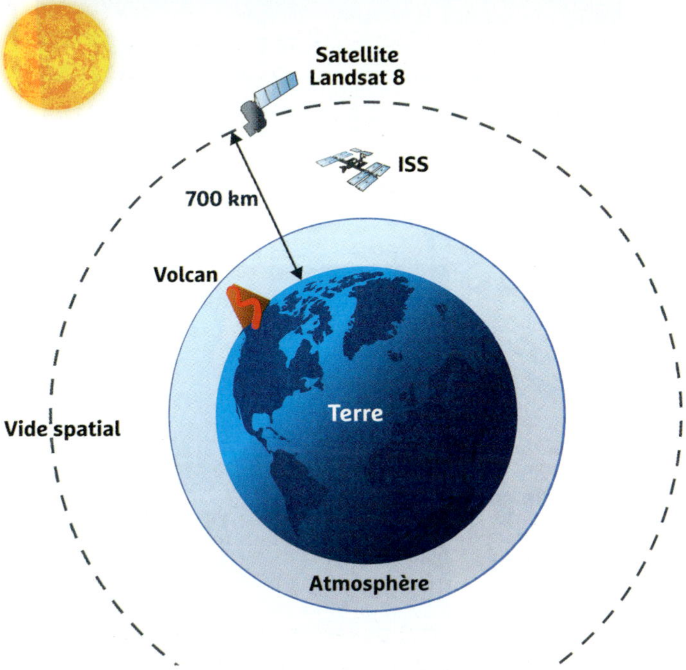

2 Position du satellite Landsat 8 par rapport à la Terre.

Questions

1. Sources lumineuses et sonores

En observant le doc. 1, indiquez :

a. une source primaire de lumière (justifiez).

b. un objet diffusant (justifiez).

c. une source sonore.

2. Milieux de propagation de la lumière et du son

a. Comment s'appelle un milieu qui laisse passer la lumière ? Quels milieux doit traverser la lumière émise par le volcan pour parvenir au satellite ?

b. En supposant que l'explosion d'un volcan soit suffisamment forte, expliquez pourquoi elle ne pourra jamais être entendue par un astronaute qui serait dans l'ISS.

3. La propagation de la lumière

a. Comment se propage la lumière ?

b. Reproduisez le schéma du doc. 2 et schématisez le trajet de la lumière permettant à Landsat 8 de photographier le volcan Augustine.

Activité 1

Comment expliquer les ombres ?

Objectif
Exploiter expérimentalement la propagation rectiligne de la lumière dans le vide et le modèle du rayon lumineux.

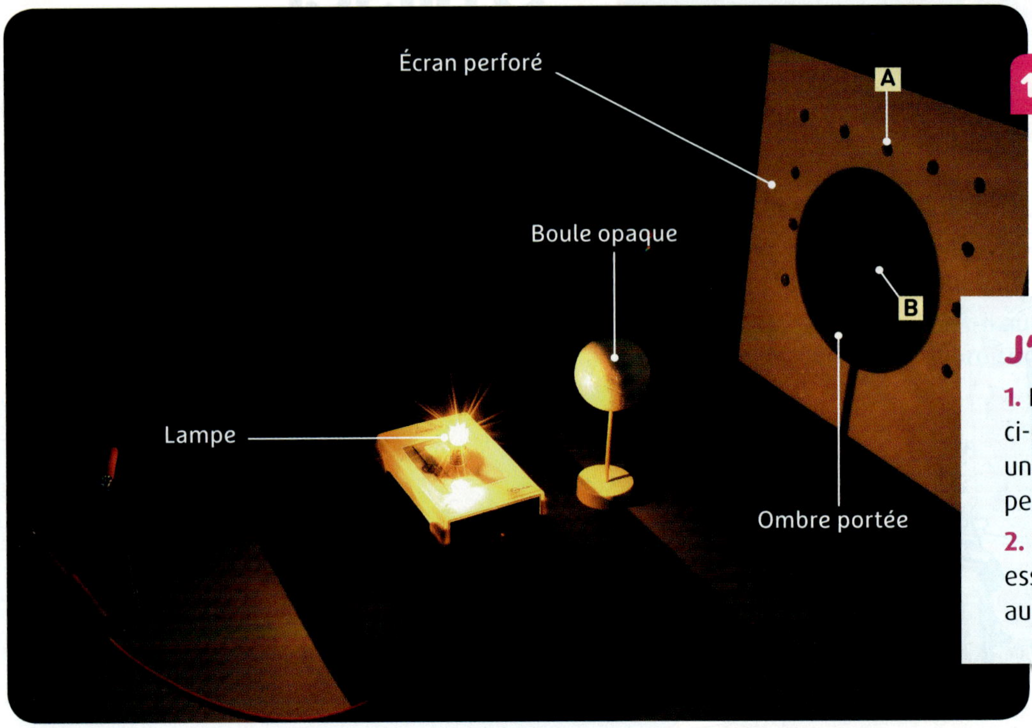

1 Formation d'une ombre portée.
Une petite lampe éclaire une boule opaque placée devant un écran perforé.

J'expérimente

1. Réaliser le dispositif ci-contre pour obtenir une ombre portée sur l'écran perforé.

2. Se placer derrière l'écran et essayer de voir la source au travers des trous A et B.

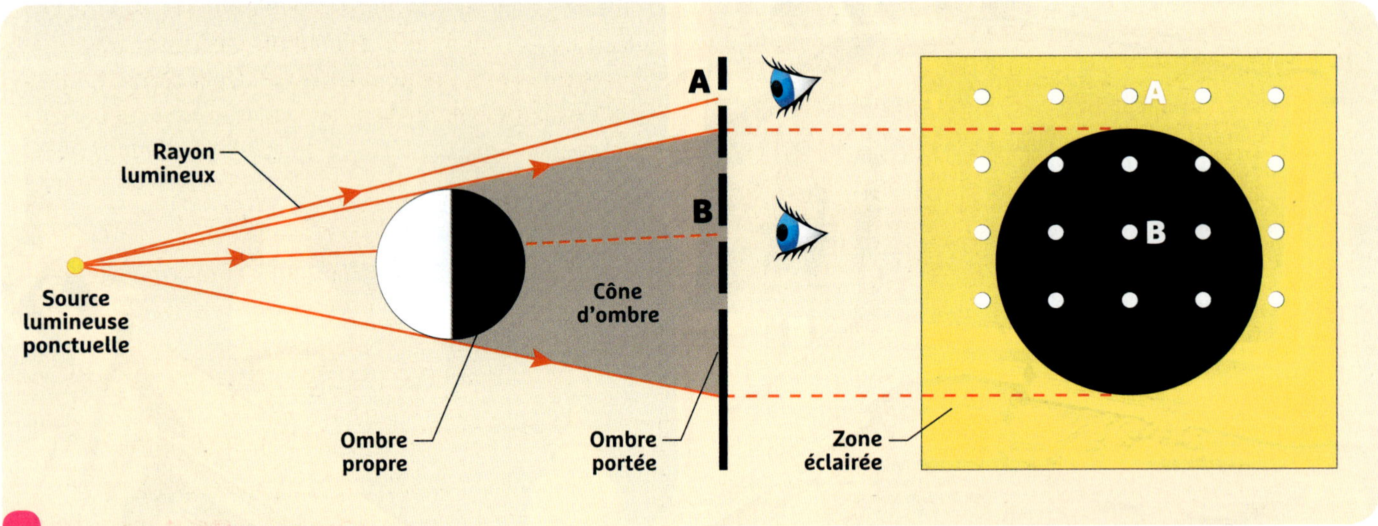

2 Schéma du dispositif du doc. 1.
En raison de la propagation rectiligne de la lumière et de la présence de la boule opaque, il existe une région de l'écran qu'aucune lumière émise par la lampe ne peut atteindre, cette région s'appelle l'**ombre portée**. Par conséquent, on ne voit pas la source depuis B alors qu'on la voit en A.

Travailler une compétence

[D1.1] Pratiquer des langages

1 Doc. 1 De combien d'objets a-t-on besoin pour obtenir une ombre portée ? Précisez dans quel ordre on doit disposer les objets.

2 Doc. 2 Quelle propriété de la lumière est utilisée dans le schéma pour expliquer la formation des ombres ?

3 Doc. 2 Que se passe-t-il si on rapproche la source de la boule ?

17 Pratiquer des démarches scientifiques

La fibre optique

Une élève place une extrémité d'une fibre optique devant une lampe et l'autre extrémité près de sa joue.

a. En observant la photo, précisez le chemin pris par la lumière.

b. Expliquez pourquoi le résultat de l'expérience semble en contradiction avec vos connaissances sur la propagation de la lumière.

Je m'entraîne pour l'évaluation

18 Des volcans observés depuis l'espace

Énoncé

Observer les volcans depuis l'espace (depuis un satellite ou depuis la station spatiale internationale (ISS)) permet de mieux comprendre leur mécanisme.

1 **Le volcan Augustine en éruption (Alaska), vu depuis le satellite Landsat 8.**

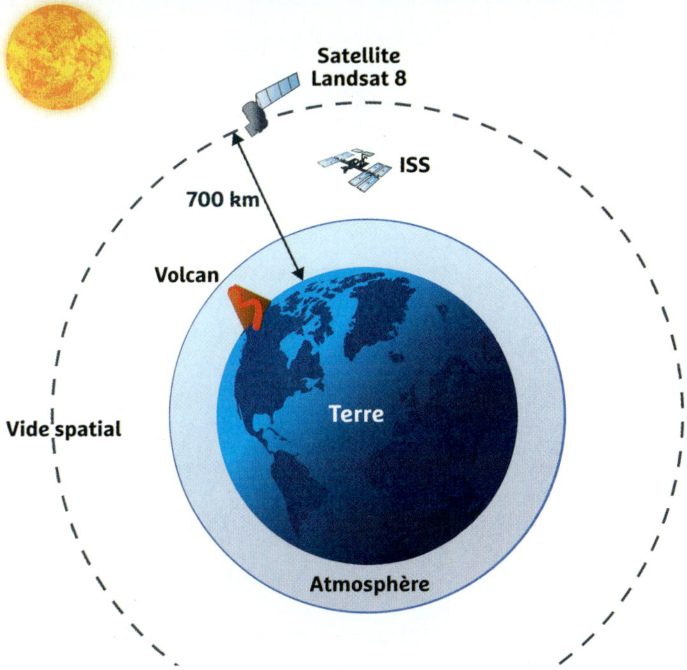

2 **Position du satellite Landsat 8 par rapport à la Terre.**

Questions

1. Sources lumineuses et sonores

En observant le doc. 1, indiquez :

a. une source primaire de lumière (justifiez).

b. un objet diffusant (justifiez).

c. une source sonore.

2. Milieux de propagation de la lumière et du son

a. Comment s'appelle un milieu qui laisse passer la lumière ? Quels milieux doit traverser la lumière émise par le volcan pour parvenir au satellite ?

b. En supposant que l'explosion d'un volcan soit suffisamment forte, expliquez pourquoi elle ne pourra jamais être entendue par un astronaute qui serait dans l'ISS.

3. La propagation de la lumière

a. Comment se propage la lumière ?

b. Reproduisez le schéma du doc. 2 et schématisez le trajet de la lumière permettant à Landsat 8 de photographier le volcan Augustine.

Accompagnement personnalisé

19 Je décris les trajets du son et de la lumière

Énoncé 1

Le véhicule lunaire

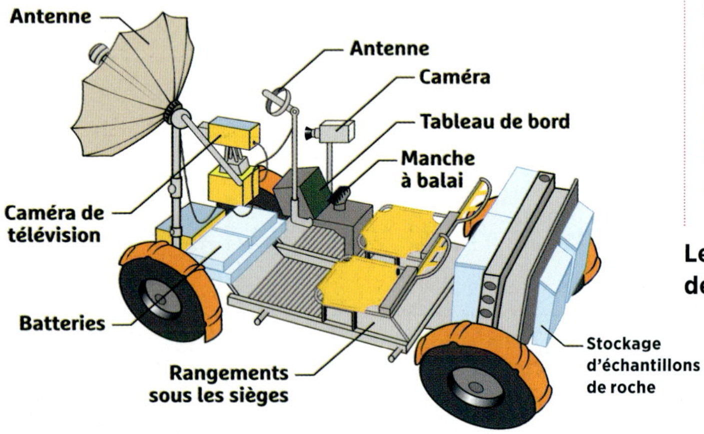

1. Quels éléments du véhicule lunaire sont des récepteurs de lumière ?

2. Quel est le milieu de propagation de la lumière sur la Lune ?

3. Pourquoi n'y a-t-il aucun émetteur ou récepteur sonore sur le véhicule ?

Le véhicule lunaire de la mission Apollo.

Énoncé 2

Les sons de la mer

Au fond des océans, il n'y a pas de lumière mais beaucoup de bruits. Dans les sous-marins d'attaque, il est impératif d'écouter tous ces bruits pour identifier avec certitude les bâtiments de guerre à proximité. En effet, chaque navire émet un bruit qui lui est propre, et qu'on appelle sa signature acoustique. Ces spécialistes chargés de cette surveillance discrète s'appellent les « oreilles d'or ».

1. Pourquoi le bruit d'un navire à proximité peut-il parvenir jusqu'au sous-marin ?

2. En prenant l'exemple du navire, précisez : la source, le récepteur et le milieu de propagation du son.

Les « oreilles d'or » d'un sous-marin.

Énoncé 3

Une mini capsule sous-marine

Léa réalise l'expérience ci-contre.

1. Quelles conclusions sur la propagation du son et de la lumière Léa va-t-elle tirer de cette expérience ?

2. Construisez un tableau rassemblant pour la lumière et le son : la source, le récepteur et les milieux traversés.

La capsule en plastique descend dans le vase d'eau.

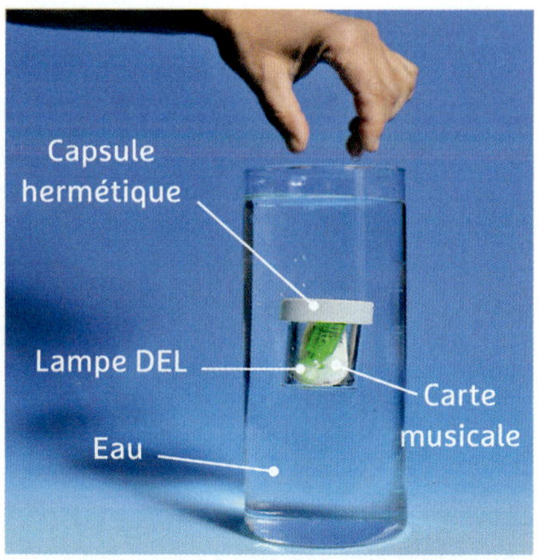

Chapitre 11

Utiliser les propriétés de la lumière et du son

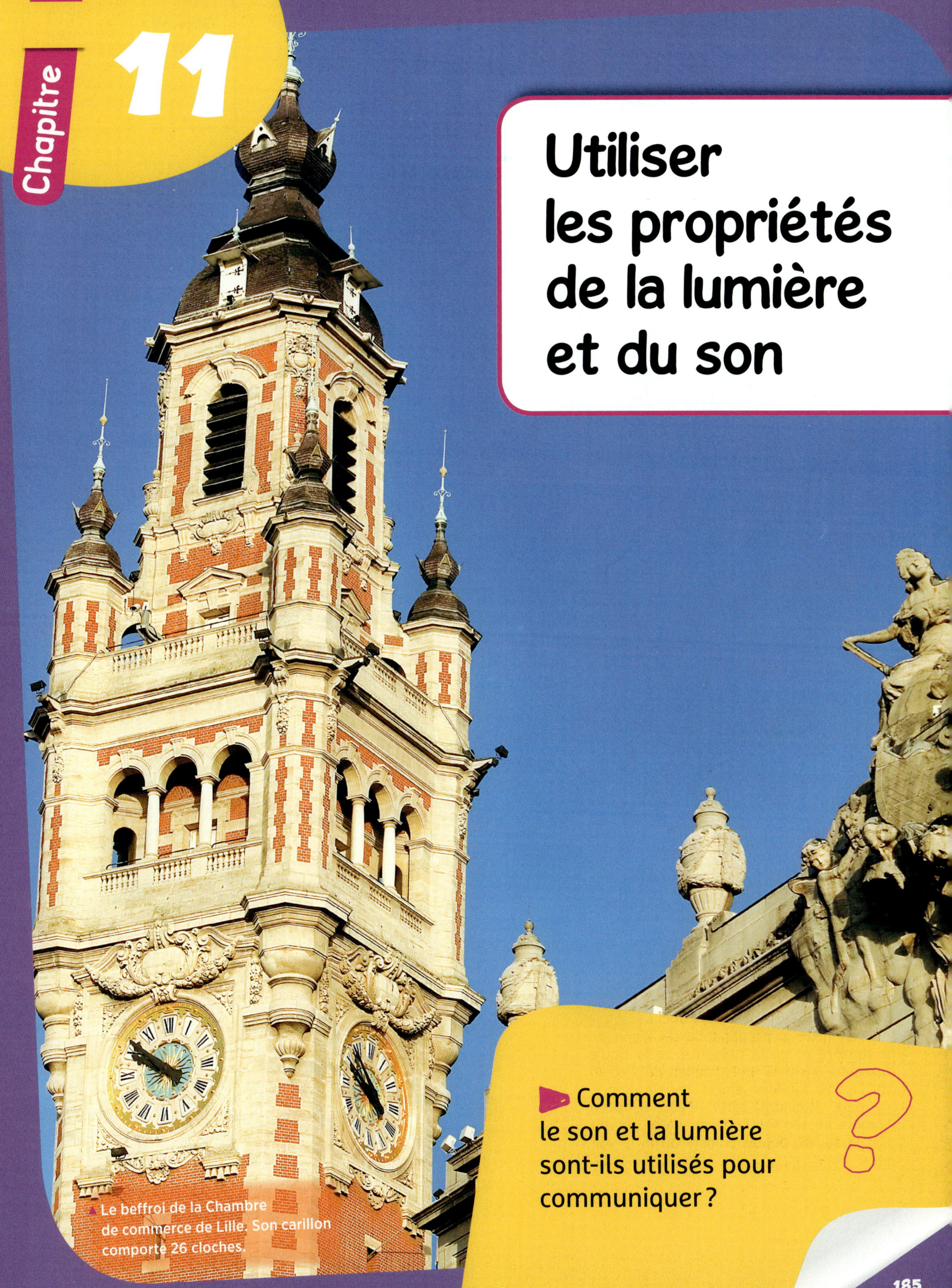

▲ Le beffroi de la Chambre de commerce de Lille. Son carillon comporte 26 cloches.

Comment le son et la lumière sont-ils utilisés pour communiquer ?

Activité 1

Comment expliquer les ombres ?

Objectif

Exploiter expérimentalement la propagation rectiligne de la lumière dans le vide et le modèle du rayon lumineux.

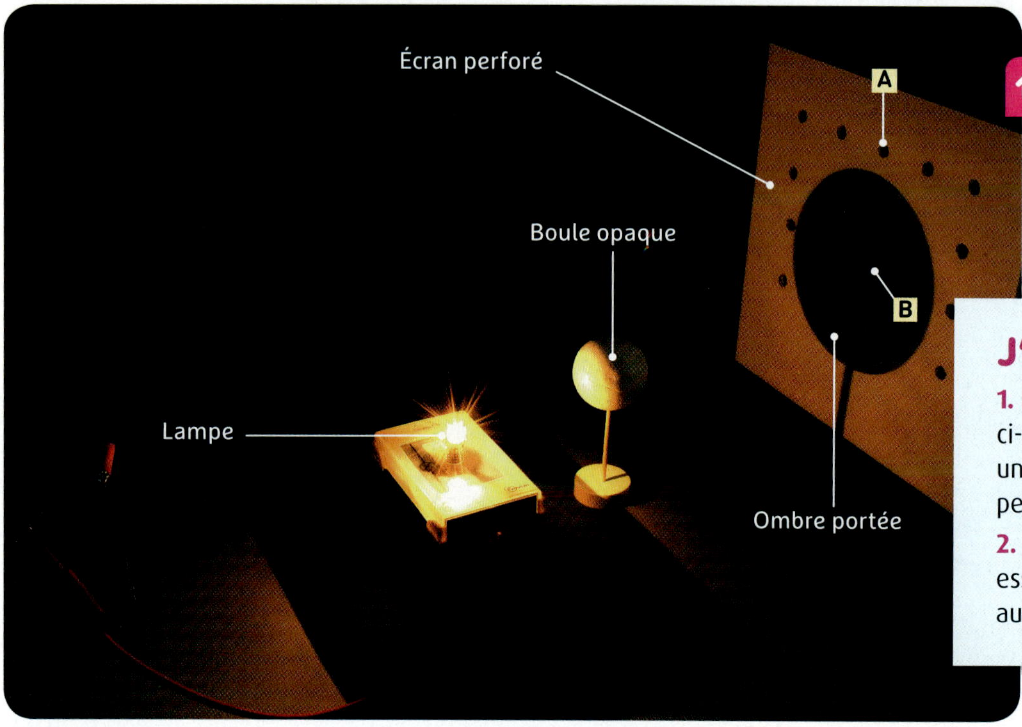

1 Formation d'une ombre portée.
Une petite lampe éclaire une boule opaque placée devant un écran perforé.

J'expérimente

1. Réaliser le dispositif ci-contre pour obtenir une ombre portée sur l'écran perforé.

2. Se placer derrière l'écran et essayer de voir la source au travers des trous A et B.

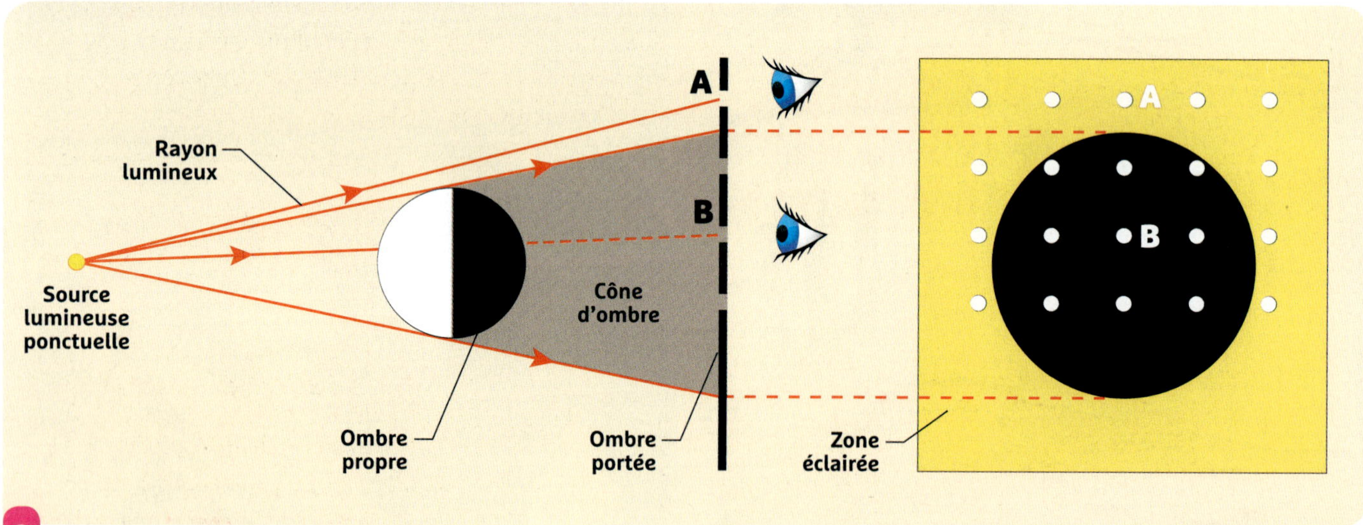

2 Schéma du dispositif du doc. 1.
En raison de la propagation rectiligne de la lumière et de la présence de la boule opaque, il existe une région de l'écran qu'aucune lumière émise par la lampe ne peut atteindre, cette région s'appelle l'**ombre portée**. Par conséquent, on ne voit pas la source depuis B alors qu'on la voit en A.

Travailler une compétence

[D1.1] Pratiquer des langages

1 Doc. 1 De combien d'objets a-t-on besoin pour obtenir une ombre portée ? Précisez dans quel ordre on doit disposer les objets.

2 Doc. 2 Quelle propriété de la lumière est utilisée dans le schéma pour expliquer la formation des ombres ?

3 Doc. 2 Que se passe-t-il si on rapproche la source de la boule ?

Activité 2

Peut-on expliquer la forme de la Terre grâce aux ombres ?

Objectif
Exploiter expérimentalement la propagation rectiligne de la lumière dans le vide et le modèle du rayon lumineux.

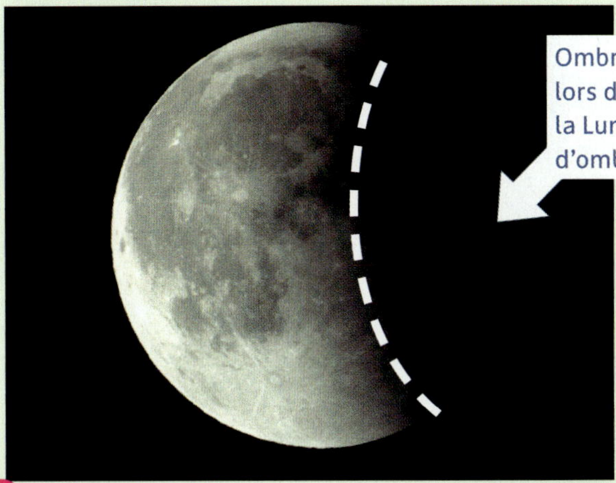

Aristote (4e av. J.-C.) justifie que la Terre est ronde en observant les éclipses de Lune. Il écrit dans le *Traité du ciel* : « Lors des éclipses, la Lune a toujours pour limite une ligne courbe : par conséquent, comme l'éclipse est due à l'interposition de la Terre, c'est la forme de la surface de la Terre qui est cause de la forme de cette ligne ».

1 Aristote a fait l'hypothèse que la Terre est ronde.

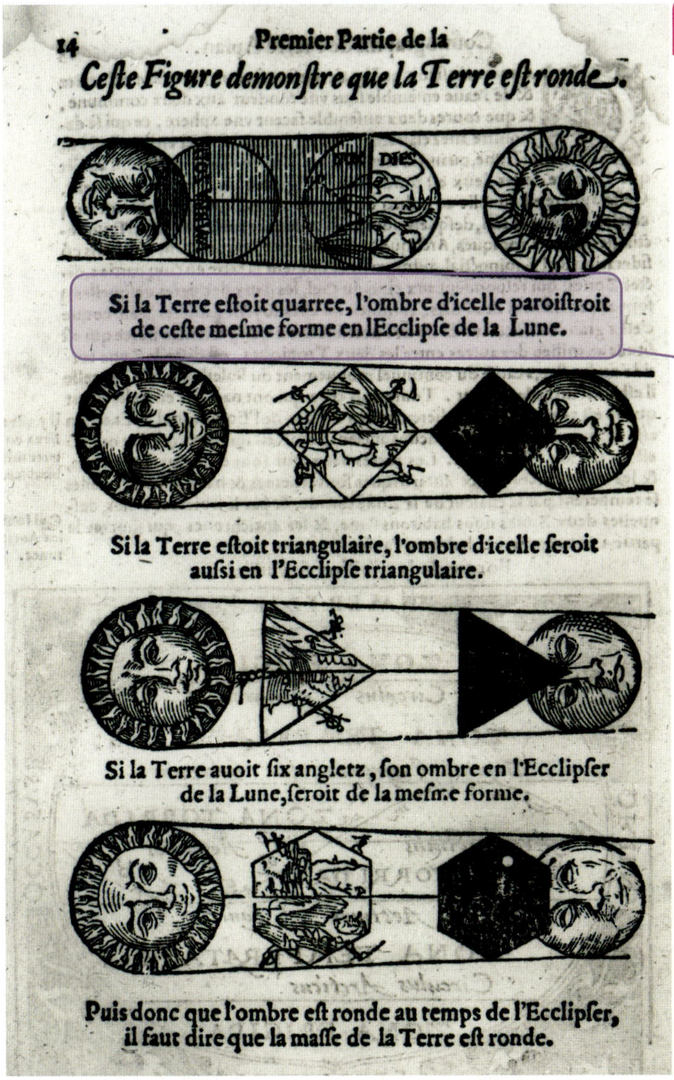

2 **Comprendre la démonstration d'Aristote** (gravure du 16e siècle).

« Si la Terre était carrée, l'ombre de celle-ci apparaîtrait de cette même forme lors d'une éclipse de Lune. »

Je conçois une expérience

Réaliser une expérience qui montre qu'une boule et un cylindre peuvent avoir des ombres portées de même forme.

? BESOIN D'AIDE ?
→ Revoir l'activité 2, p. 75

Travailler une compétence

[D5] Se situer dans l'espace et dans le temps

1. Doc. 1 et 2 Expliquez comment Aristote a conclu que la Terre est ronde.
2. Doc. 2 La preuve apportée par Aristote était-elle suffisante ?
3. Quelle autre constatation a permis aux Grecs dans l'Antiquité de penser que la Terre était ronde ? Faites une recherche dans ce sens.

Activité 3

Comment le son et la lumière peuvent-ils transporter un signal ?

Objectif

Comprendre que l'utilisation du son et de la lumière permet d'émettre, de transporter un signal donc une information.

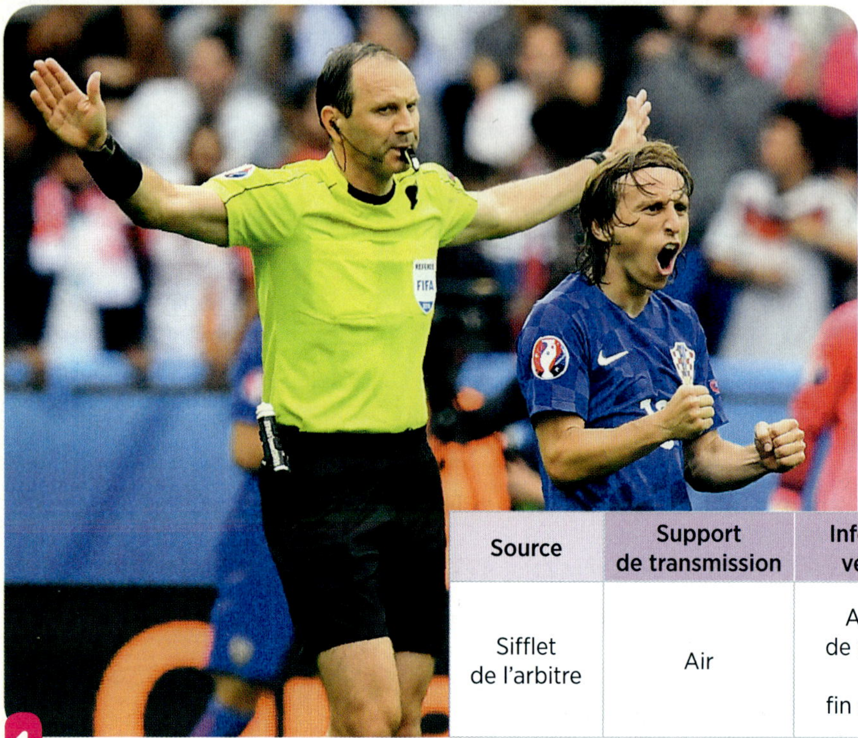

Source	Support de transmission	Information véhiculée	Récepteur
Sifflet de l'arbitre	Air	Annonce de mi-temps ou fin du match	Oreille du joueur

1 Éléments caractéristiques d'un signal.

« Depuis le début de notre ère jusqu'à une époque récente, la cloche a été, en Occident, un instrument privilégié de "communication de masse" du fait de la portée étendue de sa "voix".
Au fil des siècles, les cloches ont peu à peu trouvé refuge dans les églises. Pour que la cloche puisse jouer pleinement son rôle de communication à distance, les clochers se sont élevés de plus en plus haut et les cloches ont été de plus en plus grosses. Le son produit par la cloche a été utilisé pour alerter, informer, marquer le temps, etc. »

(D'après *Codes et langages des sonneries de cloches en Occident*, Éric Sutter, 2006).

2 Les cloches, instruments de communication.

Type de sonnerie	Description des sons obtenus	Information véhiculée
La volée	Toutes les cloches sonnent ensemble	Annonce d'un événement heureux (mariage, baptême)
Le glas	Nombre fixe de coups	Annonce d'un décès
Le tintement des heures	Un coup = une heure	Indication de l'heure
Le tocsin (n'est plus en vigueur depuis le milieu du xxe siècle)	Succession de coups rapides	Alerte d'un danger (incendie, invasion...)

3 Différents types de sonneries de cloches.

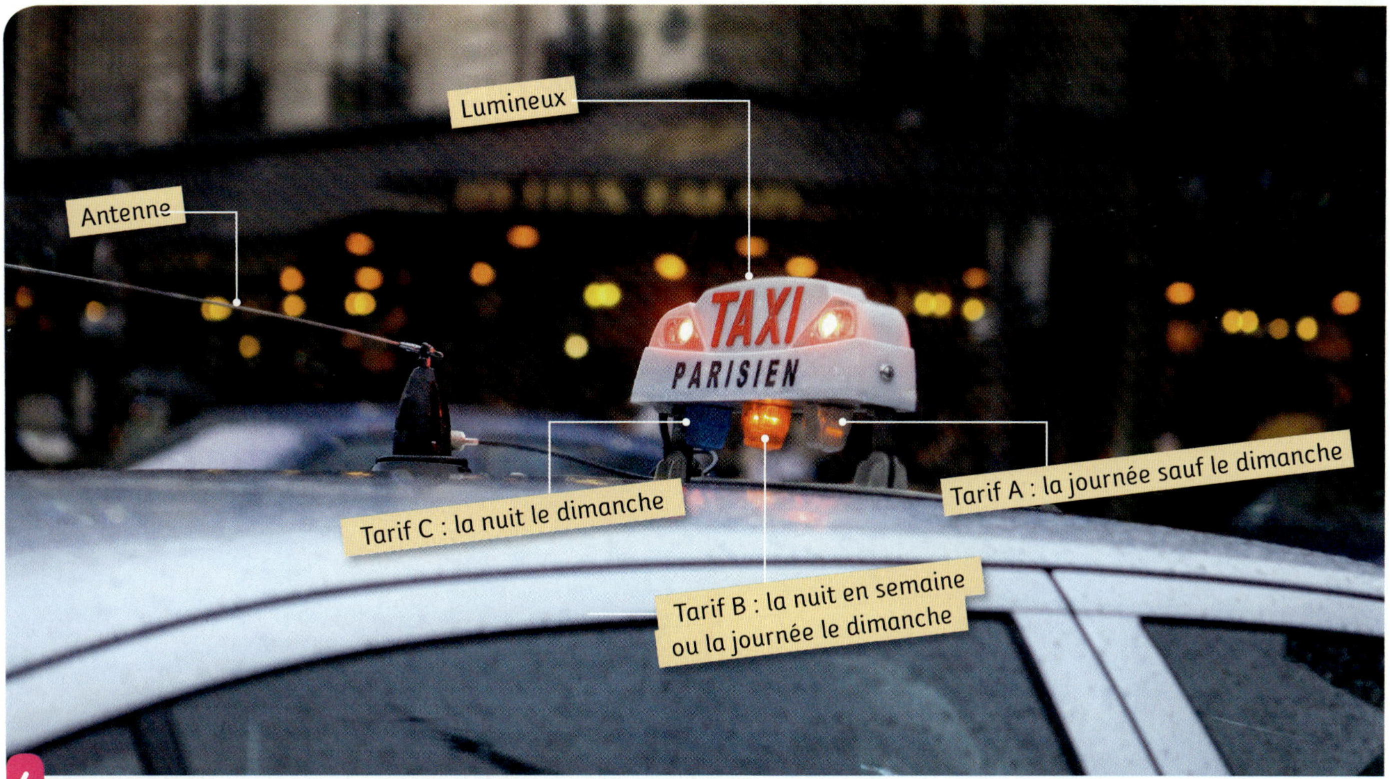

4 **Signaux lumineux d'un taxi.** Les taxis doivent posséder un affichage sur leur toit appelé « lumineux » indiquant :
- sa disponibilité (vert = libre ; rouge = occupé) ;
- le tarif en vigueur (A, B ou C).

5 **Un nouveau dispositif pour donner le départ d'une course.** Le « e-gun » est ce dispositif un peu futuriste qui remplace l'ancien pistolet du starter des courses d'athlétisme. Il émet simultanément un puissant flash lumineux à l'intention du public et un « bang » qui est diffusé dans des haut-parleurs situés derrière chaque athlète.

Travailler une compétence

[D1.3] Pratiquer des langages

1 **Doc. 2 et 3** Expliquez pourquoi les cloches ont été placées tout en haut des clochers.

2 **Doc. 1, 3 et 4** En prenant modèle sur le doc. 1, construisez un tableau rassemblant les éléments caractéristiques du glas, puis du lumineux du taxi.

Soulignez en vert ce qui concerne le signal sonore et en bleu ce qui concerne le signal lumineux.

3 **Doc. 4** En observant attentivement la photo, précisez quel autre type de signal peut utiliser un taxi.

4 **Doc. 5** Identifiez les différentes formes de signaux émis par le e-gun. Quelle est l'information véhiculée par ces signaux ?

Tâche complexe

La théorie des ombres portées dans les grottes préhistoriques

Pour commencer

Peinture rupestre datant d'il y a 29 000 ans (Grotte Chauvet, Ardèche).
Une hypothèse a récemment été émise pour expliquer comment les hommes préhistoriques parvenaient à dessiner dans les grottes des figures animales de tailles différentes mais toujours bien proportionnées. Selon celle-ci, ils auraient utilisé l'ombre portée de petites figurines animales et ainsi obtenu ses contours sur les parois de la grotte.

Mission

Montrer que l'utilisation des ombres portées permet de reproduire des dessins plus grands aux proportions respectées.

Consigne : À l'aide des documents et d'un schéma utilisant les rayons lumineux, expliquez les principes de cette méthode, puis dessinez un animal à l'échelle 3 devant votre classe. Précisez les conditions nécessaires pour que cette technique soit réalisable dans une grotte.

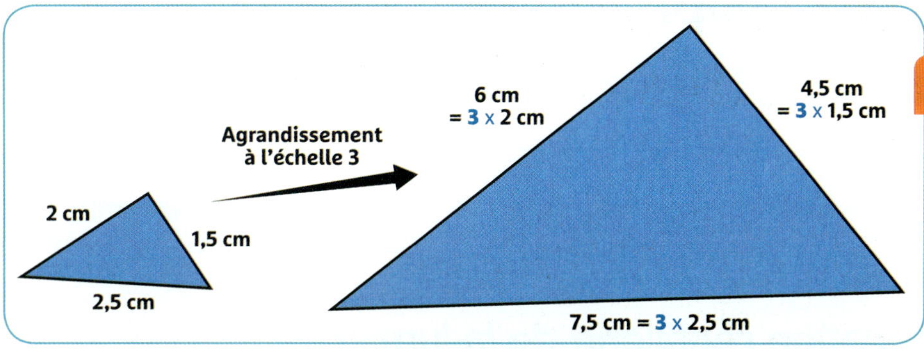

1 **Notion d'échelle.** Agrandir une figure à l'échelle 3 consiste à multiplier toutes ses longueurs par 3. On remarque alors que les proportions de la figure sont conservées.

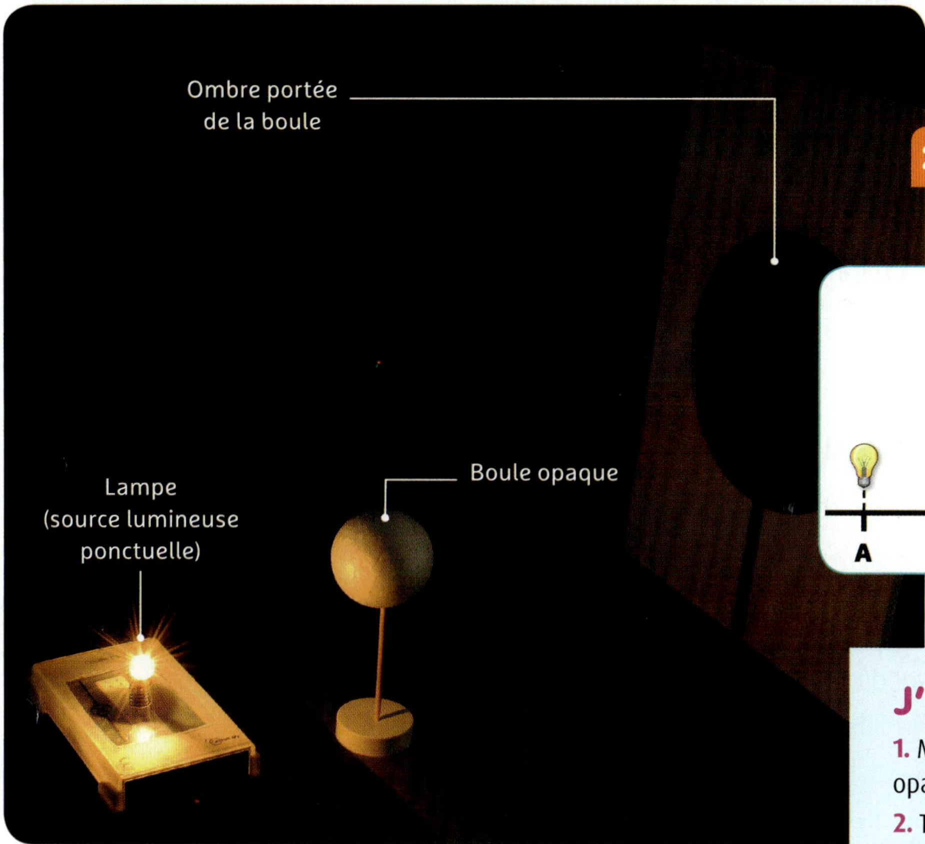

2 **Obtenir des ombres de tailles variables.**

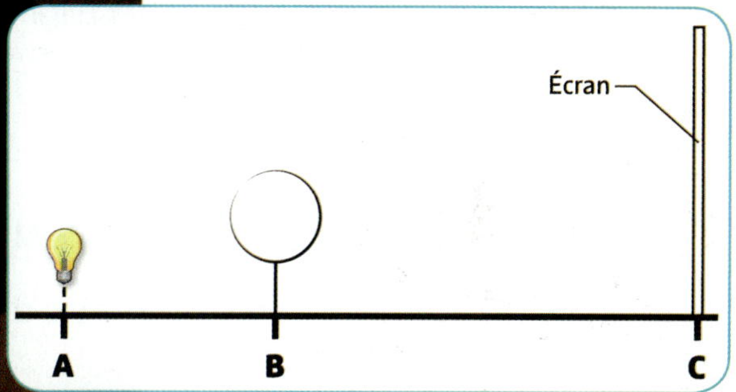

J'expérimente

1. Mesurer le diamètre de la boule opaque.

2. Tracer sur une feuille un cercle dont le diamètre est celui de la boule à l'échelle 3. Fixer cette feuille sur un support vertical.

3. Réaliser le dispositif de la photo où les contours de l'ombre coïncident au plus près avec le cercle tracé.

4. Mesurer les distances AB et AC et calculer le rapport $\frac{AC}{AB}$ (arrondir le résultat à l'unité). Conclure.

Cette hypothèse concernant la technique de dessins rupestres a toutefois reçu un accueil très mitigé de la plupart des spécialistes. Ceux-ci expliquent, par exemple, que l'espace disponible dans les grottes est insuffisant dans bien des cas pour obtenir l'ombre correcte. De plus, cette technique de l'ombre chinoise n'a été identifiée nulle part ailleurs dans le monde chez les civilisations réalisant des peintures rupestres.

3 **Une hypothèse controversée.**

BESOIN D'UN COUP DE POUCE ?

→ Revoir l'activité 1, p. 186.

J'ai réussi si…

- ☐ J'ai compris comment les distances AB et AC permettent d'obtenir facilement une ombre à l'échelle 3.
- ☐ J'ai réussi à obtenir l'ombre portée à l'échelle 3 d'une figurine animale.
- ☐ J'ai compris que la lumière se propage en ligne droite.
- ☐ J'ai déterminé les conditions nécessaires pour utiliser cette technique dans une grotte.

Bilan

Utiliser les propriétés de la lumière et du son

Je dois savoir

Activités 1 et 2 — La propagation rectiligne de la lumière et les ombres

- Quand on place un objet opaque devant une source de lumière, on obtient un cône d'ombre (région qui ne reçoit pas de lumière).
- Si on place un objet opaque entre une source de lumière et un écran, il apparaît une **ombre propre** sur l'objet et une **ombre portée** sur l'écran.
- La forme de l'ombre portée est déterminée par celle de l'objet opaque en raison de la propagation rectiligne de la lumière.
- Les ombres permettent d'expliquer les éclipses de Lune ou de Soleil.

Activité 3 — Signaux lumineux et sonores

- Un signal transporte de l'**information**, c'est-à-dire un message, d'une source jusqu'à un récepteur.
- Un **signal sonore** ou un **signal lumineux** utilise un **support de transmission** indispensable à sa propagation. Ce support de transmission peut être :
  - l'air, l'eau, un solide pour un signal sonore ;
  - l'air, le vide, une fibre optique pour un signal lumineux.

→ L'essentiel du cours en une animation

Je retiens les mots-clés

- Information
- Ombre portée
- Ombre propre
- Signal lumineux
- Signal sonore
- Support de transmission

Dico du manuel p. 221

Je retiens par l'image

La formation des ombres

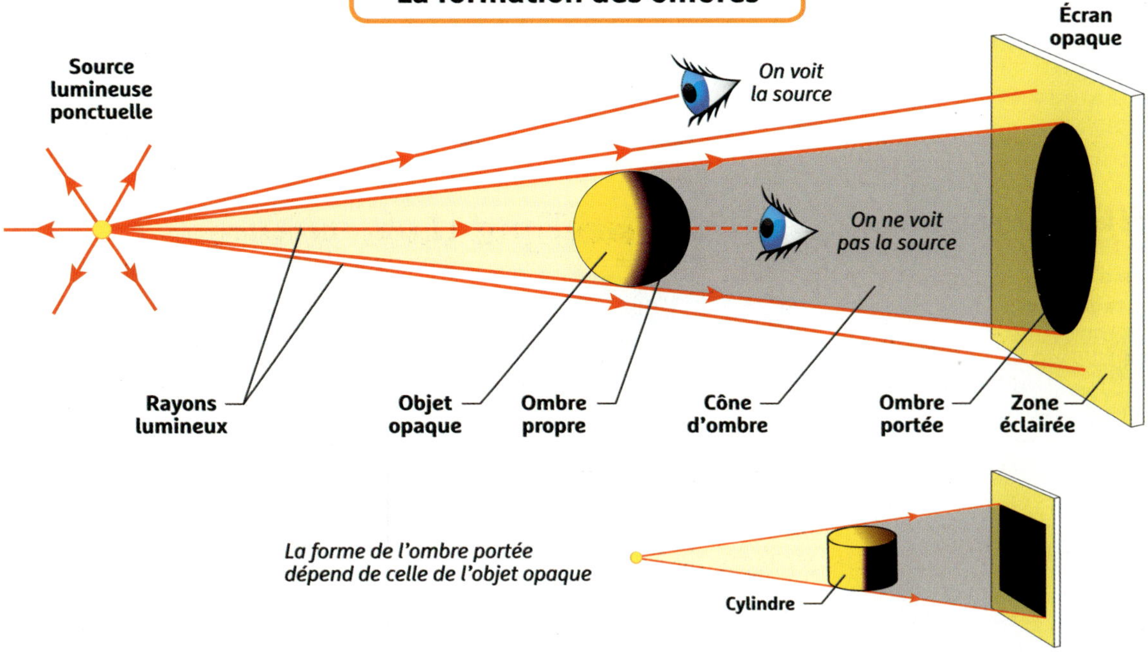

Chaîne de transmission d'une information

	SOURCE	SUPPORT DE TRANSMISSION	INFORMATION ou CONTENU DU MESSAGE CODÉ	RÉCEPTEURS
Lumière		Air le plus souvent	**« Vous pouvez passer »**	
Son			**« Y a-t-il quelqu'un pour m'ouvrir ? »**	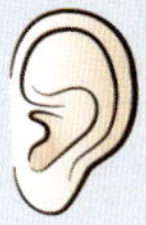

Je suis capable de

	Pour cela, je dois	Pour vérifier
→ **exploiter expérimentalement la propagation rectiligne de la lumière**	→ connaître le modèle du rayon lumineux. → utiliser la propagation rectiligne de la lumière pour expliquer la formation d'ombres.	→ Activités 1 et 2
→ **comprendre que l'utilisation du son et de la lumière permet d'émettre, de transporter un signal donc une information**	→ déterminer la source sonore ou lumineuse et le message porté.	→ Activité 3

Exercices

Je vérifie mes connaissances

1 QCM

Choisissez la bonne proposition.

a Un cône d'ombre est une région qui :
- reçoit de la lumière.
- reçoit un peu de lumière.
- ne reçoit pas de lumière.

b Une ombre portée est une zone qui :
- reçoit de la lumière.
- reçoit un peu de lumière.
- ne reçoit pas de lumière.

c Le support de transmission d'un signal lumineux ne peut pas être :
- le bois
- le verre
- le vide

d Le support de transmission d'un signal sonore ne peut pas être :
- le bois
- l'eau
- le vide

2 Légender un schéma

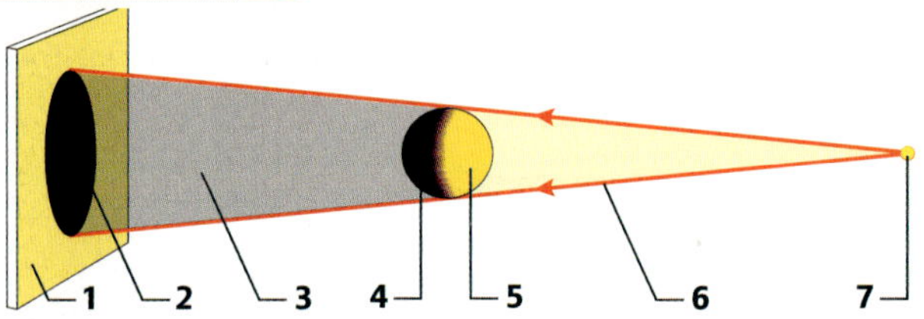

Attribuez à chacun des numéros le nom correspondant parmi :

- cône d'ombre
- objet opaque
- ombre portée
- ombre propre
- rayon lumineux
- source ponctuelle
- zone éclairée

3 Vrai ou faux ?

Retrouvez les propositions qui sont vraies (on suppose que la source est ponctuelle dans tous les cas).

a. La taille de l'ombre portée est toujours supérieure ou égale à celle de l'objet opaque.

b. La forme de l'ombre portée est indépendante de celle de l'objet opaque.

c. L'ombre portée provoquée par une boule est toujours un disque.

4 Mettre dans l'ordre

Écrivez les éléments caractéristiques d'un signal dans l'ordre de l'émetteur au récepteur.

a Information

c Récepteur

b Support de transmission

d Source

J'utilise mes compétences

5 Pratiquer des langages

Position de la source

Une sphère opaque est éclairée par une source ponctuelle.

a. Indiquez où doit se trouver la source pour obtenir une telle ombre portée.

b. Citez la propriété de la propagation de la lumière exploitée dans la réponse précédente.

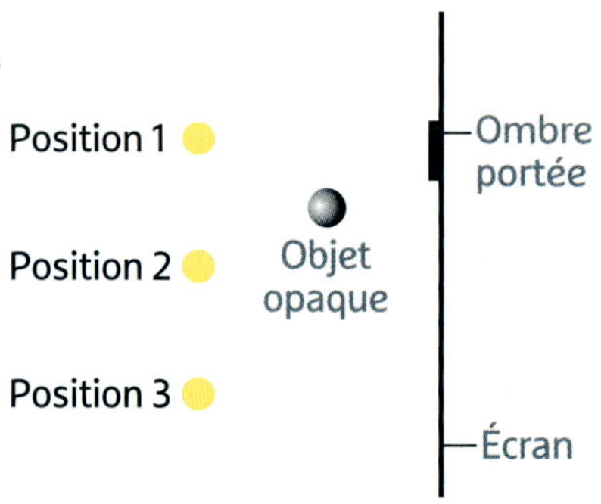

6 Mobiliser des connaissances

Identifier un signal sonore

Parmi les sons ci-dessous, lesquels sont des signaux sonores ?

a. Le chant du coq.

b. Le bruit de la grêle sur le toit.

c. La sonnerie du collège.

d. Les coups de klaxon d'une voiture.

e. Le claquement d'une porte.

7 Pratiquer des langages

Position de la boule opaque

Simon utilise le dispositif ci-dessous et constate que l'ombre grandit en éloignant l'écran de l'objet opaque.

Justifiez sa découverte par deux schémas représentant son expérience.

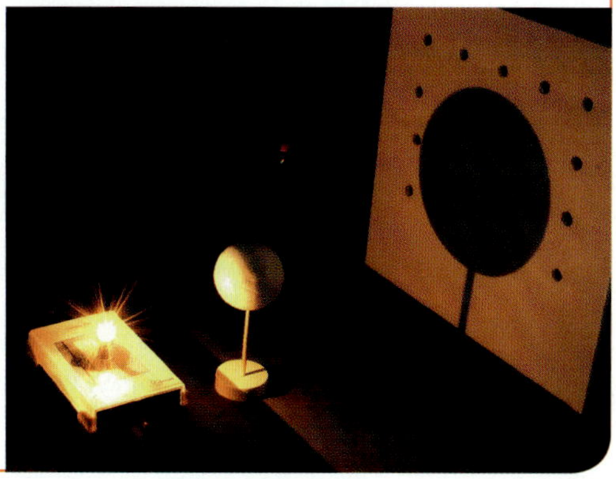

8 Concevoir, créer, réaliser

Deviner des formes d'ombres

Parmi ces trois objets, lesquels peuvent avoir une ombre portée en forme de :
- disque ?
- triangle ?
- rectangle ?

9 Mobiliser des outils numériques

Expérience à faire à la maison

Dans un livre de mathématiques, il est dit qu'un cube permet d'obtenir une ombre portée ayant les formes ci-dessous :

a. Donnez le nom de chacune des deux formes géométriques.

b. Réalisez l'expérience en prenant une lampe de poche comme source lumineuse. Une fois le défi relevé, photographiez chacune des ombres obtenues.

c. Envoyez votre travail à votre professeur via l'espace numérique de travail du collège.

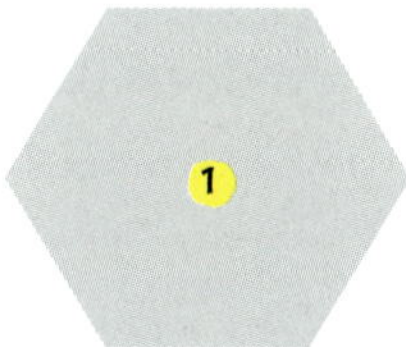

10 Pratiquer des langages

Signal d'une alarme portable

Dans le mode d'emploi d'une alarme portable, on peut lire :

« Cette alarme est un système de protection des personnes. Elle peut émettre une sirène de 130 dB. En cas d'agression, tirez sur la goupille pour activer l'alarme. »

Citez les éléments caractéristiques du signal produit par cette alarme en suivant le modèle de la partie « Je retiens par l'image » p. 193.

11 Pratiquer des démarches scientifiques

Ombres multiples

Expliquez comment ce crayon peut avoir trois ombres portées.

12 Mobiliser des connaissances

Repérer un type de signal

Trouvez la réponse correcte.

La clé de verrouillage à distance d'une voiture émet un signal :

a. sonore
b. lumineux
c. radio
d. chimique

Exercices

13 Mobiliser des connaissances

Signaux d'un smartphone

a. Recopiez puis reliez chaque fonction du smartphone à sa caractéristique.

- Objectif avant •
- Écouteur •
- Haut-parleur •
- Microphone •
- Écran tactile •
- Témoin lumineux •

- • Source lumineuse
- • Source sonore
- • Récepteur de lumière
- • Récepteur sonore

b. Quand on reçoit un SMS, un signal sonore est émis par le haut-parleur. Rassemblez dans un tableau les éléments caractéristiques du signal dont l'information est « un SMS est arrivé », voir doc. 1 p. 188.

14 Pratiquer des langages

Les phéromones

Les phéromones sont des substances chimiques émises par un animal ou par une plante dans le milieu extérieur. Elles provoquent des comportements spécifiques tels que l'attraction sexuelle. Les individus de la même espèce détectent les phéromones grâce à leurs antennes ou par l'odorat.

a. Expliquez pourquoi la définition d'une phéromone correspond parfaitement à celle d'un signal.

b. Les phéromones sont-elles des signaux lumineux ? Sonores ? Autres ?

c. Précisez la source, le récepteur, le support de transmission et le message du signal dans le cas du schéma ci-contre.

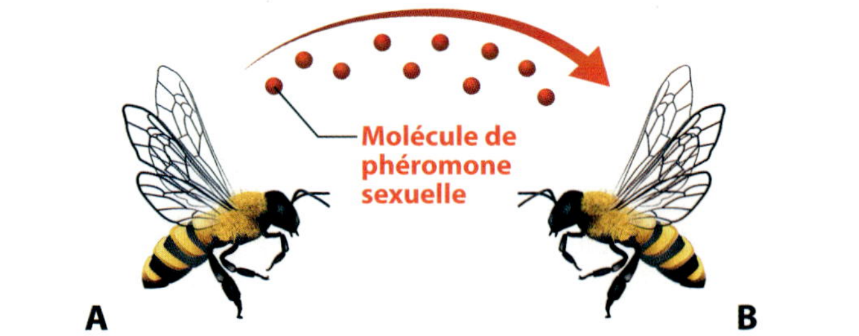

Transfert simplifié de phéromones sexuelles chez l'abeille.

15 Pratiquer des langages

Lumineux d'un taxi

En observant attentivement la photo dans le doc. 4 p. 189, indiquez à quel moment de la semaine la photo pourrait avoir été prise.

Argumentez votre réponse en utilisant la conjonction « donc ».

16 Se situer dans l'espace et dans le temps

Évolution d'un dispositif

Jusqu'en 2010, le départ des grandes courses de sprint d'athlétisme était donné avec un pistolet avec des balles à blanc.

a. Par quoi a été remplacé le nuage de fumée blanche libéré au moment du départ dans le nouveau dispositif « e-gun » (voir doc. 5 p. 189) ?

b. Quel était le rôle de ce nuage de fumée blanche ?

c. Pourquoi, selon vous, ce pistolet a-t-il été remplacé par le « e-gun » ? Formulez une hypothèse.

Je m'entraîne pour l'évaluation

17 Le Mont-Saint-Michel

Énoncé

En 1988, le Mont-Saint-Michel et sa baie ont été transformés en immense cadran solaire éphémère par un groupe d'artistes adeptes du « Land art ».

1 Ombre du Mont-Saint-Michel visible à marée basse.

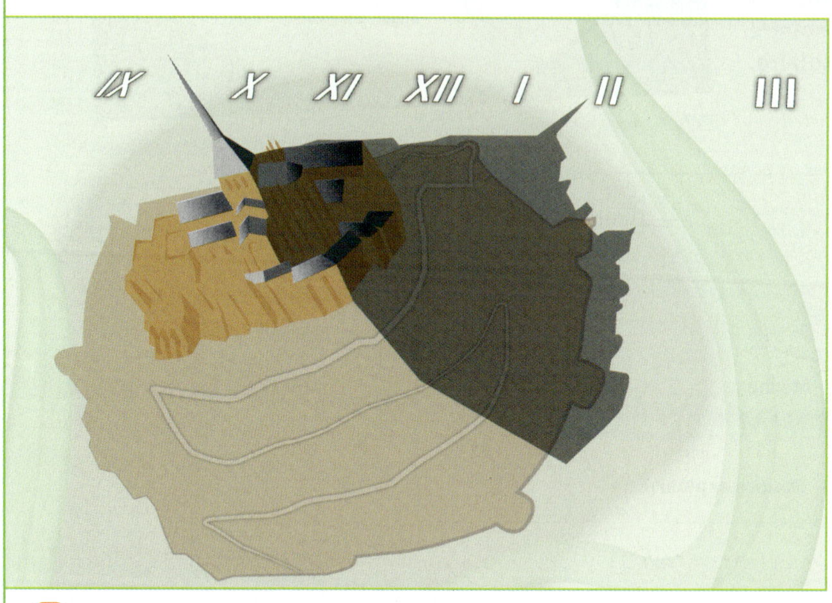

2 Une ombre porteuse d'information.
Des chiffres romains géants ont été disposés sur le sable à marée basse (œuvre de Fanchon et Laurent Maget).

En 1917, de nombreuses catastrophes se sont produites au Mont-Saint-Michel : noyades, enlisement... dues entre autres au brouillard. En 1926, Étienne Dupont écrit dans Les légendes du Mont Saint-Michel : « Contre le brouillard, le seul remède paraît être le son. La cloche de brume, qui constituerait un excellent signal sonore, en cas de brouillard et qui a fait ses preuves du 14ᵉ aux 18ᵉ siècles, repose bien tranquillement depuis plus de cent ans sur le pavé d'une des salles de l'abbaye. »

3 Le Mont-Saint-Michel : un site aux marées redoutables.

Questions

1. La propagation de la lumière et les ombres

a. À quelles conditions se forme une ombre ?

b. Comment s'appelle l'ombre visible sur le sol ?

c. Quelle propriété de la propagation de la lumière explique la formation de cette ombre ?
Faites un schéma du Mont-Saint-Michel de profil avec les légendes utiles.

d. Les personnes qui marchent sur le sable sur la photo du doc. 1 voient-elles le Soleil ?

2. Signaux lumineux et sonores

a. Donnez le « mode d'emploi » du cadran solaire du doc. 2.

b. Quelle information fournit le cadran solaire dans la situation du doc. 2 ?

c. Le signal donné par ce cadran est-il lumineux ou sonore ? Quel est le récepteur de ce signal ?

d. Écrivez les quatre éléments caractéristiques du signal sonore produit par une cloche de brume (doc. 3).

Classe inversée

18 Je réalise un schéma de conversion d'énergie

Énoncé

Le canon solaire ou canon de midi a été inventé au 18e siècle pour remettre à l'heure les montres et les horloges qui, à l'époque, se déréglaient assez rapidement (doc. 1). À l'heure où le Soleil est le plus haut dans le ciel (midi solaire), la lentille (une loupe) concentre son énergie sur la mèche qui enflamme la poudre et déclenche une transformation chimique explosive (doc. 2). On entendait alors tonner le canon : on savait qu'il était midi exactement.

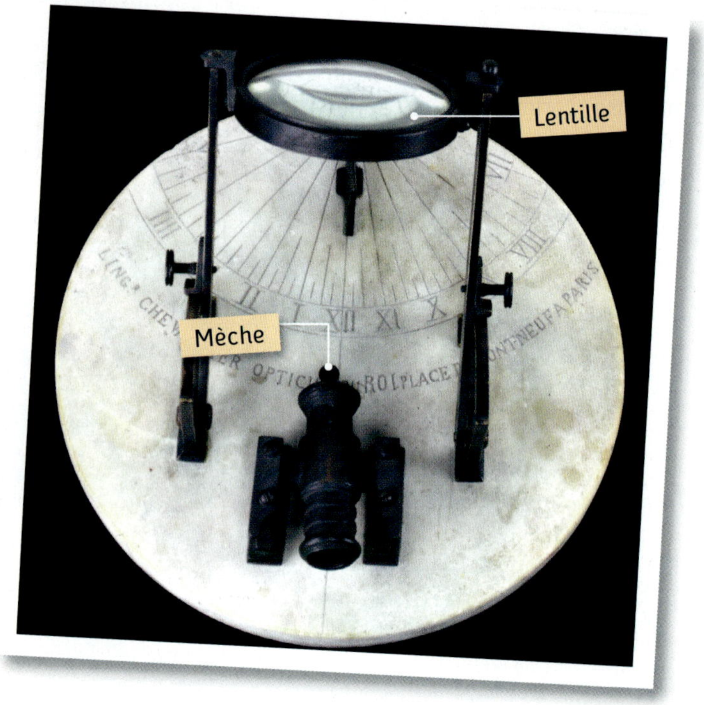

1 Instrument comportant un cadran solaire et un canon solaire.

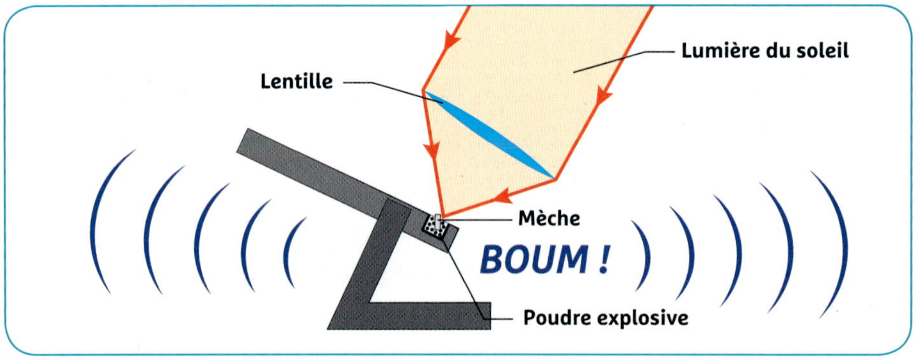

2 Principe du canon solaire.

Questions

a. Identifiez les différentes formes d'énergie mises en jeu lorsque le canon solaire tonne.

b. Recopiez et complétez le schéma de conversion d'énergie au midi solaire :

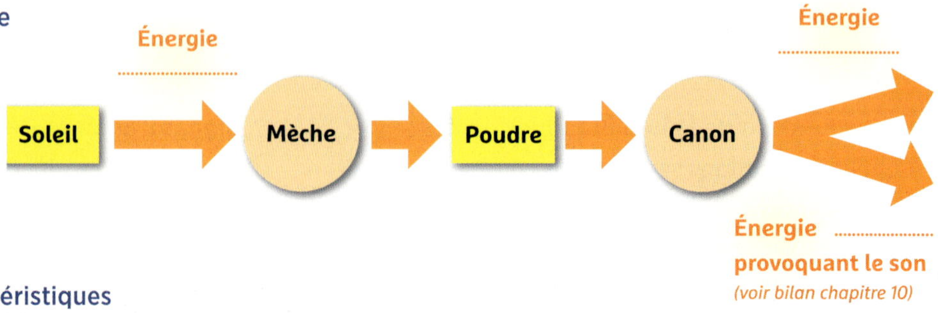

c. Écrivez les éléments caractéristiques du signal sonore en suivant le modèle :

Source → Support de transmission → Information → Récepteur

Parcours **avenir**

Les stations de radio pour transmettre l'information

L'émission est enregistrée et diffusée depuis un studio de radio.

Sur une voiture, l'antenne permet de capter les signaux radio.

Des dizaines de stations de radio, locales ou nationales, diffusent quotidiennement leurs émissions grâce à un émetteur radiophonique. Les sons provenant des studios de radio sont transformés en signaux électriques, puis envoyés dans une antenne qui les transforment en signaux radioélectriques. Chaque station émet ses programmes à une fréquence bien précise, comprise entre 87,5 MHz et 108 MHz. Il suffit alors à l'auditeur de sélectionner la fréquence désirée sur son récepteur radio, qui se charge de restituer une copie fidèle du signal sonore original.

- **Quel élément de la voiture joue le rôle du récepteur du signal radio ?**
- **Comment est-il possible de capter différentes émissions de radio à l'aide du même récepteur ?**
- **Le 4 février 2008, la NASA a transmis dans l'espace une chanson des Beatles, « Across the Universe », en direction de l'étoile polaire. Expliquez pourquoi cette transmission s'est faite sous forme de signal radio, et non sous forme de signal sonore.**

Métiers

- **technicien du son**
- **documentaliste**
- **chargé de réalisation**
- **producteur/animateur**
- **journaliste**

Vous voulez des informations sur le métier de journaliste ? Rendez-vous sur le site ONISEP à l'adresse http://www.onisep.fr/ afin par exemple de découvrir les différentes spécialisations possibles de cette profession et pour y consulter la fiche métier correspondante.

EPI

Transmettre une information à distance

Disciplines concernées
Mathématiques, Histoire-Géographie-EMC, Technologie

En physique-chimie
Utiliser les propriétés des signaux (lumineux, sonores, radio...).
Notions abordées : transmission de l'information, son et lumière

L'histoire de la communication est aussi ancienne que l'histoire de l'Humanité. Paroles, gestes de la main, signaux de fumée, tamtam, document écrit... Tout cela était (et est toujours) utilisé afin de délivrer un message.

Production attendue

→ **Réaliser un jeu des deux récipients à la manière des vases d'Énée**

Comment réaliser ce projet : une démarche possible

Étape 1 **Étudier la transmission d'informations dans différentes disciplines**

Mathématiques
- La proportionnalité et les pourcentages
- La géométrie et les échelles

Histoire-Géographie-EMC
- L'évolution des systèmes de communication
- La Guerre de Troie

Technologie
- L'identification et l'analyse d'un besoin
- La conception et la réalisation d'un système
- La réponse aux besoins de la société de consommation

Langues anciennes
- La mythologie

Étape 2 Rechercher une information

Formez des groupes et recherchez sur Internet la réponse à l'une des questions suivantes :

a. Quels sont les sens utilisés par l'Homme pour surmonter un handicap (une personne malentendante ou malvoyante par exemple) ?

b. Quels sont essentiellement les deux sens utilisés par l'Homme pour transmettre une information, dans le domaine de l'automobile par exemple ?

c. Quels moyens sont utilisés pour transmettre une information dans le monde animal ? Quels sens sont utilisés ?

d. En quoi le fonctionnement du télégramme des frères Chappe est-il comparable à la manière dont une abeille apprend à ses congénères l'existence d'une source d'approvisionnement ?

e. Comment l'Homme a-t-il réussi à transmettre une information codée sur terre ou en mer, sur des continents différents, dans l'Antiquité, au Moyen-âge... ?

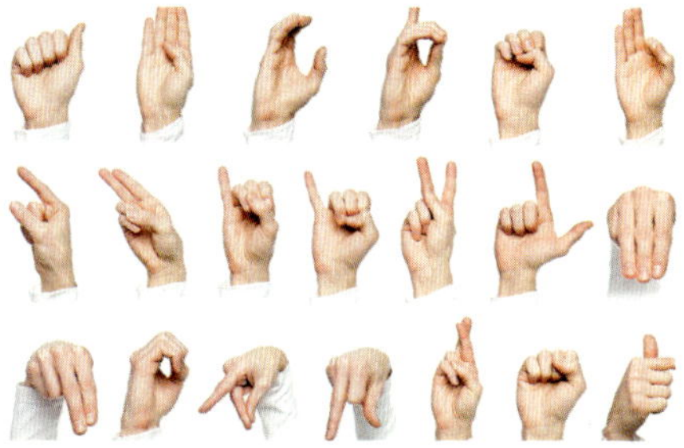

Le braille et le langage des signes sont des moyens de communication.

Étape 3 Étudier le principe de fonctionnement des vases d'Enée

Pour communiquer à distance, le stratège grec Énée (appelé aussi Énée le Tacticien) inventa un dispositif de télécommunication basé sur l'écoulement de l'eau et des signaux lumineux.

L'émetteur et le récepteur de l'information doivent être équipés d'une torche et posséder le même équipement :
- un vase de forme cylindrique ;
- un flotteur ;
- une baguette enfoncée dans le flotteur sur laquelle sont notées des symboles correspondant à des informations ;
- un robinet pour faire baisser le niveau de l'eau dans le vase.

a. Imaginez comment, à partir de cet équipement, un message pouvait être transmis.

b. À quel type d'informations pouvait correspondre les symboles ?

c. Pourquoi cette communication était-elle limitée ?

Étape 4 Réaliser un jeu des deux récipients

Ressources pour cet EPI

- **Chapitres 10 et 11.**
- **Petite histoire de la communication longue-distance: le télégraphe aérien de Claude Chappe :** https://www.youtube.com/watch?v=iHEFJaWXdE8
- **La tour du télégraphe optique Chappe à Saverne :** https://www.youtube.com/watch?v=FOVkObatBiA

Fiche 1

Réaliser un schéma de conversion d'énergie

La situation

On souhaite réaliser le schéma de conversion d'énergie du dispositif ci-dessous :

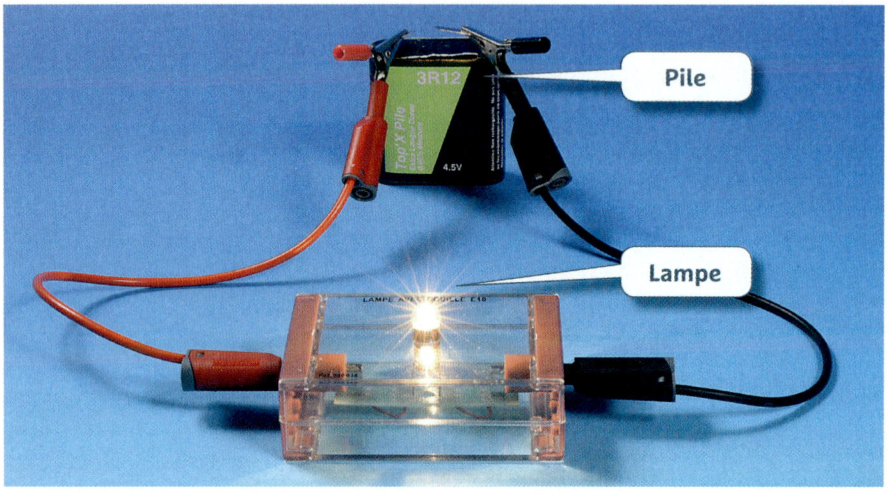

Les étapes

1. Identifier la source d'énergie dans le dispositif : la pile.

2. Identifier le transfert d'énergie : la pile transfère de l'énergie électrique à la lampe.

3. Identifier les conversions d'énergie : la lampe convertit l'énergie électrique en énergie lumineuse (elle brille) et en énergie thermique (elle chauffe).

4. Réaliser un schéma de conversion d'énergie en utilisant les conventions adéquates.

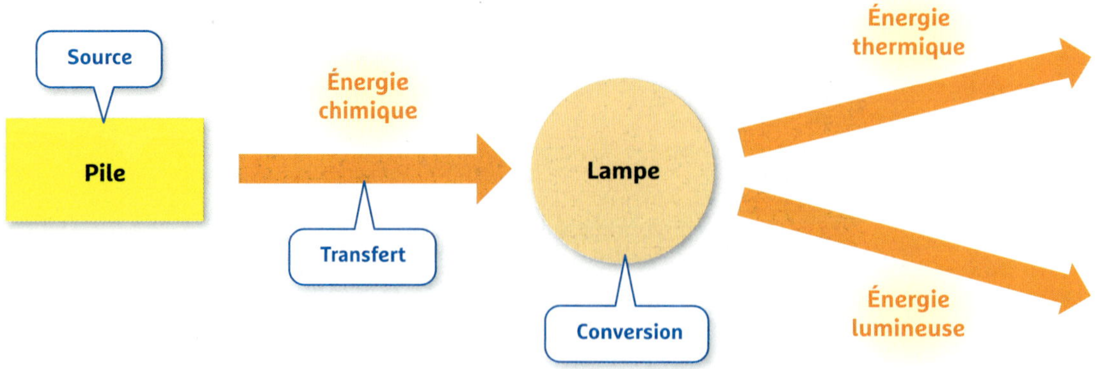

Réaliser des tests caractéristiques de certaines espèces chimiques

Test du dioxygène

Test de l'eau

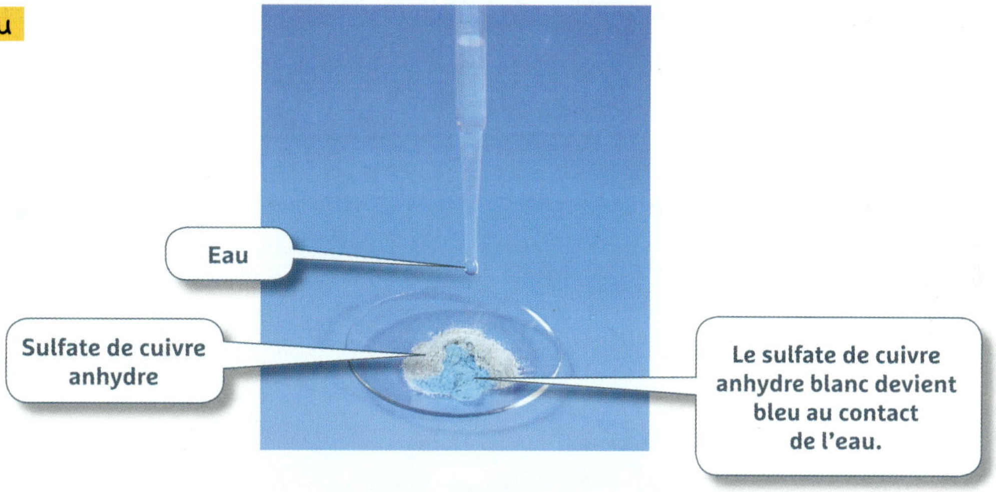

Test du dioxyde de carbone

Fiche 3

Mesurer un pH

Attention, porter des gants (sauf en présence de flamme) et des lunettes de protection.

Mesure au papier indicateur de pH

1. Déposer quelques gouttes de solution à tester sur le papier indicateur de pH.

2. Comparer la couleur prise par le papier indicateur de pH avec le nuancier de couleur.

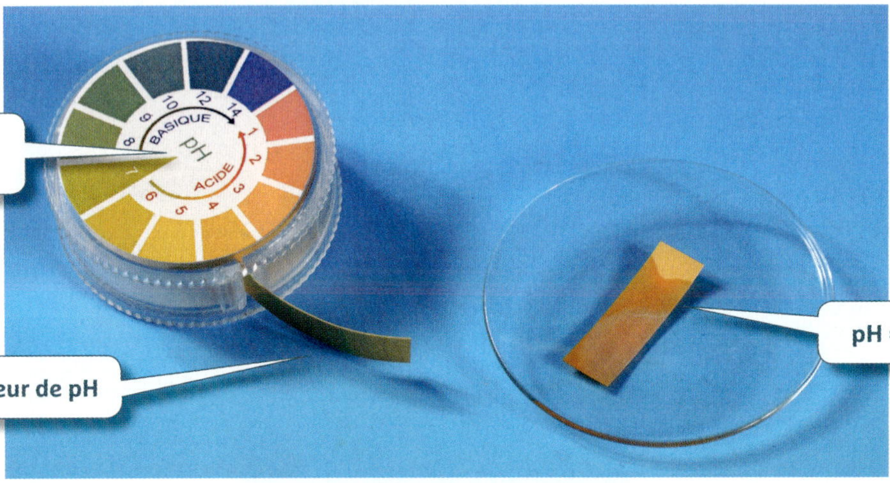

Mesure au pH-mètre

1. Rincer la sonde du pH-mètre à l'eau distillée et l'essuyer avec précaution, car elle est fragile.

2. Immerger la sonde dans la solution à tester.

3. Relever la valeur indiquée par le pH-mètre.

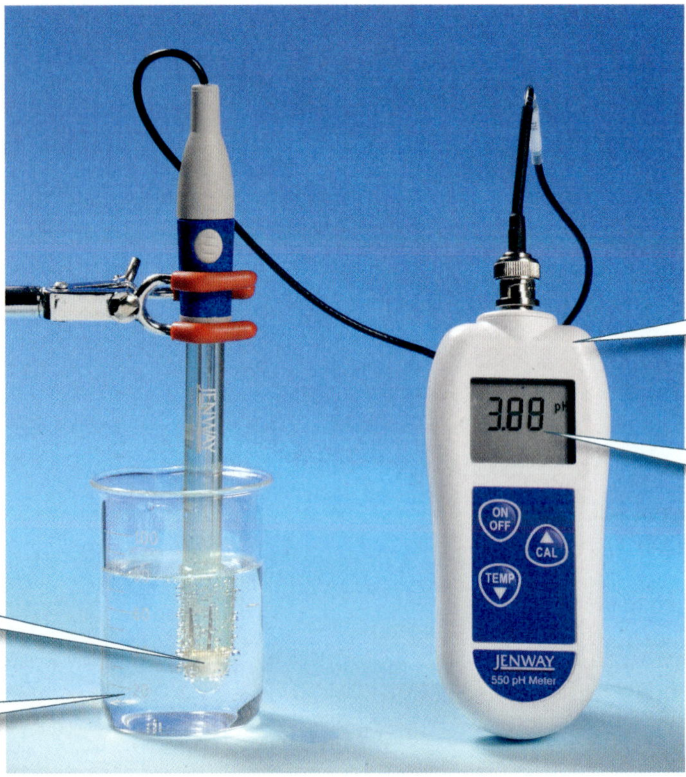

Mesurer une masse

La situation

On souhaite mesurer la masse d'un échantillon d'eau colorée.

Les étapes

1. Tarer la balance

a. Mettre la balance en marche.
Attendre qu'elle affiche 0.

b. Poser délicatement le récipient vide sur le plateau de la balance.

c. Effectuer une tare en appuyant sur le bouton TARE : la balance affiche de nouveau 0.

2. Mesurer la masse de l'échantillon

a. Repérer l'unité de masse donnée par la balance : le gramme.

b. Retirer le récipient de la balance. Verser l'échantillon d'eau colorée dans le récipient.

c. Reposer délicatement le récipient contenant l'échantillon sur le plateau de la balance.

d. Lire la valeur affichée sur la balance : il s'agit de la masse de l'échantillon.

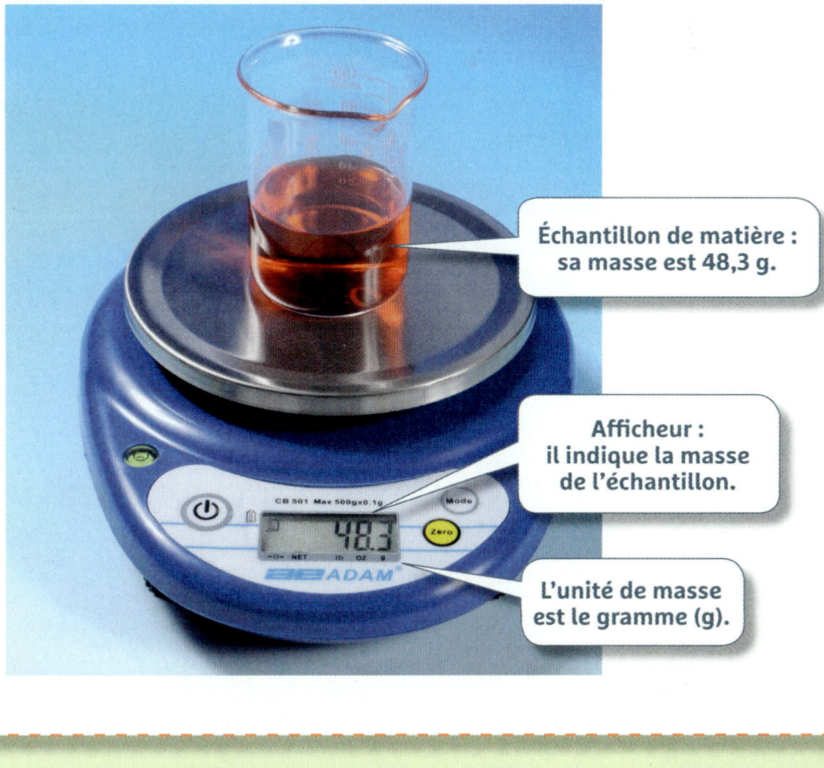

Fiche 5

Mesurer le volume d'un liquide

La situation

On souhaite mesurer le volume d'un échantillon d'eau colorée à l'aide d'une éprouvette graduée.

Les étapes

1. Repérer l'unité de volume indiquée sur l'éprouvette graduée.

2. Déterminer le volume correspondant à une division de l'éprouvette graduée.

3. Placer son œil sur l'horizontale passant par le bas du ménisque.

4. Repérer le trait de graduation correspondant et lire le volume de l'échantillon de matière liquide.

Attention : si l'œil est mal placé, la lecture du volume est faussée.

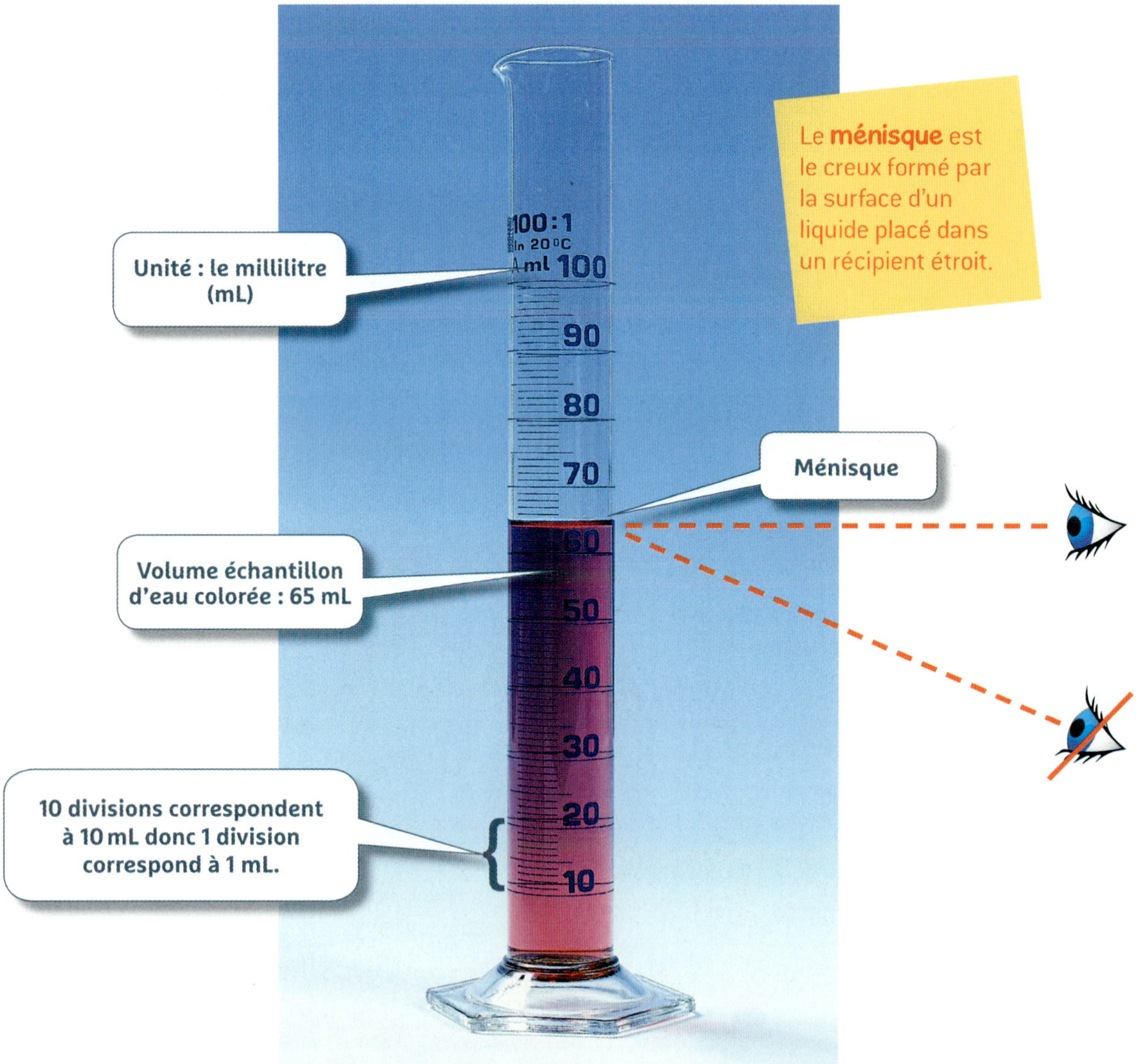

Fiche 6

Mesurer une température

Utiliser un thermomètre à sonde

On souhaite mesurer la température d'un mélange réfrigérant constitué de glace et de sel.

1. Mettre le thermomètre en marche.

2. Placer la sonde du thermomètre dans le mélange réfrigérant.

3. Attendre que la température affichée par l'afficheur se stabilise.

4. Lire la température sans sortir la sonde du mélange réfrigérant.

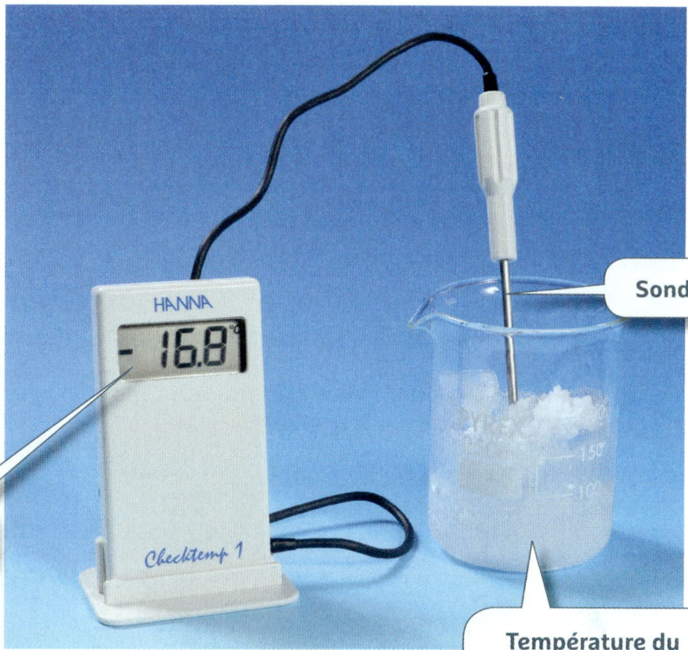

Utiliser un thermomètre à infrarouge

On souhaite mesurer la température à la surface de la main.

Température de surface à cet endroit : 34,9 °C.
La mesure est imprécise pour les surfaces brillantes.

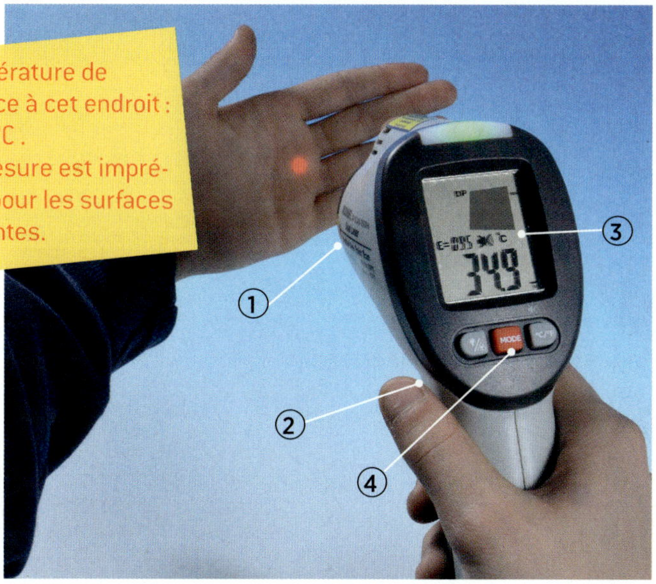

La mesure par visée laser peut être activée en appuyant sur la touche laser ④.

Attention : Ne jamais pointer le faisceau laser directement vers les yeux ou via une surface réfléchissante.

1. Diriger l'ouverture de mesure ① vers la surface de l'objet mat.

2. Appuyer sur la touche de mesure ②.

3. La valeur mesurée de la température de la surface de l'objet s'affiche à l'écran ③.

Fiche 7

Réaliser un test de dissolution ou de miscibilité

Réaliser un test de dissolution

On souhaite déterminer si le sucre est soluble dans l'eau.

1. Introduire le solide dans l'eau.

2. Agiter le mélange (solide et eau) avec un agitateur.

3. Laisser reposer le mélange.

4. Observer : si le mélange obtenu est homogène alors le solide est soluble dans l'eau.

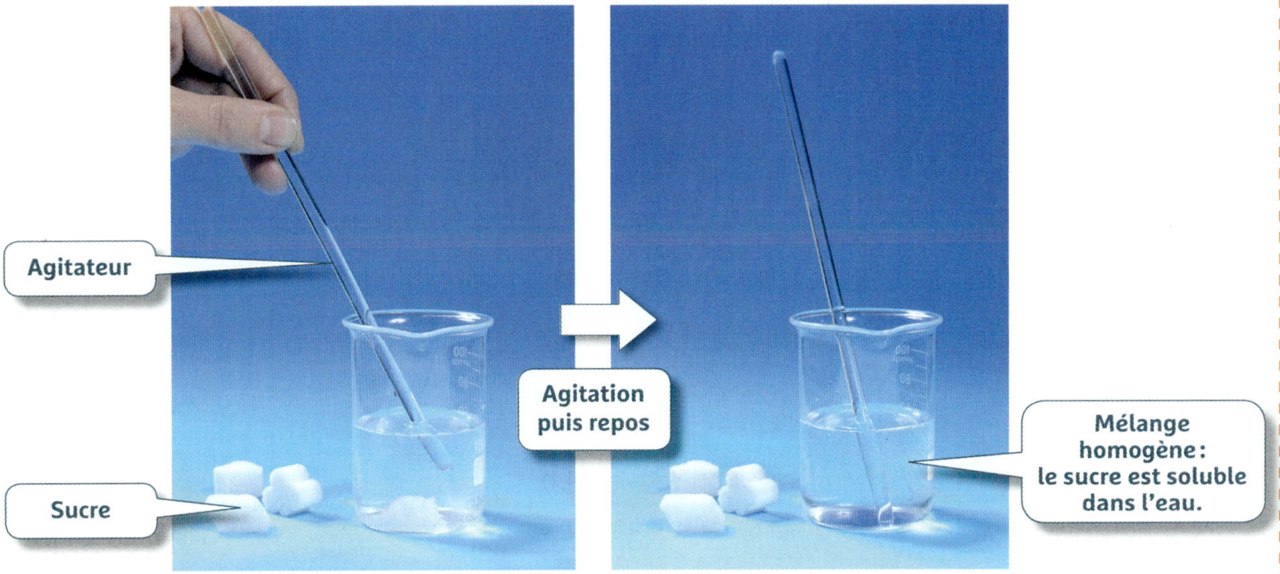

Réaliser un test de miscibilité

On souhaite déterminer si la glycérine (incolore) et l'eau (colorée) sont miscibles.

1. Verser la glycérine sur l'eau colorée.

2. Agiter le mélange.

3. Laisser reposer le mélange.

4. Observer : si le mélange obtenu est homogène alors la glycérine est miscible à l'eau.

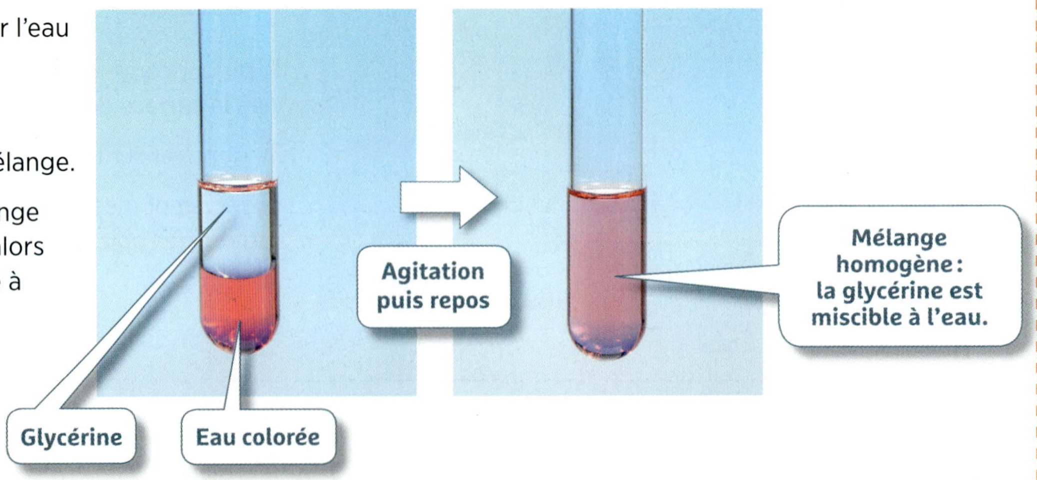

Fiche 8

Schématiser un montage en chimie

La situation

On souhaite schématiser l'expérience ci-contre.

Les étapes

1. Observer l'expérience et identifier les éléments importants.

2. Dessiner l'expérience en deux dimensions en utilisant la règle pour les parties rectilignes.

3. Annoter le schéma avec les informations essentielles.

4. Donner un titre au schéma.

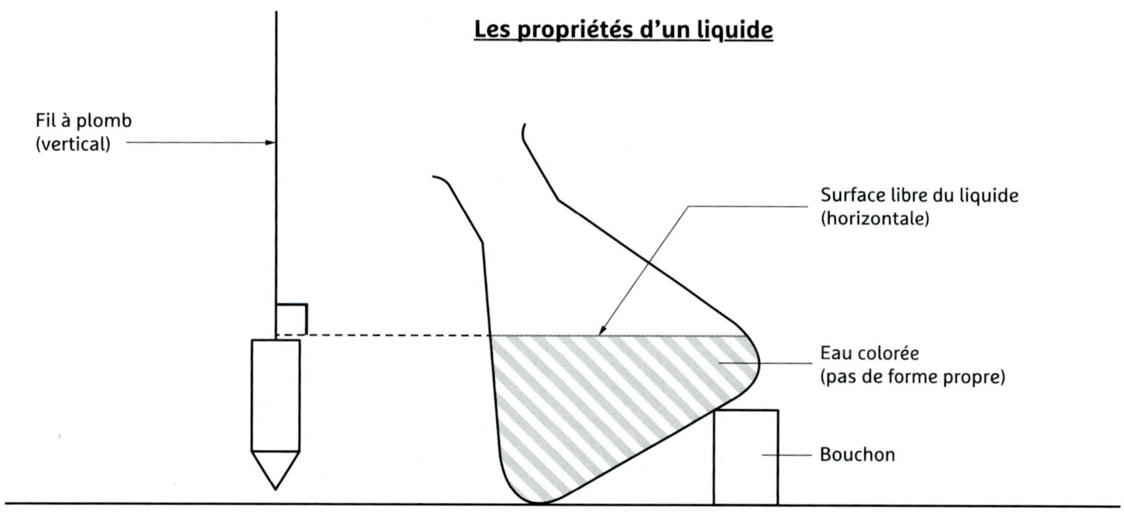

Fiche 9

Réaliser un circuit électrique

La situation

On souhaite réaliser un circuit électrique avec trois dipôles :
une pile plate (générateur), un interrupteur et une lampe (récepteur).

Les étapes

1. Disposer les différents dipôles le long d'un rectangle imaginaire. L'interrupteur doit être en position « ouvert ».

2. Repérer les bornes des différents dipôles.

3. Relier les dipôles par des fils de connexion en partant de la borne + du générateur pour revenir à la borne - du générateur.

4. Fermer l'interrupteur pour faire circuler du courant électrique dans le circuit.

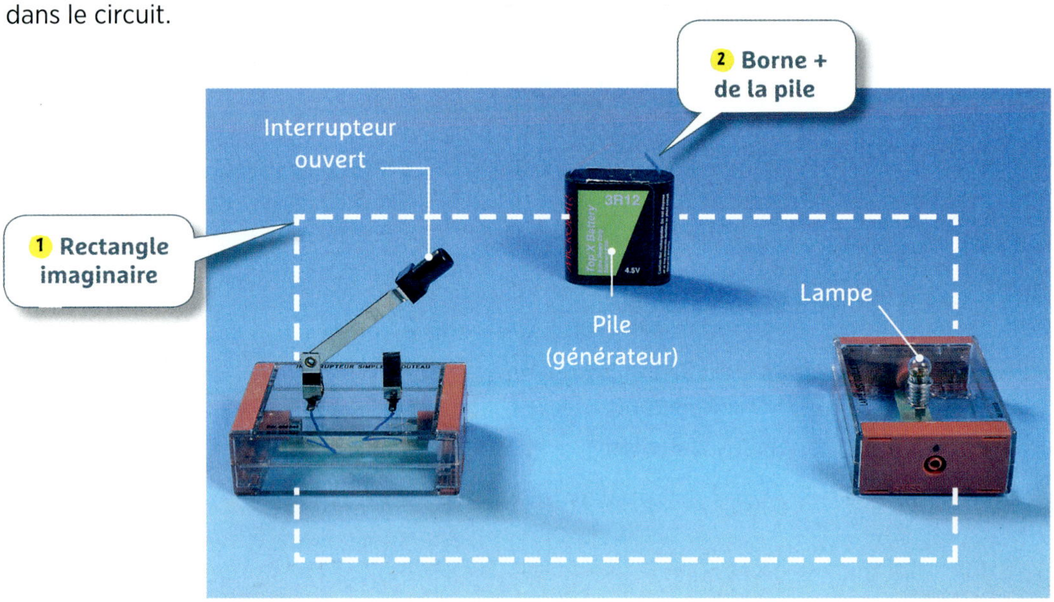

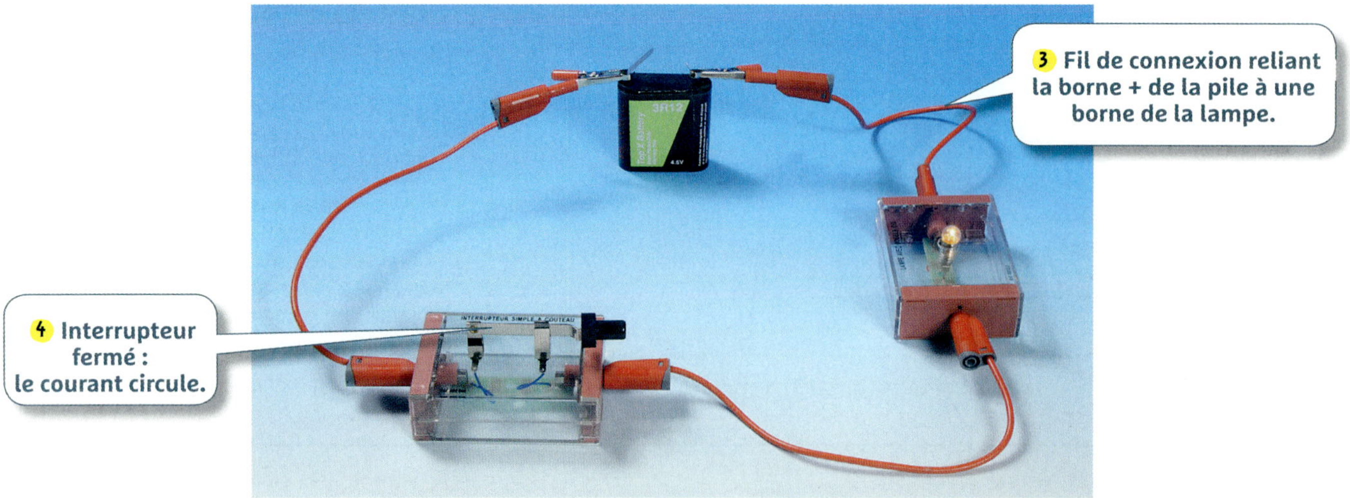

Fiche 10

Schématiser un circuit électrique

La situation

On souhaite schématiser le circuit électrique ci-dessous :

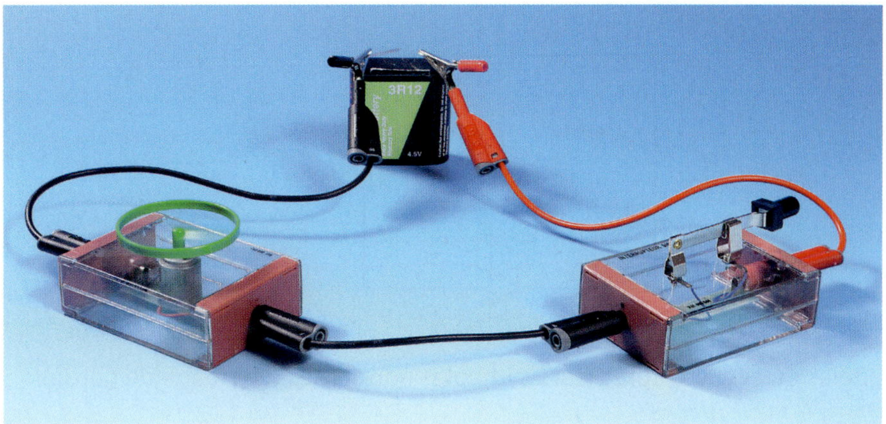

Les étapes

1. Identifier les dipôles du circuit et leurs symboles normalisés (voir page de garde).

2. Dessiner un rectangle ou un carré au crayon de papier.

3. Effacer une partie des côtés du rectangle ou du carré pour l'emplacement de chaque symbole.

4. Dessiner les symboles aux emplacements prévus en respectant l'ordre des éléments électriques dans le circuit.

1 Chaque dipôle est représenté par un symbole normalisé.

Dipôles	Pile	Interrupteur fermé	Moteur
Symboles	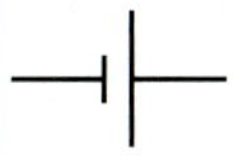		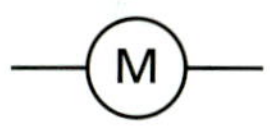

2 – 3 Emplacements prévus pour les symboles de la pile, de l'interrupteur fermé et du moteur.

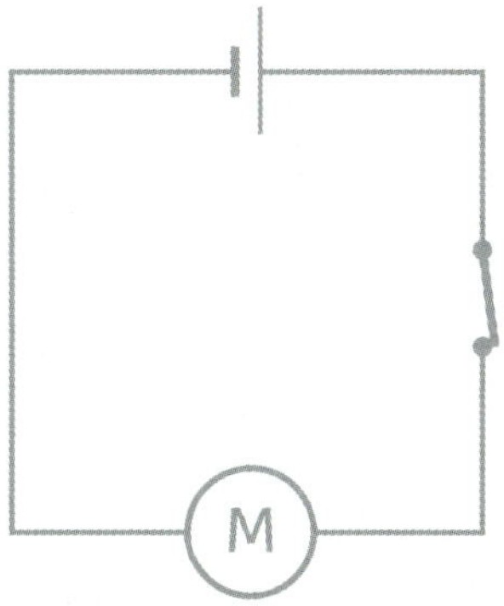

4 L'ordre des symboles respecte l'ordre des dipôles dans le circuit.

Fiche 11

Réaliser un circuit électrique à partir d'un schéma

La situation

On souhaite réaliser un circuit électrique à partir du schéma normalisé ci-dessous :

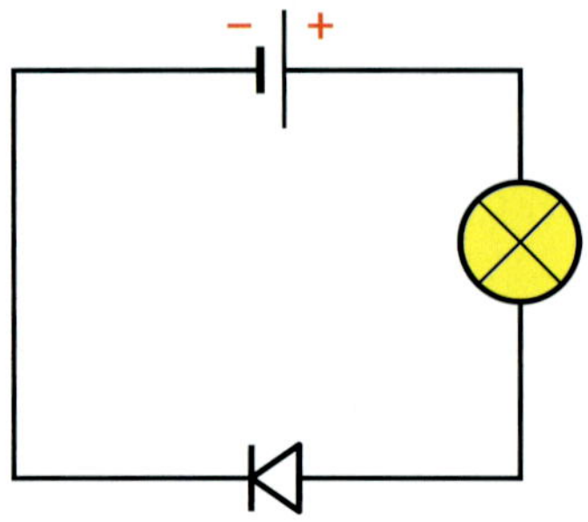

Les étapes

1. Identifier les dipôles du circuit d'après leurs symboles normalisés (voir page de garde).

2. Compter le nombre de fils de connexion nécessaires.

3. Disposer les différents dipôles sur le plan de travail comme sur le schéma donné.

4. Repérer les bornes des dipôles et les placer en respectant leur sens de branchement.

5. Relier les dipôles avec les fils de connexion.

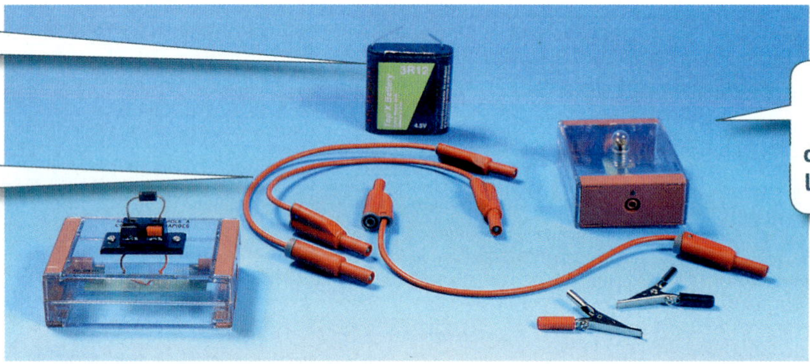

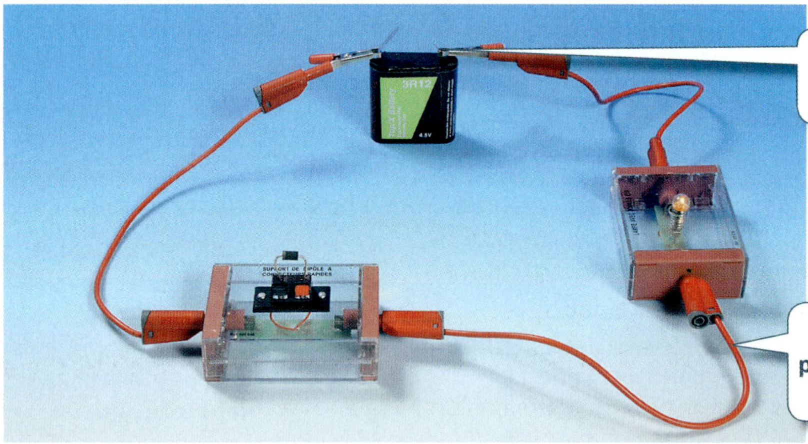

Fiche 12

Mesurer des grandeurs électriques

Un multimètre peut être utilisé en mode voltmètre pour mesurer une tension électrique, ou en mode ampèremètre pour mesurer une intensité.

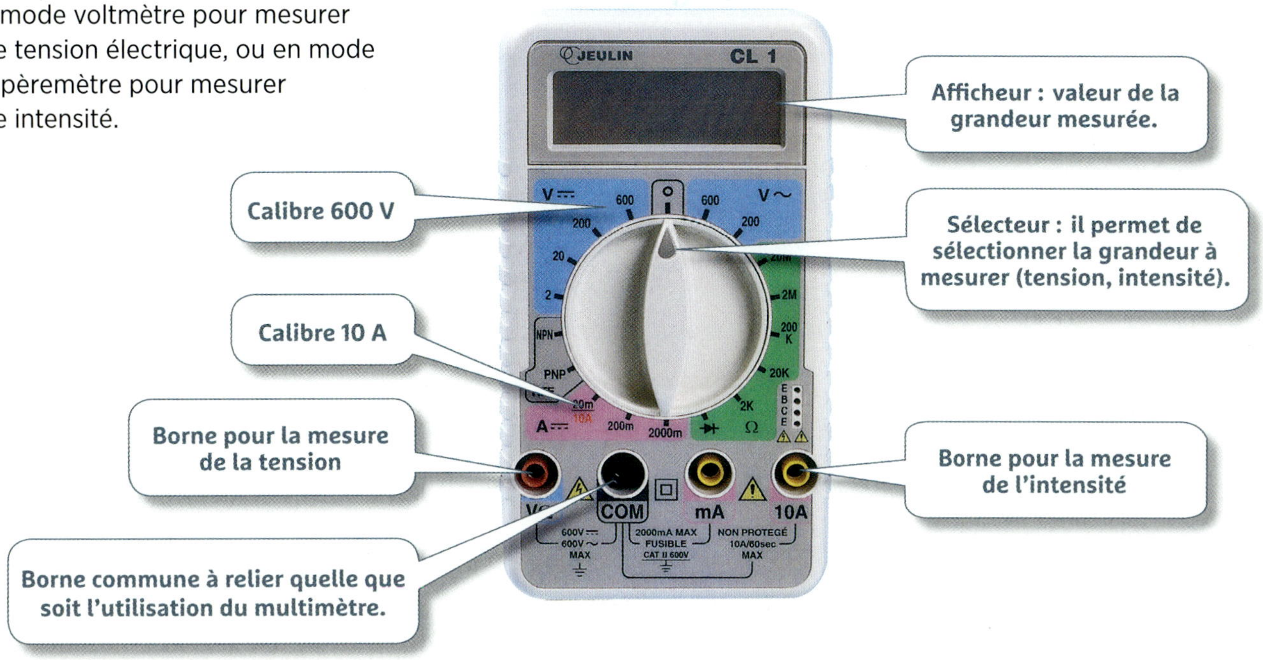

Mesurer une tension électrique

On souhaite mesurer la tension électrique aux bornes d'un dipôle : une pile par exemple.

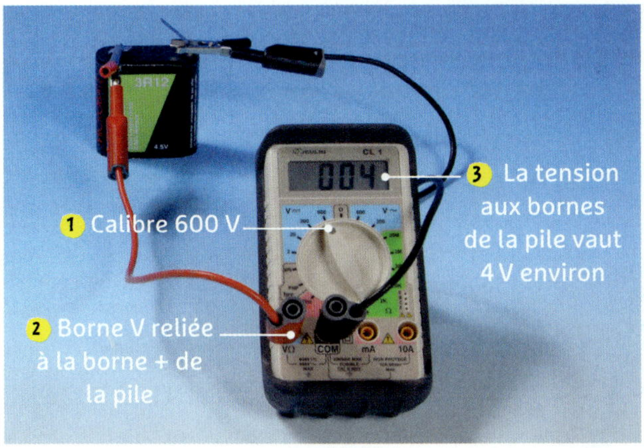

1. Placer le sélecteur du multimètre sur le plus gros calibre de tension en mode continu (ici 600 V).

2. Brancher le multimètre en dérivation avec le dipôle: relier la borne V du multimètre du côté de la borne positive du générateur, et la borne COM du côté de la borne négative du générateur.

3. Lire la valeur de la tension en volt sur l'afficheur.

Attention : si la valeur affichée est négative, alors inverser les connexions des bornes V et COM.

Mesurer une intensité du courant

On souhaite mesurer l'intensité du courant électrique dans un dipôle : une lampe par exemple.

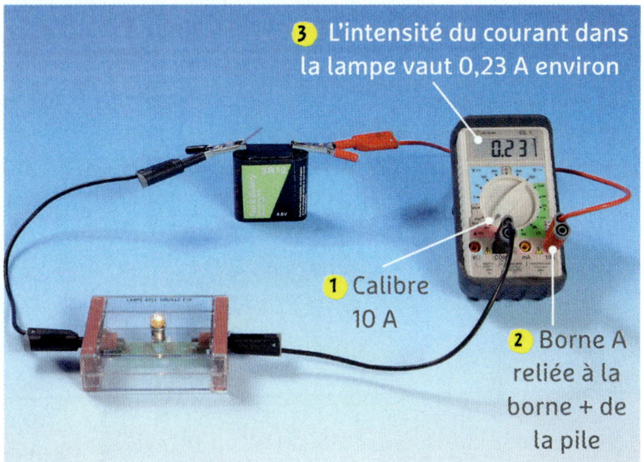

1. Placer le sélecteur du multimètre sur le plus gros calibre d'intensité en mode continu (ici 10 A).

2. Brancher le multimètre en série avec le dipôle : relier la borne 10 A du multimètre vers la borne positive du générateur, et la borne COM vers la borne négative du générateur.

3. Lire la valeur de l'intensité en ampère sur l'afficheur.

Attention : si la valeur affichée est négative, alors inverser les connexions des bornes 10 A et COM.

Fiche 13

Utiliser une interface d'acquisition

La situation

On souhaite utiliser une interface d'acquisition afin de mesurer la température de la glace, chauffée par l'air, en fonction du temps.

Les étapes

1. Relier l'interface d'acquisition et son capteur utile à l'ordinateur.

2. Ouvrir le logiciel associé à l'interface et choisir les paramètres de l'acquisition :
- pour la durée entre chaque mesure (Taux).
- pour la durée totale d'acquisition (Echantillons).

3. Lancer l'acquisition des données :

4. Observer la courbe qui se trace automatiquement sur l'écran de l'ordinateur.

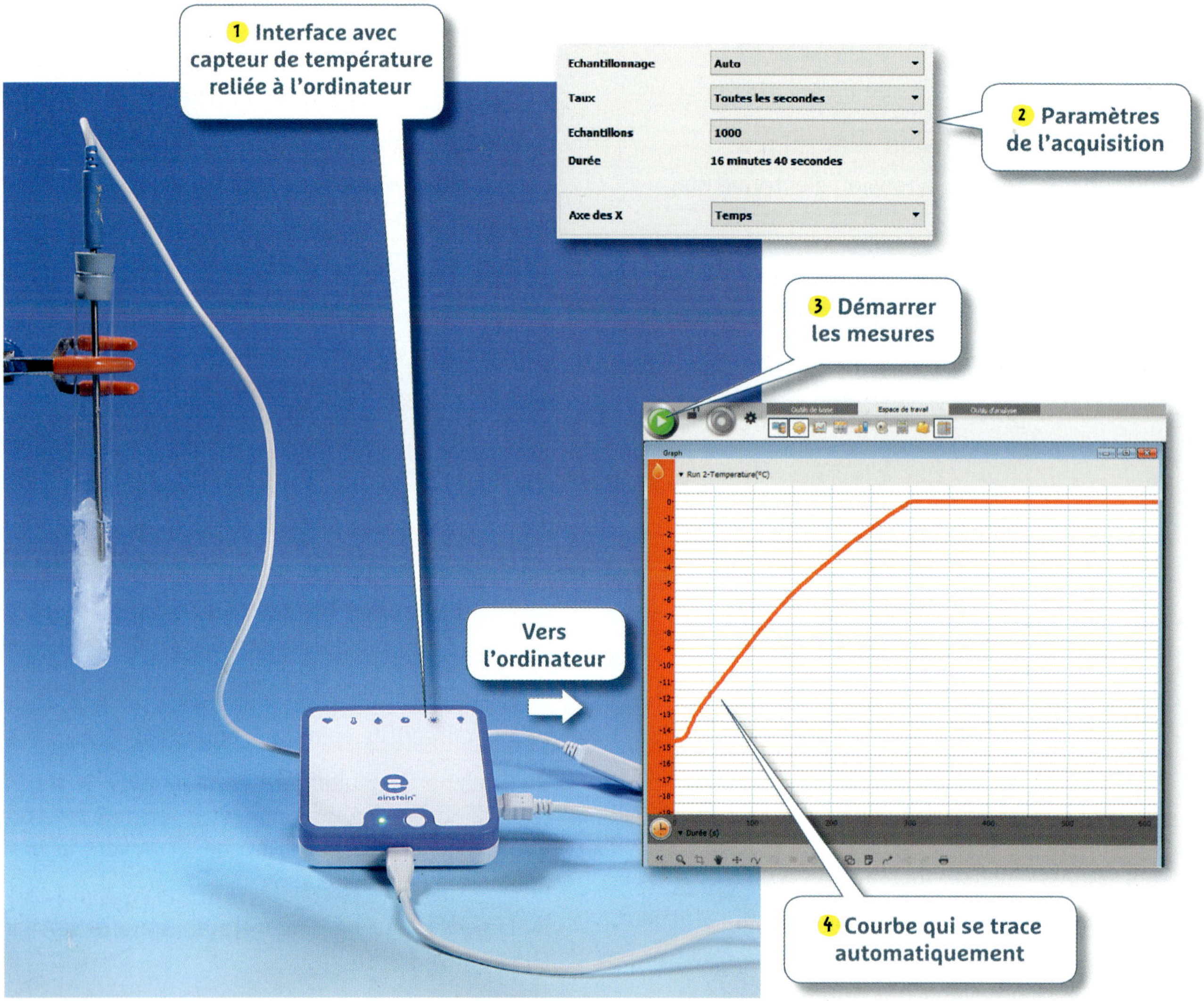

Fiche 14

Utiliser un tableur-grapheur

On souhaite utiliser un tableur-grapheur pour étudier la valeur de la vitesse d'un ballon sur coussin d'air.

Distance parcourue (en m)	0	0,75	1,50	2,25	3,00
Durée du parcours (en s)	0	0,55	1,10	1,65	2,20

Utiliser le tableur

1. Ouvrir le logiciel tableur-grapheur.

2. Remplir une ligne avec la distance parcourue, une autre avec la durée du parcours.

3. Créer une nouvelle ligne et insérer une formule pour calculer automatiquement la valeur de la vitesse : *vitesse = distance parcourue / durée du parcours.*

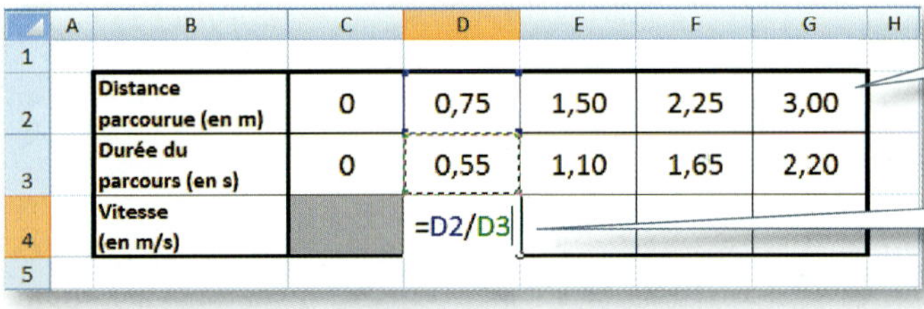

	A	B	C	D	E	F	G	H
1								
2		Distance parcourue (en m)	0	0,75	1,50	2,25	3,00	
3		Durée du parcours (en s)	0	0,55	1,10	1,65	2,20	
4		Vitesse (en m/s)		=D2/D3				
5								

Utiliser le grapheur

1. Sélectionner les cellules contenant les données à représenter sur un graphique.

2. Insérer un graphique de type souhaité. 

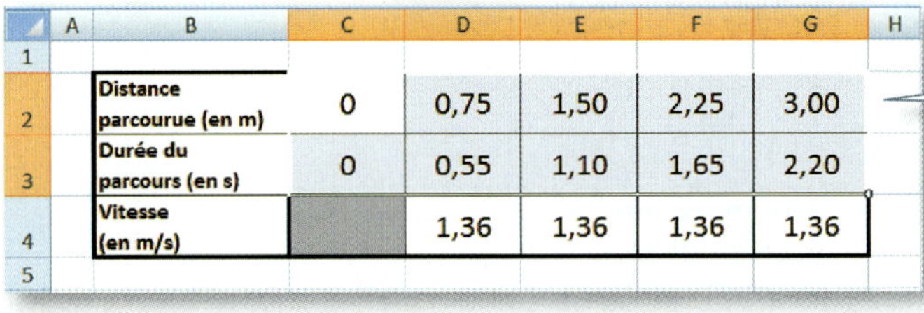

	A	B	C	D	E	F	G	H
1								
2		Distance parcourue (en m)	0	0,75	1,50	2,25	3,00	
3		Durée du parcours (en s)	0	0,55	1,10	1,65	2,20	
4		Vitesse (en m/s)		1,36	1,36	1,36	1,36	
5								

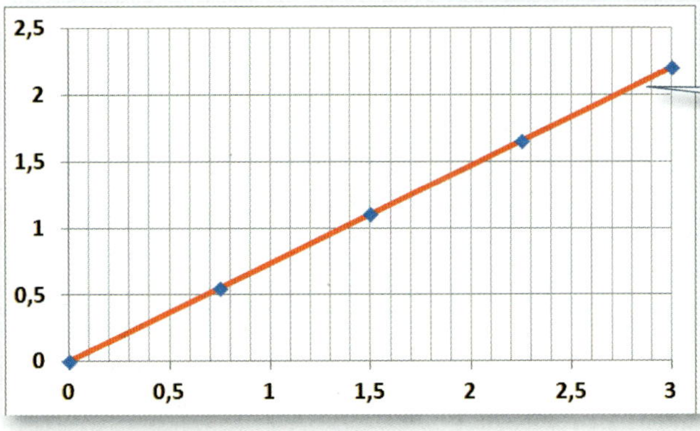

Fiche 15

Lire un graphique

La situation

On souhaite lire le graphique représentant l'évolution de la température de l'eau liquide au cours de son chauffage.

Les étapes

1. Lire sur l'axe des ordonnées (axe vertical) la grandeur indiquée et son unité.

2. Lire sur l'axe des abscisses (axe horizontal) la grandeur indiquée et son unité.

3. S'informer sur l'échelle utilisée pour chaque axe.

4. Déterminer les coordonnées d'un point de la courbe :
- son abscisse correspond à l'intersection de la droite verticale passant par ce point avec l'axe des abscisses ;
- son ordonnée correspond à l'intersection de la droite horizontale passant par ce point avec l'axe des ordonnées.

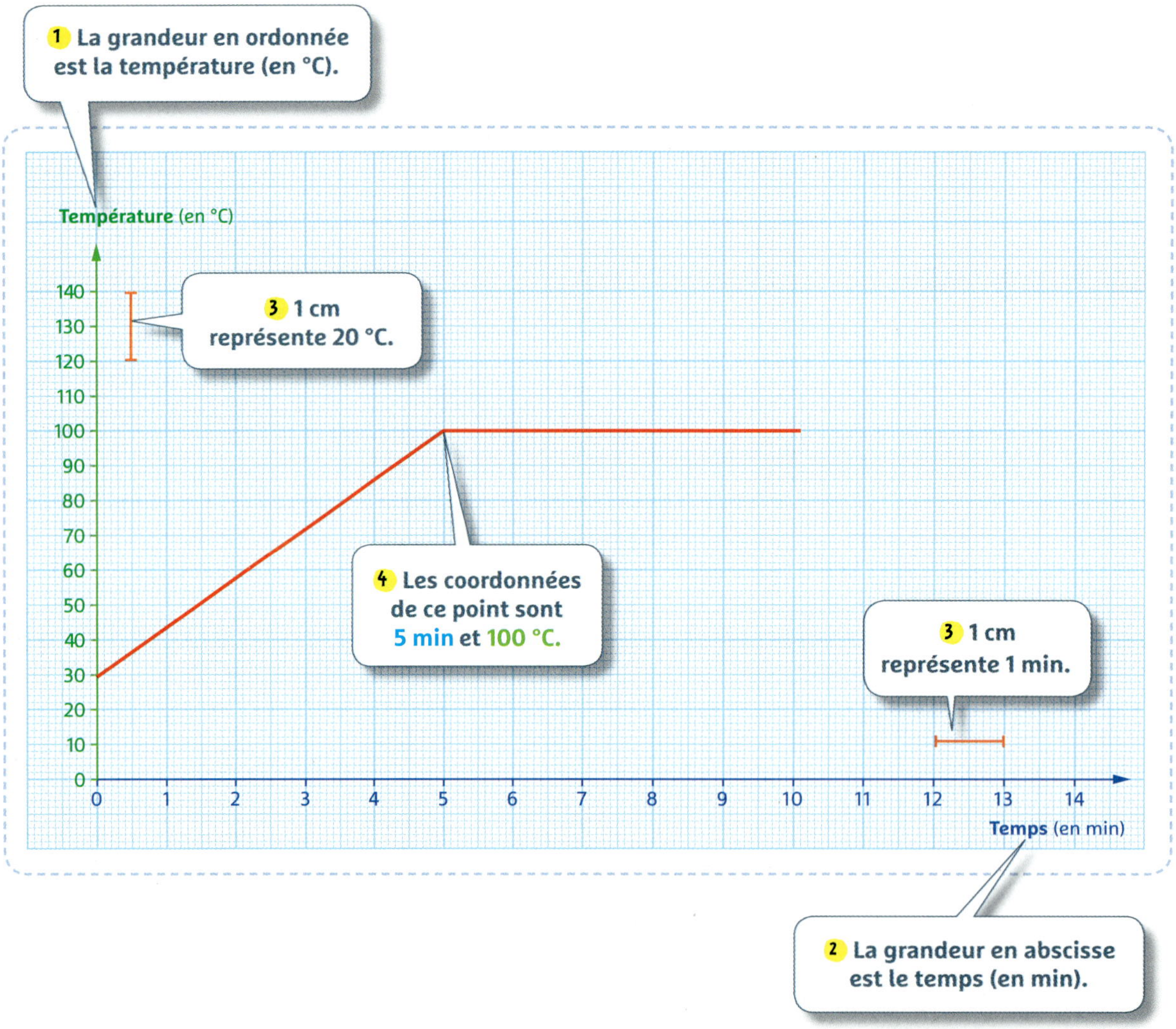

Fiche 16

Construire une courbe

La situation

On souhaite construire la courbe qui représente la température de l'eau salée au cours de son chauffage à partir des mesures suivantes :

Temps (en min)	0	1	2	3	4	5	6	7	8
Température (en C°)	30	45	60	75	89	103	104	105	106

Les étapes

1. Tracer deux axes perpendiculaires : l'axe des abscisses (horizontal) et l'axe des ordonnées (vertical).

2. Inscrire la grandeur physique et l'unité représentées sur chaque axe.

3. Graduer régulièrement les deux axes en tenant compte de l'échelle choisie ou imposée.

4. Chaque point correspond à un couple de données du tableau. Placer ces points.

5. Relier les points entre eux à main levée s'ils ne sont pas alignés, sinon à la règle.

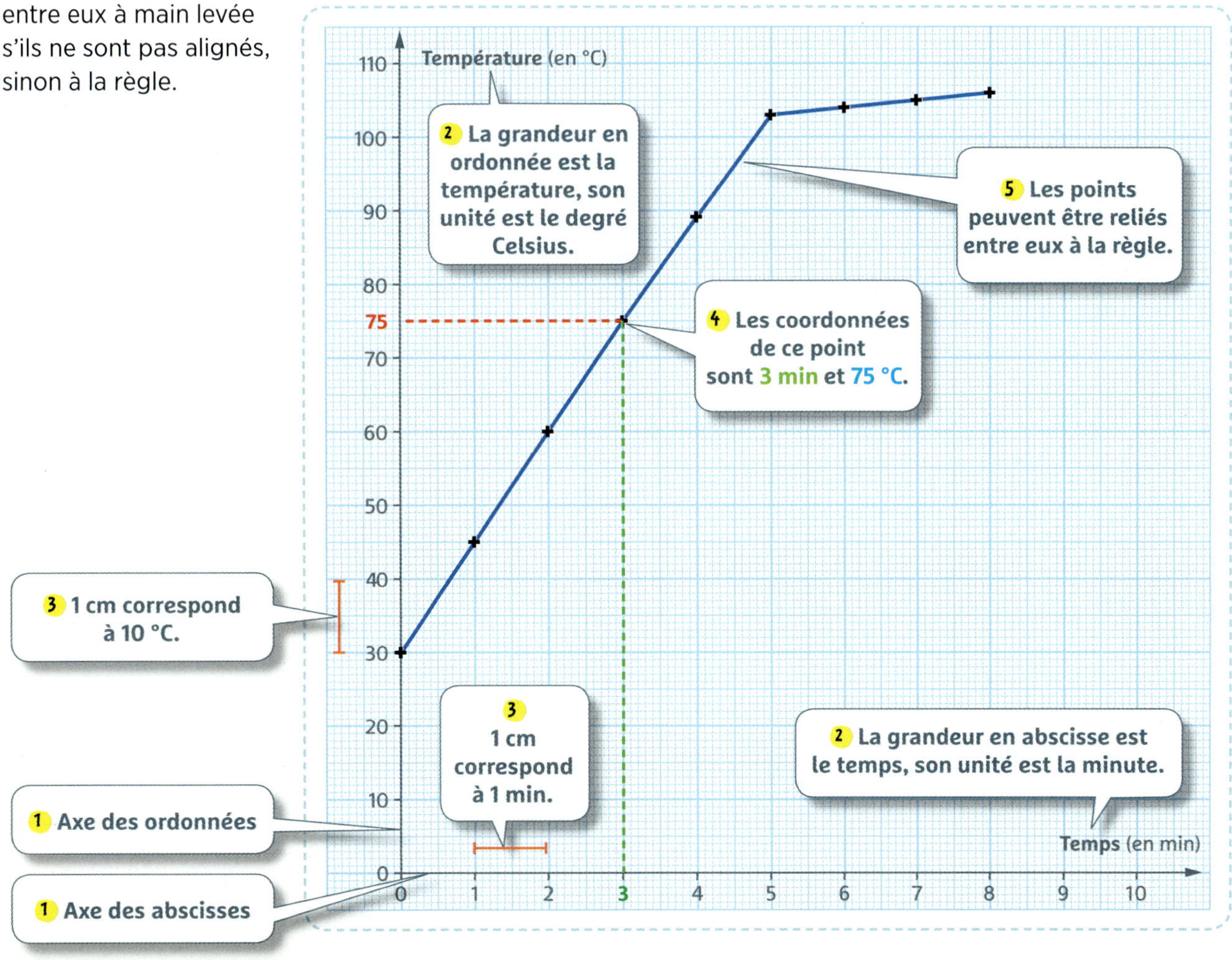

Fiche 17

Reconnaître une situation de proportionnalité

On souhaite savoir s'il y a proportionnalité entre le volume et la masse de l'huile à l'aide des mesures suivantes :

Masse (en g)	0,0	9,1	18,2	27,3	36,4
Volume (en mL)	0	10	20	30	40

Ligne

Colonne

Les étapes

1. Choisir une colonne qui ne comprend pas de nombre nul et diviser le nombre de la première ligne par le nombre de l'autre ligne.

2. Recommencer avec les autres colonnes.

3. Comparer les résultats obtenus : s'ils sont tous égaux, alors c'est une situation de proportionnalité.

Si, dans la même colonne, il y a une valeur nulle dans une ligne et non nulle dans l'autre ligne, alors il n'y a pas de situation de proportionnalité.

9,1/10 = 0,91

1 Résultat de la division pour la colonne 2 du tableau

18,2/20 = 0,91
27,3/30 = 0,91
36,4/40 = 0,91

2 Résultats des divisions pour les autres colonnes

9,1/10 = 18,2/20 = 27,3/30 = 36,4/40

3 Tous les résultats sont égaux donc il y a proportionnalité.

Si les résultats sont presque tous égaux, alors cela peut aussi traduire une situation de proportionnalité, les écarts étant dus aux incertitudes de mesures.

Je vérifie mes connaissances

Thème 1
Organisation et transformations de la matière

Du cycle 3 au cycle 4 .... pp. 14-15

1. 1-b. 2-a. 3-c.
2. 4-c. 5-c. 6-c.
3. 7-a. 8-b.
4. 9-b. 10-a.

Chapitre 1. Les états de la matière .... p. 17

1. 1-b, 2-c, 3-a.
2.

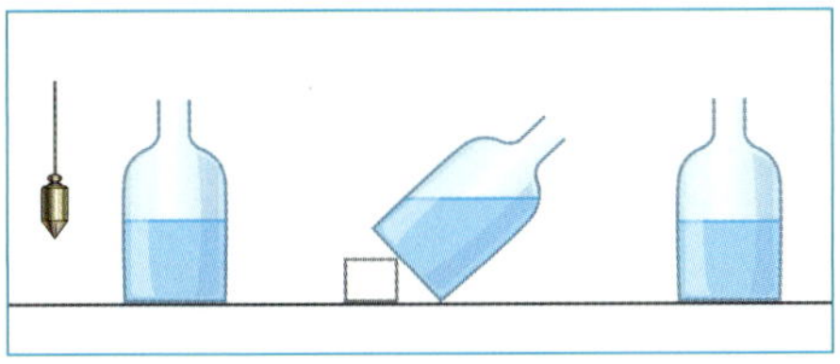

3. 1 : Fusion. **2 :** Pur. **3 :** Particule. **4 :** Libre. **5 :** Ébullition.
4. a. Faux : sa température est constante pendant le changement d'état. **b.** Faux : un gaz est compressible car les particules qui le composent sont dispersées. **c.** Vrai.

Chapitre 2. Masse et volume .... p. 31

1. Au cours d'un changement d'état, le volume varie et la masse se conserve.
2. a. Faux : il existe une relation de proportionnalité entre le volume et la masse de l'eau à l'état liquide. **b.** Vrai. **c.** Faux : 1 L d'eau liquide a une masse de 1 kg. **d.** Faux : la relation de proportionnalité entre le volume et la masse n'est pas la même pour tous les liquides.
3. 1 : éprouvette graduée. **2 :** balance.
4. a. Solide. **b.** Liquide. **c.** Gazeux.

Chapitre 3. Les mélanges .... p. 45

1. a. Le palier permet de reconnaître le changement d'état d'un corps pur.
2. Solvant : liquide qui dissout une ou plusieurs espèces chimiques.
Solution : liquide obtenu par dissolution d'une ou plusieurs espèces chimiques.
Soluté : espèce chimique dissoute dans un liquide.
3. a. Vrai. **b.** Vrai. **c.** Faux : la solubilité s'exprime en gramme par litre (g/L).
4. Je forme un mélange homogène avec l'eau donc je suis <u>soluble</u> à l'eau.
Je forme un mélange hétérogène avec l'eau donc je suis <u>insoluble</u> à l'eau .

Chapitre 4. Acidité et transformation chimique .... p. 59

1. Solution acide : son pH est compris entre 0 et 7.
Solution neutre : son pH est égal à 7.
Solution basique : son pH est compris entre 7 et 14.
2. a. Faux. **b.** Vrai. **c.** Faux.
3. Les mots en rapport avec la transformation chimique sont : réactifs, produits, espèces nouvelles.
4. Simon n'a pas raison.

Solution homogène constituée de sucre et d'eau = Le sucre est dissous dans l'eau ≠ Le sucre est consommé

Chapitre 5. Le système solaire .... p. 73

1. a. Vrai. **b.** Faux. Le plan dans lequel la Terre tourne autour du Soleil est le plan de l'écliptique.
c. Faux. La Lune tourne autour de la Terre en quatre semaines environ. **d.** Vrai.
2. C'est Manon qui connaît l'explication.
3. b. 1 UA = 150 000 000 km, c'est-à-dire la distance Terre-Soleil.
4. Diamètre des planètes : milliers de kilomètres.
Distance entre le Soleil et les planètes : millions de kilomètres.
5. La première lettre de chaque mot correspond à la première lettre des planètes du système solaire placées dans l'ordre de la plus proche du Soleil à la plus éloignée (Mercure, Vénus, Terre, Mars, Jupiter, Saturne, Uranus, Neptune).

Thème 2
Mouvement et interactions

Du cycle 3 au cycle 4 .... pp. 92-93

1. 1-a. 2-b. 3-a. 4-c.
2. 5-a. 6-a. 7-b.
3. 8-a. 9-a. 10-a.
4. 11-b. 12-c.

Chapitre 6. Les mouvements .... p. 95

1. Un objet qui parcourt une distance de 2 mètres chaque seconde décrit un mouvement uniforme.
2. Les propositions **a.**, **b.** et **c.** sont vraies.
3. a. Accéléré. **b.** Uniforme. **c.** Uniforme. **d.** Accéléré.
4. $v = d/t$

Chapitre 7. Les interactions .... p. 109

1. Une action mécanique est capable de déformer un objet, de faire varier la valeur de sa vitesse ou de modifier la direction ou le sens de son déplacement.
2. Action de contact : action qui se produit lorsque l'auteur touche le receveur.
Action à distance : action où l'auteur agit sur le receveur sans contact entre eux.
3.

Auteur	Receveur	Effet
Aimant	Limaille de fer	Attraction
Enfant	Pâte à modeler	Déformation
Terre	Lune	Modification de la trajectoire

4. Lorsqu'elle flotte sur l'eau, la bouée est en interaction de contact avec l'eau. L'eau modifie la vitesse et la trajectoire de la bouée. La Terre exerce une interaction à distance sur la bouée. Elle l'attire vers le sol et modifie sa trajectoire.

Thème 3
L'énergie et ses conversions

1. 1-c. 2-c. 3-a.
2. 4-c. 5-b. 6-b.
3. 7-c. 8-b. 9-a.
4. 10-a. 11-c. 12-c.

1. a. Énergie lumineuse. **b.** Énergie cinétique.
2. a. Réservoir d'énergie. **b.** Sources d'énergie renouvelables : eau, vent, bois, Soleil. Sources d'énergie non renouvelables : uranium, pétrole, charbon, gaz.
3. La pile transfère de l'énergie électrique à la lampe. La lampe convertit l'énergie électrique en énergie lumineuse.
4. b.

1. a. Le générateur, le moteur, la pile.
b. Le récepteur, la lampe.
c. L'interrupteur.
2. b.
3. a. Circuit 3. **b.** Circuit 1.

Thème 4
Des signaux pour observer et communiquer

1. 1-a. 2-c. 3-a. 4-c.
2. 5-b. 6-a. 7-b. 8-a.
3. 9-c. 10-c. 11-a. 12-b.
4. 13-b. 14-c. 15-a. 16-c.

1. a. Une source primaire de lumière : produit la lumière qu'elle émet.
b. Un objet diffusant : renvoie la lumière qu'il reçoit.
c. Le laser est dangereux pour l'œil : toujours.
d. Le son correspond à un transfert : d'énergie.
2.

1	T	R	A	N	**S**	P	A	R	E	N	T	
			2	S	**O**	N	O	R	E			
			3	L	**U**	M	I	È	R	E		
		4	A	I	**R**							
		5	R	É	**C**	E	P	T	E	U	R	S
	6	M	A	T	**E**	R	I	E	L			

3.

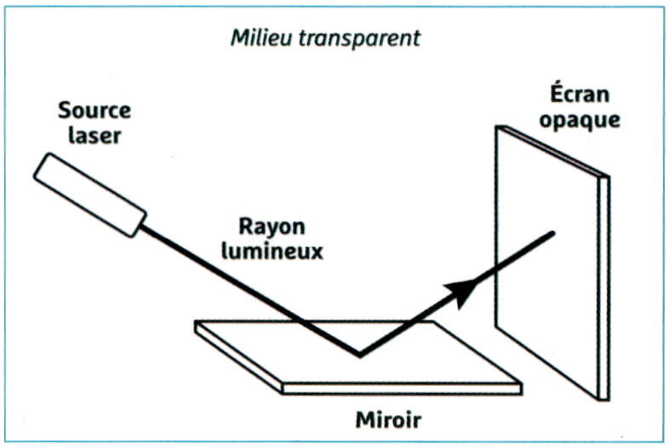

1. a. Un cône d'ombre est une région qui : ne reçoit pas de lumière.
b. Une ombre portée est une zone qui : ne reçoit pas de lumière.
c. Le support de transmission d'un signal lumineux ne peut pas être : le bois.
d. Le support de transmission d'un signal sonore ne peut pas être : le vide.
2. 1. Zone éclairée. 2. Ombre portée. 3. Cône d'ombre. 4. Ombre propre. 5. Objet opaque. 6. Rayon lumineux. 7. Source ponctuelle.
3. a. Vrai. **b.** Faux. **c.** Vrai.
4. d. Source ➡ **b.** Support de transmission ➡ **a.** Information ➡ **c.** Récepteur.w

Mon dico de Physique-Chimie

A

Acide (adj.) : se dit d'une solution dont le pH est compris entre 0 et 7.

Action à distance (expression) : action qui ne nécessite pas de contact avec un objet pour le déformer, le mettre en mouvement ou modifier son mouvement.

Action de contact (expression) : action qui doit toucher un objet pour le déformer, le mettre en mouvement ou modifier son mouvement.

Action mécanique : action capable de déformer un objet, de le mettre en mouvement ou de modifier son mouvement.

Ampèremètre (n.m.) : instrument permettant de mesurer l'intensité du courant dans un circuit électrique.

Astre (n.m.) : objet céleste (planète, étoile, satellite naturel, comète, etc.).

Auteur (n.m.) : objet qui exerce l'action mécanique (le receveur la subit).

B-C

Basique (adj.) : se dit d'une solution dont le pH est compris entre 7 et 14.

Changement d'état (expression) : passage d'un état physique à un autre (de l'état liquide à l'état solide par exemple).

Circulaire (adj.) : qui a la forme d'un cercle.

Cône d'ombre (expression) : zone située derrière un objet opaque éclairé par une source lumineuse ponctuelle. Cette zone ne reçoit pas de lumière de la source.

Conversion d'énergie (expression) : transformation d'un type d'énergie en un autre.

Corps pur (expression) : corps contenant une seule espèce chimique.

D

Dérivation (circuit en) (expression) : circuit électrique comportant plusieurs boucles.

Dipôle (n.m.) : élément électrique qui comporte deux bornes.

Distance (n.f.) : intervalle séparant deux points dans l'espace. Son unité légale est le mètre (m).

Durée (n.f.) : intervalle de temps pendant lequel se déroule un événement (un mouvement par exemple). Son unité légale est la seconde (s).

E

Ébullition (n.f.) : passage de l'état liquide à l'état gazeux (vaporisation) avec formation de bulles qui viennent crever à la surface de l'eau.

Éclipse (n.f.) : phénomène au cours duquel un astre masque un autre astre pour un observateur sur Terre.

Énergie (n.f.) : un objet qui possède de l'énergie peut produire des actions : chauffer, éclairer, mettre en mouvement...

Espèce chimique : ensemble de particules ou de molécules identiques.

Étoile (n.f.) : astre émettant sa propre lumière.

F-G

Forme d'énergie (n.f.) : l'énergie existe sous différentes formes (cinétique, thermique, électrique, chimique, lumineuse...). On peut identifier ces formes par leurs manifestations.

Fusion (n.f.) : passage de l'état solide à l'état liquide.

Gaz (n.m) : corps qui occupe tout le volume du récipient qui le contient. Il est compressible et n'a pas de forme propre.

Gazeux (adj) : se dit d'un corps sous forme de gaz.

Générateur (n.m.) : élément qui transfère de l'énergie électrique au reste du circuit. Le générateur est à l'origine de la circulation du courant électrique dans le circuit.

I-L

Information (n.f.) : donnée véhiculée par un signal dont on peut extraire une mesure ou un renseignement.

Intensité (du courant) (n.f.) : débit d'électricité. Elle se mesure avec un ampèremètre. Son unité légale est l'ampère (A).

Interaction (n.f.) : caractéristique d'une action mécanique réciproque entre plusieurs objets.

Liquide (n.m.) : incompressible et sans forme propre ; il prend la forme du récipient qui le contient. Sa surface libre au repos est plane et horizontale.

Lumière (n.f.) : signal capable de rendre un objet visible à l'œil nu.

Lunaison (n.f.) : durée qui sépare deux nouvelles Lune consécutives. Une lunaison vaut 1 mois environ.

M

Masse (n.f.) : grandeur physique se mesurant avec une balance. Son unité légale est le kilogramme (kg).

Masse volumique (expression) : grandeur physique caractéristique d'un corps, égale au quotient de la masse de ce corps par son volume.

Matière (n.f.) : substance qui a une masse et qui constitue les solides, les liquides et les gaz.

Mélange (n.m.) : corps contenant plusieurs espèces chimiques.

Milieu transparent (expression) : portion de l'espace qui laisse passer la lumière.

Miscibilité (n.f.) : aptitude de deux substances à former un mélange homogène.

Miscible (adj.) : se dit de deux liquides formant un mélange homogène.

Mouvement (n.m.) : déplacement d'un objet. Il se caractérise par sa vitesse et sa trajectoire (rectiligne, circulaire, quelconque...).

Mouvement accéléré (expression) : mouvement dont la valeur de la vitesse augmente au cours du temps.

Mouvement ralenti (expression) : mouvement dont la valeur de la vitesse diminue au cours du temps.

Mouvement uniforme (expression) : mouvement dont la valeur de la vitesse reste constante au cours du temps.

O

Objet diffusant (expression) : objet qui, quand il est éclairé, renvoie de la lumière dans toutes les directions.

Ombre portée (expression) : zone non éclairée sur un écran placé derrière un objet éclairé.

Ombre propre (expression) : zone non éclairée de la surface d'un objet qui reçoit de la lumière.

Opaque (adj.) : qui ne laisse pas passer la lumière.

Orbite (n.f.) : courbe fermée qui représente la trajectoire du centre d'un corps céleste (une planète, un satellite, etc.) au cours de son déplacement dans l'espace.

P

Particule (n.f.) : entité élémentaire de matière.

pH (n.m.) : grandeur qui caractérise la basicité, l'acidité ou la neutralité d'une solution.

Phase de la Lune (expression) : partie de la Lune éclairée, vue depuis la Terre.

Plan de l'écliptique (expression) : plan dans lequel la Terre se déplace autour du Soleil.

Proportionnalité (n.f.) : relation mathématique qui permet de calculer une série de mesures à partir d'une autre en la multipliant ou en la divisant par une constante (le coefficient de proportionnalité).

Propagation (n.f.) : déplacement dans un milieu. La propagation de la lumière est rectiligne : sans rencontrer d'obstacle, elle se déplace en ligne droite.

Puissance (n.f.) : quantité d'énergie transférée par unité de temps. Son unité légale est le watt (W).

R

Rayon lumineux (expression) : modélisation du trajet de la lumière. On représente un rayon lumineux par un trait rectiligne orienté par une flèche allant de la source lumineuse vers l'objet éclairé.

Récepteur (n.m.) : élément électrique qui reçoit le courant électrique. Une lampe, une diode sont des récepteurs.

Receveur (n.m.) : objet qui subit une action mécanique (l'auteur l'exerce).

Rectiligne (adj.) : qui a la forme d'une droite.

S

Satellite (n.m.) : objet en orbite autour d'un autre.

Sens conventionnel du courant électrique (expression) : sens du courant électrique choisi par les scientifiques. À l'extérieur d'un générateur, le courant électrique circule de la borne positive vers la borne négative.

Série (circuit en) (expression) : circuit électrique comportant une seule boucle.

Signal (n.m.) : dispositif permettant de transporter l'information d'un émetteur jusqu'à un récepteur.

Signal lumineux (n.m.) : signal transmis à l'aide de la lumière.

Signal sonore (n.m.) : signal transmis à l'aide du son.

Solide (adj.) : se dit d'un corps incompressible et doté d'une forme propre.

Solidification (n.f.) : passage de l'état liquide à l'état solide.

Solubilité (n.f.) : masse maximale de soluté dans 1 L de solvant.

Soluté (n.m.) : corps dissous dans un solvant.

Solution (n.f.) : mélange homogène constitué d'un soluté et d'un solvant.

Solvant (n.m.) : liquide qui permet de dissoudre une substance.

Son (n.m.) : phénomène vibratoire se propageant dans un milieu matériel.

Source d'énergie (n.f.) : réservoir d'énergie.

Source primaire de lumière (expression) : objet qui produit et envoie de la lumière. On dit qu'il émet de la lumière.

Support de transmission (expression) : support nécessaire à la propagation d'un signal, sonore ou lumineux.

Surface libre (expression) : surface qui est en contact avec l'air.

Système solaire : ensemble du Soleil et des astres qui gravitent autour de lui. Il comporte huit planètes (Mercure, Vénus, Terre, Mars, Jupiter, Saturne, Uranus, Neptune).

T-U

Tension (électrique) (n.f.) : grandeur physique se mesurant avec un voltmètre. Son unité légale est le volt (V).

Température de changement d'état (expression) : température à laquelle un corps pur passe d'un état physique à un autre (l'eau passe de l'état liquide à l'état solide à 0 °C par exemple).

Transfert d'énergie (n.m.) : passage de l'énergie d'un objet à un autre.

Transformation chimique (n.f.) : transformation au cours de laquelle des espèces chimiques sont consommées (les réactifs) et d'autres sont formées (les produits).

Transformation physique (n.f.) : transformation au cours de laquelle un corps passe d'un état physique à un autre.

Unité astronomique (n.f.) : unité de distance utilisée en astronomie. Elle correspond à la distance moyenne entre la Terre et le Soleil, soit 150 millions de kilomètres.

V

Vide (n.m.) : milieu qui ne contient pas de matière (pas de particules).

Vitesse (n.f.) : rapport de la distance parcourue par un objet à la durée du parcours. L'unité légale de la vitesse est le mètre par seconde (m/s).

Voltmètre (n.m.) : instrument permettant de mesurer la tension électrique aux bornes d'un dipôle.

Volume (n.m.) : espace occupé par un corps. L'unité légale du volume est le mètre cube (m^3). Dans la vie courante, on utilise le litre (L).

Crédits photographiques

Couverture : © Essenin/Getty Images

p. 12 : © Colin Monteath/Hedgehog House/Minden Pictures/ Biosphoto • **p. 14** : © Fotojog/iStock • **p. 15h** : © RTimages/iStock • **p. 15b** : © Kanoke_46/iStock • **p. 17** : © Hervé Conge • **p. 20** : © PeterMuller/iStock • **p. 22h** : © jacqueshonvault.com • **p. 22m** : © C For/Shutterstock • **p. 28m** : © Patrice Latron/LookatSciences • **p. 28b** : © Bildagentur Zoonar GmbH/Shutterstock • **p. 30g** : © milanvirijevic/iStock • **p. 30d** : © ThanatasDcom/iStock • **p. 31** : © Loop Images/Mark Bauer/ Getty Images • **p. 32g** : © GMVozd/iStock • **p. 32d** : © Bibica/iStock • **p. 36h** : © Jean-Jacques Pangrazi/ Biosphoto • **p. 36m** : 2ph. © NASA's Scientific Visualization Studio/SPL/Cosmos • **p. 41hg** : © Paul Tessier/ Shutterstock • **p. 41hd** : © Zoonar/Rostislav Gli/AGE • **p. 41bd** : © Serezniy/iStock • **p. 42bd** : © Ilyabolotov/ iStock • **p. 43h** : © Momoko Takeda/Getty Images • **p. 43m** : © Minerva Studio/iStock • **p. 44h** : © Patti Murray/AGE • **p. 44b** : © Mark Johnson/AGE • **p. 45** : © Cheryl Gerber/The New York Times-REDUX-REA • **p. 47b** : © RusianDashinsky/iStock • **p. 48h** : © Julien de Sutter/Biosphoto • **p. 50** : © Juan-Carlos Munoz/ Biosphoto • **p. 51** : © AGE/Photononstop • **p. 55md** : © mrtom-uk/iStock • **p. 56mg** : © Bychykhin_Olexandr/ iStock • **p. 60h** : © Lapina/Shutterstock • **p. 60bg** : © merc67/iStock • **p. 60bd** : © Eberhard Grames/ Bilderberg/AFP • **p. 61hg** : © MRS.Siwaporn/Shutterstock • **p. 64** : © Michel Ribette/Biosphoto • **p. 65hg** : © Tek Image/SPL/AGE • **p. 65hd** : © saintho/iStock • **p. 65b** : © RHS- Royal Horticultural Society/Biosphoto • **p. 70bd** : © PeopleImages/iStock • **p. 72** : © JPC-Prod/iStock • **p. 73** : © B.A.Tafreshi/Novapix • **p. 74h** (nouvelle lune) : © NASA/GSFC-SVS/SPL/Cosmos • **p. 74h** : 7 ph. © NASA's Scientific Visualization Studio/ SPL/Cosmos • **p. 75hg** : © Dr. Fred Espenak/SPL/ Cosmos • **p. 78 h** : © B.A.Tafreshi/Novapix • **p. 78mg** : © Beawiharta/Reuters • **p. 79g** : © Babak Tafreshi/ SPL/Cosmos • **p. 79d** : © NASA/Novapix • **p. 83hg** : © Detlev Van Ravenswaay/SPL/Cosmos • **p. 83hm** : © A.Ayiomamitis/Novapix • **p. 83hd** : © Martin Rietze/ Novapix • **p. 83mm** : © A.Fujii/David Malin Images/ Novapix • **p. 83md** : © T.Edelmann/Novapix • **p. 83bg** : © Aisa/Leemage • p. **83bd** : © Laurent Laveder/SPL/ Cosmos • **p. 84mg** : © PapaBear/iStock • **p. 84bg** : © Detlev Van Ravenswaay/SPL/Cosmos • **p. 85b** : © NASA/JPL-Caltech/GSFC/Univ. of Arizona • **p. 86h** : © NASA/Ames/JPL-Caltech • **p. 87 h** : © Alamy/Photo12 • **p. 87b** : © AKG • **p. 88** : © hadynyah/iStock • **p. 89** : © tanukiphoto/iStock • **p. 90** : © Alison Langley/ Getty Images • **p. 92hd** : © Benoit Tessier/Reuters • **p. 92mm** : © Patrick Herzog/AFP • **p. 92md** : © Nicolas Jose/SIPA • **p. 92b** : © Charlie Schuck/Getty Images • **p. 93h** : © Dr. Juerg Alean/SPL/Biosphoto • **p. 93b** : © vjanez/iStock • **p. 95** : © Marina Lystseva of TASS/ POOL Sputnik/AKG • **p. 98hd** : © technotr/iStock • **p. 98b** : © Roger-Viollet • **p. 100** : © Markus Schreiber/ AP/SIPA • **p. 101** : © Kai Pfaffenbach/Reuters • **p. 105** : © ESO/SA/Novapix • **p. 106** : © Michel Hans • **p. 109** : © Skynesher/iStock • **p. 110hg** : © Dreams Come True/ Shutterstock • **p. 110hd** : © Svein Haakon Olaisen/ Getty Images • **p. 112** : © Jmichi/iStock • **p. 113bg** : © Lorraine Swanson/Shutterstock • **p. 113md** : © Suzanne Tucker/Shutterstock • **p. 114** : © Skyhobo/ iStock • **p. 115m** : © Movie Park Germany • **p. 115b** : © Mirko Pafundi, «Magnetic Games» Youtube channel • **p. 118bg** : © NASA/JPL • **p. 118bm** : © Microgen/ Shutterstock • **p. 118bd** : © Science Source/BSIP • **p. 119h** : © TRL LTD./SPL/Cosmos • **p. 119bg** : © RinoCdZ/iStock • **p. 119bd** : © Edward Bock/Getty Images • **p. 120hg** : © Dana Edmunds/Getty Images • **p. 120hm** : © Pesquet/ESA/NASA/SIPA • **p. 120m** : © Richinpit/iStock • **p. 120bm** : © SPL/Cosmos • **p. 120bd** : © FatCamera/Getty Images • **p. 122** : © donstock/iStock • **p. 123h** : CALDER Alexander, Red Sumac. Painted sheet metal, wire and rod. Executed in 1972, private collection © (2017) Calder Foundation New-York / ADAGP, Paris - Photo © Christie's Images/ Bridgeman Images • **p. 123b** : CALDER Alexander, Stabile - Mobile, 1965, Martigny (Suisse), Fondation Gianadda, Parc de Sculptures, © (2017) Calder Foundation New-York / ADAGP, Paris – Photo © Bernard Bonnefon/AKG • **p. 124h** : © FatCamera/iStock • **p. 124b** : © ChrisGorgio/iStock • **p. 125h** : © Sarit Wuttisan/Shutterstock • **p. 125b** : © Pascal Borruto • **p. 126** : © Yangphoto/iStock • **p. 128h** : © MrsVega/ iStock • **p. 129h** : © Noah Berger/AP/SIPA • **p. 129 b** : © Jutta Klee/Getty Images • **p. 131** : © Corey Rich/ Getty Images • **p. 132mg** : © nitrub/iStock • **p. 132md** : © BalazsKovacs/iStock • **p. 132 bg** : © 4kodiak/iStock • **p. 132bd** : © Innovatedcaptures/iStock • **p. 133h** : © 3alexd/iStock • **p. 138** : © Airphoto Australia/Getty Images • **p. 142hg** : © JLV-Photos/iStock • **p. 142hm** : © SGM/AGE • **p. 142bg** : © Gérard Lacz/Biosphoto • **p. 142bm** : © Westend61/Getty Images • **p. 142bd** : © FLPA/ Roger Tidman/AGE • **p. 143bd** : © Oleg Novitsky/ESA/NASA/AFP • **p. 144h** : © Visdia/iStock • **p. 145mg** : © Igor Dutina/Shutterstock • **p. 145mm** : © 3dts/iStock • **p. 145md** : © Chris Howes/Getty Images • **p. 146** : © Martin Bernetti/AFP • **p. 147** : © Atlantide Phototravel/Getty Images • **p. 149b** : © Ralief/iStock • **p. 153b** : © N. Wentzel • **p. 158bg** : © 123ducu/iStock • **p. 160d** : © blackred/iStock • **p. 163** : viafilms/iStock © • **p. 164** : © a-r-t-i-s-t/iStock • **p. 165g** : © marabird/ iStock • **p. 165d** : © AKG/De Agostini Picture Library • **p. 166** : © Murador Joe/Sime/Photononstop • **p. 168h** : © Garetsworkshop/Shutterstock • **p. 168b** : © gesango16/ Shutterstock • **p. 169h** : © Toa55/iStock • **p. 169b** : © CasarsaGuru/ iStock • **p. 171** : © NASA/ World History Archive/Anne Ronan Picture Library/ Photo12/AFP • **p. 172hg** : © Dovapi/iStock • **p. 172hd** : © Bradleyhebdon/iStock • **p. 172bg** : © Nikkytok/ iStock • **p. 176** : © Alamy/photo12 • **p. 177bg** : © Tim Clayton/Getty Images • **p. 180** : © Jonesphotographic/iStock • p. **181** : © Hill Street Studios/Getty Images • p. **183m** : © MDA Information Systems/SPL/ Cosmos • p. **184m** : © Martin Bureau/AFP • **p. 185** : © Yann Guichaoua/Getty Images • **p. 187h** : © Dan Schechter/ SPL/Cosmos • **p. 187b** : © Observatoire de Paris • **p. 188h** : © Francisco Leong/AFP • **p. 188b** : © Rakina Julia/Shutterstock • **p. 189h** : © artJazz/iStock • **p. 189b** : © Matthew Lewis/Getty Images Europe/ AFP • **p. 190** : © Chauvet-Pont-d'Arc Cave, Ardeche (cave painting), Paleolithic/Bridgeman Images • **p. 196** : © Alamy/Photo12 • **p. 197h** : © CSP_jovannig/ AGE • **p. 198** : © Museumoftime/iStock • **p. 199h** : © Tsidvintsev/iStock • **p. 199b** : © rukawajung/iStock • **p. 200** : © Robert Kneschke/ Shutterstock • **p. 201h** : © Mari/iStock • **p. 201m** : © gemenacom/iStock • **p. 201b** : © Blanchetti/Leemage

Toutes les photos non référencées sont de :
Christophe Michel/Paxal Image

Iconographie : Fabrice Lucas

Création maquette : Studio Humensis

Mise en page : Laurence Durandau

Schémas : Laurent Blondel/Coredoc, Séverine Germain, Orou Mama, Aurore Mathon

Illustrations : Thomas Haessig, Amélie Veaux

Remerciements

Les éditions Belin, les directeurs d'ouvrage et les auteurs remercient les sociétés Jeulin, Pierron Education et Sciencéthic pour l'aide matérielle qu'elles nous ont apporté.
Merci à Laeticia, Célestine et Thibault pour leur participation efficace.
Nous remercions également Mme Luisin, directrice de l'ensemble scolaire Notre-Dame-Saint-Sigisbert, pour son accueil lors des photos d'expériences, ainsi que Hubert Jacques pour son aide précieuse.
Merci à Philippe Odier pour ses éclairages précieux.

Imprimé en France par Pollina S.A. — 85400 Luçon
N° d'imprimeur : 12100 - N° d'édition : 41000468-02/août2017
Dépôt légal : avril 2017

Unités de mesure

Grandeur	Instrument de mesure	Unité légale	Unités usuelles
Longueur	Règle graduée 	**mètre (m)**	• kilomètre (km) 1 km = 1000 m • centimètre (cm) 1 cm = 0,01 m • millimètre (mm) 1 mm = 0,001 m
Volume	Éprouvette graduée 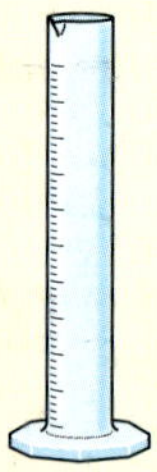	**mètre cube (m^3)**	• décimètre cube (dm^3) 1 dm^3 = 0,001 m^3 • litre (L) 1L = 1 dm^3 • millilitre (mL) 1 mL = 1 cm^3
Masse	Balance 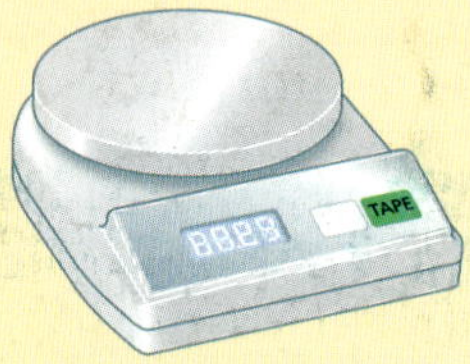	**kilogramme (kg)**	• gramme (g) 1 g = 0,001 kg • tonne (t) 1 t = 1000 kg
Temps	Chronomètre 	**seconde (s)**	• minute (min) 1 min = 60 s • heure (h) 1 h = 60 min = 3600 s
Température	Thermomètre 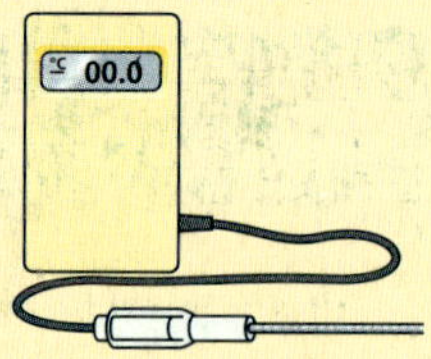	**kelvin (K)**	• degré Celsius (°C) 0 K = −273,15 °C • 0 °C : température de fusion de l'eau sous 1013 hPa • 100 °C : température d'ébullition de l'eau sous 1013 hPa